beck'sche
reihe

W0196638

bsrʳ

Hans-Ulrich Wehler erörtert in diesem Band einige zentrale Konflikte aus Wissenschaft und Politik der letzten Jahre. Die Erbschaft des Nationalsozialismus – hier vor allem das Verhältnis von Wehrmacht, NS-Regime und deutschen Kriegsverbrechen – steht dabei zunächst im Vordergrund. Zwei weitere Beiträge beschäftigen sich mit der neuerdings wieder intensiv diskutierten Rolle der Deutschen als Opfer: einmal in der Geschichte von Flucht und Vertreibung, dann im Bombenkrieg der Alliierten. Unter den politischen Interventionen hat Wehlers Plädoyer gegen eine Aufnahme der Türkei in die EU wohl am meisten Aufsehen erregt. Es wird hier ebenso abgedruckt wie seine kritische Analyse des amerikanischen Nationalismus, seine Auseinandersetzung mit der Präventivkriegsillusion und seine scharfe Kritik der jüngsten Reform in der Hochschulpolitik.

Hans-Ulrich Wehler ist emeritierter Professor für Allgemeine Geschichte an der Universität Bielefeld. Im Herbst 2003 ist der vierte Band seiner großen «Deutschen Gesellschaftsgeschichte» erschienen, der die Jahre von 1914 bis 1949 behandelt.

Hans-Ulrich Wehler

Konflikte zu Beginn des 21. Jahrhunderts

Essays

Verlag C. H. Beck

Originalausgabe

© Verlag C. H. Beck oHG, München 2003
Satz: Fotosatz Reinhard Amann, Aichstetten
Druck und Bindung: Druckerei C. H. Beck, Nördlingen
Umschlagentwurf: +malsy, Bremen
Printed in Germany
ISBN 3 406 49480 3

www.beck.de

Inhalt

IV.

Anhang

Vorwort

Auch diese Essaysammlung verbindet die Teilnahme an wissenschaftlichen Kontroversen mit der Intervention in tagespolitischen Fragen.[1]

Im Vordergrund steht zu Beginn die anhaltende Auseinandersetzung mit der schlimmen Erbschaft des Nationalsozialismus. Nach der leidenschaftlichen Erregung über die erste Wehrmachtausstellung ist die völlig neugestaltete zweite Fassung in der deutschen Öffentlichkeit auf ein erstaunlich aufgeschlossenes, positives Interesse gestoßen. Eines der letzten Tabuthemen aus der Geschichte des «Dritten Reiches», das Verhältnis von Wehrmacht, Nationalsozialismus und Kriegsverbrechen des deutschen Militärs, kann endlich nüchtern erörtert werden. Der erste Beitrag bemüht sich um eine genauere Klärung. Zum einen gab es in der Reichswehr bzw. der Wehrmacht und in der Hitler-Bewegung aus einem fehlgesteuerten Lernprozess hervorgehende verwandte Zielvorstellungen vom künftigen Krieg. Durch einen «totalen Krieg» sollten die Ergebnisse des Ersten Weltkriegs nicht nur revidiert, sondern Deutschland zugleich auch als Hegemonialmacht definitiv etabliert werden. Zum andern gab es eine breite Zone, in der sich antisemitische und antislawische Vorurteile aufs Engste berührten, wenn nicht gar kongruent waren.

Ziemlich unvermittelt sind neuerdings, ein halbes Jahrhundert nach dem Ende des Zweiten Weltkriegs, deutsche Opfer in den Mittelpunkt einer sich rasch ausbreitenden Diskussion gerückt. Sie wandte sich, nachdem Günter Grass' Novelle «Krebsgang» über den Untergang der «Wilhelm Gustloff» mit etwa 9000 Flüchtlingen an Bord als eine Art von Initialzündung gewirkt hatte, der Flucht und Vertreibung von nahezu 15 Millionen Deutschen aus Ostdeutschland und Osteuropa zu. Der dieser Problematik gewidmete Essay versucht, den gewaltsamen «Bevölkerungstransfer» von beispiellosem Ausmaß in den historischen Kontext jener «ethnischen Säuberungen» einzuordnen, welche die schwarze Kehrseite des Ideals vom ethnisch homogenen Nationalstaat bilden.

Fortgeführt wird diese neue Beschäftigung mit deutschen Kriegsleiden durch die Diskussion, die von Jörg Friedrichs Bestseller über den Bombenkrieg gegen Deutschland ausgelöst worden ist. Die Stärke des Buches liegt in der anschaulichen Schilderung der gezielten Städtevernichtung. Seine fatalen Grenzen aber treten in dem Verzicht auf jede Einbettung in den von Deutschland entfesselten totalen Krieg, vor allem aber in der bewusst emotionalisierenden sprachlichen Gleichsetzung des Holocaust mit dem alliierten Luftkrieg zutage. Vor dieser verhängnisvollen Neigung zu einem neuen deutschen Opferkult wird hier gewarnt.

Mit aktuellen politischen Fragen beschäftigen sich die folgenden Essays. Da gibt es zuerst eine die Einwände zuspitzende Polemik gegen den politischen Masochismus, der in der mutwillig herbeigeführten Gefahr einer Selbstzerstörung der EU durch den Beitritt der Türkei seinen Ausdruck findet. Der Widerspruch soll dazu beitragen, dass endlich eine möglichst breit gefächerte öffentliche Debatte über die angebahnte Fehlentscheidung, die zu einem Verzicht auf das große Projekt der politischen Einigung Europas führen müsste, in Gang gesetzt wird.

Seit dem 11. September 2001 ist der Blick auf die Reibungsflächen zwischen den Kulturkreisen geschärft worden. In einer gedrängten Problemskizze wird es daher unternommen, den auf dem alttestamentarisch-puritanischen Auserwähltheitsglauben beruhenden Nationalismus der amerikanischen Hegemonialmacht, das Politikverständnis Europas und die Bedrohung durch den islamistischen Fundamentalismus zu charakterisieren. In diesen Zusammenhang gehört auch die Warnung vor jenen Illusionen, die sich mit der Washingtoner Doktrin des vermeintlichen «Rechts» auf Präventivschläge gegen potentielle Gegner verbinden. Im Hinblick auf den konkreten Konflikt mit dem Irak sind diese Illusionen mit einer auffälligen Blindheit gegenüber den zahlreichen gravierenden Folgen eines zweiten Nahostkriegs gepaart.

Auf ein ganz anderes Feld führt die Kritik an der Hochschulpolitik, die von der Bundeswissenschaftsministerin Bulmahn, dieser Inkarnation dogmatischer Fehlentscheidungen, betrieben wird. Im Bann einer gewerkschaftsfreundlichen Nivellierung des Arbeitsrechts, die sich über die komplizierten Eigenarten des Wissenschaftsbetriebs in blindem Starrsinn hinwegsetzt, wird eine nachwuchsfeindliche Betonstrategie verfolgt, die ebenso kurzsichtig ist wie die Blockadepolitik gegenüber Studiengebühren.

Im zweiten Teil rücken noch einmal Fragen in den Vordergrund, die sich während der Arbeit an meiner «Deutschen Gesellschaftsgeschichte» aufgedrängt haben, deren von 1914 bis 1949 reichender Band IV in diesem Jahr endlich erscheinen kann.[2] Da geht es nicht nur erneut um die honorige Zielutopie der «Bürgerlichen Gesellschaft», die gegenwärtig als «Zivilgesellschaft» eine verblüffende Renaissance erlebt. Vielmehr folgt auch eine genauere Überprüfung der These vom Ende des deutschen Bürgertums. Der Untergangsdiagnose wird die These vom Formwandel, aber auch von der empirisch nachweisbaren Behauptungsfähigkeit der bürgerlichen Sozialformationen und ihrer politischen Ideenwelt entgegengesetzt.

Der modischen Preußennostalgie, die offenbar immer wieder einmal aufflackert, wird ganz so widersprochen wie der neuerdings gängigen Behauptung, dass das Konzept des «deutschen Sonderwegs» endgültig aufzugeben sei.[3] Mit einer der deutschen Sonderbedingungen, der höchst einflussreichen Rolle des preußisch-deutschen Militärs und Militarismus, setzt sich, gelegentlich auch in einer vergleichenden Perspektive, ein Rückblick auf die Modernisierungstendenzen im Heer seit den 1860er Jahren auseinander.

Noch einmal wird argumentiert, dass der Nationalismus mit der Verwirklichung seiner innergesellschaftlichen und außenpolitischen Ziele überall gescheitert ist. Daher sollte er durch andere, überlegene Organisationsprinzipien des Zusammenlebens der Völker und Staaten, mithin auch durch eine neue Legitimationsbasis politischer Herrschaft ersetzt werden.[4] Ein Überblick über die langlebigen Transformationsprozesse, welche die europäische Welt insbesondere seit dem Ersten Weltkrieg charakterisieren, behandelt das «kurze» 20. Jahrhundert von 1914 bis 1991 als relativ abgeschlossene Epoche, deren Einheit sich die Historiker vermehrt zuwenden sollten.

Stellungnahmen zu einigen Kontroversen der Geschichtswissenschaften vereinigt der dritte Teil. Das allgegenwärtige «Plastikwort» Identität wird abwägend unter die Lupe genommen. Dass für einen ressentimentgeladenen Revisionismus in der deutschen Geschichtswissenschaft kein Platz sein sollte, wird ausführlich begründet wie auch das Urteil vertreten, dass die Beschäftigung mit Hitler noch immer, erst recht wenn sie in den Medien in plakativer Form erfolgt, seine Sonderstellung an der Spitze eines charismatischen Herrschaftssystems verfehlt.

Die Auseinandersetzung zwischen der Sozialgeschichte und der «neuen Kulturgeschichte» wird fortgesetzt. Die erkenntnistheoretische Verschwommenheit und die zur methodischen Grundposition erhobene Beliebigkeit werden zusammen mit anderen Defiziten dem ersten deutschsprachigen «Kompendium» der Kulturgeschichte vorgehalten, die ermüdende Beschäftigung mit dem Pseudoproblem der «Langeweile» keineswegs als Aufbruch zu neuen Ufern bewertet. Wiederum bestätigt der Gang der Debatte, dass die «neue Kulturgeschichte» noch immer nicht im Stande oder willens ist, sich auf einem mittleren Reflexionsniveau mit pointierter Kritik überzeugend auseinanderzusetzen.[5]

Auf Probleme der Rezeption Max Webers, der Beurteilung des deutschen Konservativismus, namentlich auch der jungkonservativen Strömung seit den 1920er Jahren, der neueren Sozial- und Wirtschaftsgeschichte und nicht zuletzt der staatsparteilich verordneten Neoscholastik der DDR-Historiker gehen einige Essays ein, die bereits mit der Thematik des letzten Bandes der «Deutschen Gesellschaftsgeschichte», der die Epochen von 1949 bis 1990 zu analysieren anstrebt, eng zusammenhängen. Den Abschluss der Essaysammlung bildet ein Rückblick auf die Machtübergabe an Hitler und die unmittelbar darauf folgende totalitäre Revolution, welche die Führerdiktatur des »Dritten Reiches« heraufführte. Der 70. Jahrestag der irrtümlich so genannten »Machtergreifung« war der Anlass, diese tiefe Zäsur in der neueren deutschen Geschichte noch einmal ins Auge zu fassen. Insgesamt eine bunte Palette, doch sie spiegelt die eigenen Interessen und die Vielfalt der derzeitigen Kontroversen wider.

Für seine Hilfe beim Korrekturenlesen und der Herstellung des Registers danke ich Jan-Ole Janssen, den die Thyssenstiftung dankenswerter Weise einige Monate lang finanziert hat. Insbesondere hat mich Detlef Felken durch die sorgfältige Prüfung des Textes, die er als Cheflektor im Verlag C. H. Beck übernommen hat, zu Dank verpflichtet.

Bielefeld, Februar 2003   H.-U. W.

I.

1. Wehrmacht und Nationalsozialismus

Es lohnt nicht, das Spiel weiterzubetreiben, wie hoch der genaue Prozentsatz derjenigen Wehrmachtsangehörigen gewesen ist, die während des Krieges in Osteuropa, in Russland, aber auch in Südosteuropa, Italien und Frankreich Kriegsverbrechen nachweislich begangen haben – Kriegsverbrechen im präzisen Sinn des bis Kriegsende gültigen deutschen Militärstrafgesetzbuchs und des internationalen Kriegsrechts, etwa der Haager Landkriegsordnung. Das ist empirisch ein aussichtsloses Unternehmen, da das deutsche Militär bis zum Mai 1945 rund 18 Millionen Männer in Uniform gesteckt hat, knapp ein Viertel der Gesamtbevölkerung des «Großdeutschen Reiches».

Diese Millionen machten – um ein Problem kurz zu skizzieren, das von der Wehrmachtsausstellung wieder belebt worden ist – außerordentlich unterschiedliche Kriegserfahrungen in einem Gebiet unter deutscher Besatzungsherrschaft, das zeitweilig von Narvik bis Kreta, von der Atlantikküste bis zur Krim reichte. Wer jahrelang in Norwegen oder Dänemark, in Südfrankreich oder auf Rhodos stationiert blieb, besaß dort relativ gute Überlebenschancen. Wer dagegen an die Ostfront in Russland geschickt wurde, dessen Überlebenschancen sanken rapide, und gleichzeitig stieg die Wahrscheinlichkeit, in widerrechtliche Aktionen verwickelt zu werden.

Es ist mithin kein Wunder, dass es extrem unterschiedliche Kriegserinnerungen gab und gibt. Und da, statistisch gesehen, in jeder deutschen Familie mindestens ein Mann – ob Vater oder Ehemann, ob Sohn oder Bruder oder alle zusammen – bei der Wehrmacht war, häuften sich zuhause zum einen die Berichte über ganz «normale» Kriegserlebnisse, denen zufolge die eigene Einheit an keinem Unrecht beteiligt gewesen sei. Zum andern war die verheimlichte Erinnerung an eigene grausame Kriegsverbrechen so bedrohlich, dass sie in der Regel völlig verschwiegen und verdrängt wurde.

So konnte sich in nahezu jeder Familie der Eindruck festsetzen, dass die Wehrmacht durchweg «sauber» gekämpft habe. Irgendein männliches Familienmitglied stand stets dafür gerade, mit dem ganzen Gewicht der Erfahrungen eines mehrjährigen Kriegsteilnehmers. So wurde, noch ehe die Generäle ihre verklärenden Erinnerungen veröffentlichten, die Kriegsführung der Wehrmacht unter das große Tabu gestellt, dass in einer Zeit namenloser Verbrechen wenigstens sie einen unbefleckten Ehrenschild bewahrt habe. Diese Überzeugung infrage zu stellen hieß Unfrieden, ja Empörung in nahezu jede Familie hineintragen. Die zähe Verteidigung des Tabus bis hin zu den empörten Reaktionen auf die erste und zweite Wehrmachtsausstellung beweist, wie tief diese Schutzbehauptung verankert war und mancherorts noch immer verankert ist.

Der wahrhaft Schuldige an der Front und im Hinterland war dagegen schnell ausgemacht. Auf ihn konnten sich fast alle sofort einigen. Wie es ein fast genialer Buchtitel vor 44 Jahren genau erfasste: «Die SS – Alibi einer Nation». Dieser Titel traf mit traumwandlerischer Sicherheit das Bedürfnis zahlloser Deutscher – um es in der Sprache der Ökonomie auszudrücken –, die schrecklichen sozialen Kosten des großen Gemetzels zu externalisieren: Die SS blieb der große Schurke, der für das Morden allein verantwortlich war. Zugleich bildete ihre unbestreitbare Schuld eine Art von Schutzpanzer, um die Vergehen der Wehrmacht von sich fernhalten zu können.

So unstrittig nun die Unterschiede der Kriegserfahrungen in einem 18-Millionen-Heer gewesen sind, so unstrittig sollte aber auch eigentlich die Position sein, dass die Streitkräfte nicht fünfeinhalb Jahre lang an dem Krieg eines Regimes, das einen welthistorisch einzigartigen Rassen- und Vernichtungskrieg mit unbeirrbarer Zielstrebigkeit betrieb, im Zustand der andauernden künstlichen Unschuld teilnehmen konnten. Sie waren ja nicht nur das gehorsame Instrument, ohne dass die verbrecherischen Pläne nicht hätten ausgeführt werden können. Vielmehr unterstanden sie auch einer Führung, welche die Zielvorstellungen der Führerdiktatur weithin teilte und sie bereitwillig zu verwirklichen übernahm.

Überall ist das Militär ein hierarchisch gegliederter Kampfverband, in dem die Befehle von oben nach unten verlaufen und dort in der Regel auf Gehorsam treffen. Wer über die Wehrmacht und den Nationalsozialismus spricht, muss daher davon ausgehen, dass es bei diesem Verhältnis im Wesentlichen zuerst einmal um das höhere Offizierkorps, nicht aber primär um den sogenannten einfachen

Landser geht, der bereitwillig oder widerwillig Befehle ausführte. Die Bereitwilligkeit von Hunderttausenden, befehlsgemäß an Mordaktionen teilzunehmen, wirft ihre eigenen Probleme auf, auf die noch einzugehen ist. Sie können jedenfalls nicht auf der Linie des miserablen Traktats von Daniel Goldhagen geklärt werden, wonach die Deutschen als «Hitlers willige Vollstrecker» seit Jahrhunderten nur darauf gewartet hätten, dass ihnen die Tore für den Massenmord endlich geöffnet würden. Also etwa so, dass jeder deutsche Soldat im Grunde dazu bereit gewesen sei, sich im Vernichtungskrieg und Rassenwahn, seinem tiefverwurzelten Hass auf Juden und Slawen folgend, endlich auszutoben. Die Dinge sind schwieriger zu klären.

Indem es an erster Stelle um die Frage geht, warum die Führungsspitze der Wehrmacht so unzweideutig auf den Kurs des NS-Regimes einschwenkte, möchte ich dazu beitragen – das ist mein Hauptziel –, das Verständnis zu fördern, warum überhaupt ein so gewaltiger Militärapparat auch im Vernichtungs- und Rassenkrieg im Sinne der nationalsozialistischen Ziele eingesetzt werden konnte.

Dieses Verständnis zu fördern ist eine der wesentlichen Aufgaben des Historikers, und man muss dafür ein wenig zurückgreifen, weil man sonst die fatale Affinität von Nationalsozialismus und Wehrmachtführung, die weitreichende Übereinstimmung gemeinsamer Ziele nicht verstehen kann. Es bringt nichts, gleich in den Krieg seit 1939 hineinzuspringen. Wir müssen zuerst einmal das mentale Gepäck aus den Erfahrungen der vorhergehenden Jahre kennen lernen, um das Verhalten seit 1939 begreifen zu können. Denn die Köpfe waren voller Erinnerungen und Hoffnungen, voller Ressentiments und Hassgefühle, längst ehe der neue Weltkrieg begann. Diese Mentalität muss man kennen lernen. Allein das moralische Urteil über die Exzesse des Krieges fällt ja außerordentlich leicht, zumal für jene, die nur die lange europäische Friedensepoche seit 1945 kennen.

Der Ausgangspunkt muss unstreitig 1918 sein. Das Riesenheer des Kaiserreichs musste damals nach vier Kriegsjahren kapitulieren. Die hochfliegenden Hoffnungen auf einen Siegfrieden waren aber Anfang 1918 noch einmal aufgelebt. Denn Russland war soeben wegen der bolschewistischen Revolution im Frieden von Brest-Litowsk aus dem Ring der Alliierten ausgeschieden. Der fatale Zweifrontenkrieg hörte damit auf. Alle Kräfte konnten, schien es, jetzt auf die Westfront konzentriert werden, wo die amerikanischen

Truppen nur langsam eintrafen. Im Westen standen 169 alliierte Divisionen 192 deutschen Divisionen gegenüber, aber im Osten waren noch anderthalb Millionen Soldaten in 50 deutschen Divisionen stationiert. Anstatt ihre große Mehrheit sofort nach Westen zu werfen, entschloss sich die 3. Oberste Heeresleitung unter Ludendorff und Hindenburg, unterstützt von fast allen Parteien, Interessenverbänden und einer großen politischen Öffentlichkeit, mit 40 Divisionen zu einem aberwitzigen Eroberungsfeldzug nach Osten aufzubrechen, der deutsche Truppen erstmals auf die Krim und in den Kaukasus, an das Schwarze und das Asowsche Meer führte.

Voller Verblendung glaubte man, dass jetzt ein riesiges Ostimperium gewonnen sei, geschützt durch neue Satellitenstaaten von Finnland über die drei baltischen Länder und die Ukraine bis hin zu Georgien – jenes blockadefeste kontinentale Großreich, das nicht nur die Militärs für den nächsten Krieg für unabdingbar hielten. Für Hitlers Generation, und das heißt auch für 13 Millionen Soldaten, hatten daher deutsche Einheiten schon einmal, sogar ziemlich mühelos, dort gestanden, wo sie 24 Jahre später wieder auftauchen sollten. An der Westfront aber fehlten jene 40 Divisionen des Ostheeres, das durch den Kontinentalimperialismus weiter gebunden blieb. Die letzte deutsche Offensive scheiterte daher nach verblüffenden Anfangserfolgen. Der englische Oberkommandierende Haig glaubte fest, dass nur weitere sechs deutsche Divisionen im März und April 1918 genügt hätten, um die alliierte Front völlig aufzusprengen. Durch diese Lücke hätten vier Millionen kriegserfahrene Soldaten vorstoßen können. Dann wäre, vor dem Eintreffen der amerikanischen Verbände, der Ausgang im Westen wieder offen, nach dieser Katastrophe für die Alliierten vielleicht doch noch ein Verhandlungsfrieden möglich gewesen.

Stattdessen kam die völlige Niederlage, die Auflösung des Westheeres, schließlich die auf Drängen Ludendorffs eingeleitete Kapitulation. Aus euphorischen Siegesträumen herausgerissen, kurz vor der Verwirklichung phantastischer Kriegsziele, die im Osten schon erreicht schienen, brach der deutsche Widerstand endgültig zusammen. Und nicht nur das: Statt des Sieges folgte die Novemberrevolution der Arbeiter- und Soldatenräte, spontan gebildeter Kampforganisationen, die zeitweilig die Macht übernahmen. Nicht nur die Westfront zerbrach, sondern auch die «Heimatfront» zerfiel. Daraus entstand die ominöse Dolchstoßlegende der Militärs, wonach die Heimat der bisher unbesiegten Front in den Rücken gefallen sei und dadurch den greifbar nahen Sieg verhindert habe.

Dieses doppelte Trauma: nach einem vierjährigen Krieg gegen eine überlegene Allianz die äußere Niederlage und dazu der innere Zusammenbruch, hat die deutsche Öffentlichkeit, die politischen Parteien von der Rechten bis zur Linken, nicht zuletzt aber besonders das Militär und seine Führung zwei Jahrzehnte lang geprägt.

Zweieinhalb Millionen Tote, nahezu ein Fünftel aller eingezogenen Männer – umsonst gestorben. Fast fünf Millionen Verwundete – umsonst verstümmelt. Und dazu dann noch der Versailler Frieden, auffällig milde im Vergleich mit dem Frieden von Brest-Litowsk, den die 3. Oberste Heeresleitung im Vorjahr den Bolschewiki diktiert hatte (zur Erinnerung: Russland verlor ein Drittel seiner Bevölkerung, mehr als die Hälfte seiner Industrie, 90 % der Kohlenlager, je ein Drittel seines Ackerlandes und Eisenbahnnetzes). Aber allgemein wurde er als karthagischer Frieden empfunden. Quelle eines unstillbaren Ressentiments gegen die gesamte Nachkriegsordnung führte er zu einer hartnäckigen Verweigerung des Friedens. Von 13 Millionen Soldaten ließ dieser Vertrag nurmehr ein 100 000-Mann-Heer, eigentlich nur eine bewaffnete Schutzpolizei, übrig. Nur 4000 Offiziere von 56 000 durften in ihrem Beruf bleiben – ein neuer als demütigend empfundener Absturz der ehemals größten Militärmacht des Kontinents.

Wie hat die neue Reichswehr auf die Niederlage und auf Versailles reagiert? Auch Historiker gehen häufig von der Voraussetzung aus, dass Menschen immer aus eingreifenden Lebenserfahrungen lernen. Die Frage ist nur: wie? Im besten Fall lernen sie realitätsnah, häufig aber nur annäherungsweise der Wirklichkeit entsprechend, oft auch so verzerrt, soweit weg von den tatsächlichen Bedingungen, dass man von einem pathologischen Lernen spricht. Nach einem vierjährigen Gemetzel im großen Stil – mit den bisher verlustreichsten Schlachten der Weltgeschichte vor Verdun, dann an der Somme mit einer Million Toten – konnte man die Konsequenz durchaus für realistisch halten, unter allen Bedingungen auf die Wiederholung eines solchen großen Massakers zu verzichten. Diesen Schluss hat aber nur die winzige Minderheit redlicher Pazifisten und ein Teil der Sozialdemokratie gezogen. Bis weit in das demokratische und liberale Lager hinein zog dagegen eine große Mehrheit den historisch vertrauten Schluss, bei der ersten günstigen Gelegenheit den nächsten Krieg zu führen, um die Ergebnisse des Weltkriegs zu korrigieren. Frankreich das Elsass und Lothringen also noch einmal zu entreißen, von den Engländern die Kolonien zurückzugewinnen, vor allem aber im Osten den abgrundtief verhassten polnischen Neustaat, an den soeben die preußische Beute aus den polnischen Teilungen am Ende des 18. Jahrhunderts gefallen war (Westpreußen, Posen, Teile von Oberschlesien), zu zerschlagen und die preußischen Ostprovinzen wieder zu gewinnen.

All das, hieß es bald, gehe nur unter zwei Bedingungen. Zum einen müsse Deutschlands militärische Macht noch moderner, noch überlegener als im Ersten Weltkrieg aufgebaut werden. Zum andern müssten alle ökonomischen und gesellschaftlichen Ressourcen weit besser genutzt, die «Heimatfront» absolut stabil gehalten werden, um das zweite Ringen endlich siegreich bestehen zu können.

Man hat oft an dem 100 000-Mann-Heer der Weimarer Republik seinen konservativen Charakter betont: Unter den Berufssoldaten überwogen ostelbische Männer vom Lande, Städter und erst recht Sozialdemokraten bildeten eine vergleichsweise noch geringere Minderheit als im kaiserlichen Heer. Unter den übernommenen 4000 Offizieren machte der Adelsanteil fast ein Viertel aus und lag 1932 fast so hoch wie die 30 % vor 1914. Dieses Bild vom Rückzug in ein konservatives Schneckenhaus führt jedoch ganz in die Irre. Ausschlaggebend für die Zukunft war der Kern des neuen Offizierkorps. Aufgenommen wurden vor allem Stabsoffiziere, nicht populäre Haudegen. Diese Stabsoffiziere hatten eine vorzügliche kriegstechnische Ausbildung hinter sich, einen geschulten analytischen Verstand, die Bewährung an zahlreichen schwierigen Aufgaben im Krieg erlebt. General Hans v. Seeckt, bald der informelle Chef der Reichswehr, hat mit seiner Auswahlkommission diesen Typus des planungsfähigen, durchaus modernen, technokratischen Stabsoffiziers rigoros bevorzugt. In den relativ kleinen Gremien dieser Reichswehroffiziere, rein technisch gesehen eine kompetente militärische Planungselite, setzten sich in kurzer Zeit Zielvorstellungen durch, die einen unerhörten Sprung in der Geschichte des deutschen Militärwesens markierten. Tatsächlich war es ein qualitativ neuartiger Militarismus, der dort vordrang. Während der alte preußisch-deutsche Militarismus auf einer Verklärung der gesellschaftlichen Sonderrolle des Militärs namentlich seit den drei Einigungskriegen der Bismarckzeit beruhte, nahm der neue Militarismus seit 1919 die gesamte Gesellschaft für seine Kriegspläne lückenlos in Anspruch.

Um welche Ziele ging es dabei? Deutschland müsse so schnell wie möglich wieder aufrüsten, um sich auf den großen Revisionskrieg rechtzeitig einzustellen. Das 100 000-Mann-Heer galt daher als kurzlebige Übergangslösung. Sofort gab es daneben 350 000 bis 400 000 Männer in den Freikorps, Hunderttausende, zeitweilig eine Million Männer in bewaffneten Einwohnerwehren. Auch als beide verboten wurden, gab es die heimlich aufgebaute «schwarze Reichswehr», Grenzschutzverbände und bald große paramilitärische Einheiten wie den «Stahlhelm» und die SA – ebenfalls wieder Hunderttausende mit leichtem Zugang zu den Waffenarsenalen der Reichswehr. Kurzum: Inoffiziell hat die Weimarer Republik selten weniger als eine Million Männer unter Waffen gehabt, heimlich finanziert von republiktreuen Regierungen, die sich den Forderungen der Militärspitze fügten, welche die Grundlage für ein künftiges Massenheer legen wollte. Es gibt keinen europäischen Staat im 19. und 20. Jahrhundert, der nach einer drastischen Niederlage sofort wieder so furios für den Revisionskrieg gerüstet hat.

Für die Gesamtplanung gab der gescheiterte, aber weiter verehrte führende Kopf der 3. Obersten Heeresleitung, General Ludendorff, das entscheidende Stichwort, als er in einem ungemein einflussreichen Erfolgsbuch die Natur des künftigen Krieges als «totalen Krieg» charakterisierte. Total sollte der Einsatz aller militärischen Mittel, vor allem aber auch der ökonomischen, gesellschaftlichen, psychischen und mentalen Ressourcen der «Heimatfront» ausfallen, um bei der zweiten Kraftprobe den Sieg zu gewährleisten. Im letzten Weltkrieg hatte Deutschland die totale Mobilisierung nicht erreicht, obwohl sie angeblich möglich gewesen sei. Aber das Zögern der Politiker und der Zerfall der «Heimatfront» hatten, hieß es, den Endsieg gegen die nur äußerlich überlegenen Alliierten verhindert.

Auf diesen Fluchtpunkt ihrer Planungsarbeit konnten sich die strategisch denkenden Offiziere einigen. Das Konzept eines totalen Krieges erschien ihnen als durchdachtes, folgerichtiges Ergebnis ihres Lernens aus den Erfahrungen des Weltkriegs. Selbstbewusst, mit dem ganzen Hochgefühl des Überlegenen, sahen sie sich an der Spitze des internationalen militärstrategischen Denkens. Mit ihrer radikalen Konsequenz glaubten sie sich auch jenen wenigen Offizieren weit überlegen, die sich allein auf einen Verteidigungskrieg gegen eventuelle polnische, tschechische, französische Übergriffe mit kleinen mobilen Einsatzverbänden einstellen wollten.

In der deutschen Öffentlichkeit fand diese den Endsieg verheißende Konzeption des totalen Krieges eine erstaunliche Zustimmung. Führende Intellektuelle wie die Juraprofessoren Carl Schmitt und Ernst Forsthoff, der bekannte Soziologe Hans Freyer forderten den totalen Staat zur Vorbereitung des totalen Krieges. Am nachhaltigsten wirkte sich das Plädoyer des Schriftstellers Ernst Jünger aus, eines der großen Verderber in der neueren deutschen Geistesgeschichte. Denn Jünger, der einzige Infanterieleutnant mit dem Orden Pour le Mérite und vielgelesener Autor, forderte beschwörend die sofortige «Rüstung bis ins innerste Mark», die totale Mobilmachung schlechthin aller Kräfte bereits im Frieden, um den nächsten Krieg zu gewinnen. Dieser Krieg bilde für den «deutschen Menschen», prophezeite er, «das Mittel, sich selber zu verwirklichen». Kurz darauf gab es für Millionen Deutsche fünf Jahre lang die Gelegenheit, sich in diesem Sinne «selber zu verwirklichen».

Wer aber konnte als unangefochtener Anführer diese totale Mobilmachung durchführen? Die Antwort gab der charismatische Führer einer radikalnationalistischen Massenbewegung – Adolf Hitler an der Spitze der NSDAP. Hitler teilte mit der gesamten Führungsriege der seit 1928 auch offiziell so genannten Hitler-Bewegung das Doppeltrauma der äußeren und inneren Niederlage. Auch er hielt mit seinem engeren Kreis an der Leitidee des großen Revisionskrieges fest, den er aber von Anfang an auch noch mit einem antirussischen Lebensraum-Imperialismus verbinden wollte. Hitler redete daher einer ungehemmten, von den Fesseln des Versailler Vertrages befreiten Aufrüstung das Wort. Vor allem aber versprach er die innere Einheit der künftigen nationalsozialistischen «Volksgemeinschaft» um die totale Indienstnahme der «Heimatfront» zu gewährleisten.

Die Hitler-Bewegung hat von Anfang an enge Beziehungen zur Reichswehr gehabt, besonders über Hitlers einzigen Duzfreund, Ernst Röhm, den späteren SA-Chef und das Mordopfer vom Sommer 1934. Die Reichswehr hat die neuen Rechtsradikalen durchweg wohlwollend behandelt. Aber als sie bei den Reichstagswahlen von 1930 6,4 Millionen Stimmen und 107 Abgeordnete im Reichstag gewonnen und anderthalb Jahre später sogar fast 14 Millionen Wähler anzogen und mit 230 Abgeordneten die mit Abstand größte Fraktion im Reichstag stellten, wurden sie zu einer unübersehbaren innenpolitischen Macht, die auf die Reichswehr eine zunehmende Faszination ausübte.

Welche Übereinstimmung der Grundauffassung und Ziele machte den Nationalsozialismus für die Militärspitze so attraktiv, ganz abgesehen von der Wirkung auf die Mannschaften und die jüngeren Offiziere, die, wie der Graf Stauffenberg, mit fliegenden Fahnen zum neuen Rechtstotalitarismus übergingen? Ich nenne ein halbes Dutzend der wichtigsten Punkte:

1. Identisch waren die Überzeugungen, dass in einem zweiten großen Krieg der Erste Weltkrieg radikal korrigiert werden müsse.

2. Dafür war eine zielbewusste Aufrüstung unabdingbar. Im Vorfeld übernahm die Hitler-Bewegung mit der SA und HJ die willkommene vormilitärische Ausbildung, die das Rekrutierungspotential frühzeitig vergrößerte.

3. Der Krieg musste als totaler Krieg geführt werden, um den Sieg zu gewährleisten. Entscheidend war dafür die geschlossene Front in der Heimat, welche der neue Messias der Deutschen mit seiner Bewegung zu garantieren versprach. Er übernahm auch die mentale Aufrüstung, die zu dem unerschütterlichen Glauben an den gerechten Endsieg führen sollte. Erstmals hatte die Militärführung den Eindruck, dass die Heimat als nationalsozialistische «Volksgemeinschaft» vorbehaltlos hinter ihr stehe, ein neuer Dolchstoß mithin unmöglich sein werde.

4. Dass Hitler im Inneren alle Linksparteien ausschalten, die demokratische Republik durch ein straffes autoritäres Regime ersetzen wollte, hießen die Militärs ausnahmslos willkommen. Dieser Wechsel fügte sich in ihr Weltbild, wie sie sich den politischen Zustand des Gemeinwesens wünschten.

5. Denn erst das autoritäre System seit 1933, dann die Führerdiktatur kam dem politischen Denken, der traditionellen Mentalität des Offizierkorps durchaus entgegen. Lange auf den autoritären Monarchen als Kriegsherrn fixiert und eingeschworen, dann Hindenburg oder Ludendorff als «Ersatzkaiser» stilisierend, fügte sich Hitlers Führerstaat nahtlos an. Dass Hitler seine charismatische Herrschaft nicht nur über seine Bewegung, sondern auf den gesamten Staat ausgedehnt hatte und blendende innen- und außenpolitische Erfolge in den sechs Friedensjahren errungen

hatte, ließ viele dem Hitler-Mythos erliegen. An der Spitze gab es bald mit Blomberg, Reichenau, Keitel eine Gruppe von geradezu hitlerhörigen Generälen.

6. Polen und Frankreich hielt diese Militärspitze ganz so selbstverständlich für künftige Gegner, wie das der Nationalsozialismus tat. Darüber hinaus teilte sie auch seine Auffassung, dass die Sowjetunion eine menschheitsbedrohende Gefahr verkörpere, die über kurz oder lang nach Möglichkeit eliminiert werden müsse. Der im Offizierkorps tiefverwurzelte Antisemitismus unterstützte die nationalsozialistische Lehre, dass der jüdische Bolschewismus die eigentliche Hauptgefahr verkörpere. Ein Sieg im Osten werde auch jenen Lebensraum sichern, über den man 1918, wie sich alle erinnerten, schon einmal verfügt hatte.

Aus solchen Gründen gehörte die Reichswehr zu denjenigen Machteliten, die im Winter 1932/33 massiv die Machtübergabe an Hitler betrieben. Sie begleitete den Regimewechsel extrem wohlwollend, gewissermaßen Gewehr bei Fuß. Hitler wusste, wovon er sprach, als er im Sommer 1933 auf einer Geheimkonferenz mit Parteibonzen einräumte, «ohne die Reichswehr stünden wir heute nicht hier». Nur drei Tage nach der Übergabe des Kanzleramtes eröffnete Hitler mit verblüffender Offenheit der Generalität auf einem vertraulichen Treffen in Berlin seine Zukunftspläne: von der Aufrüstung bis zur Ostexpansion, den Krieg mit einkalkulierend – und fand ungeteilt Zustimmung.

Hatte sich die Reichswehr, bald darauf auf Wehrmacht umgetauft, bisher für einen souveränen Machtfaktor gehalten, der seine Autonomie zu behaupten wisse, stellte sich nunmehr in Windeseile heraus, dass sie zwar zu Recht an die Identität ihrer Leitideen mit Grundauffassungen der Hitler-Bewegung geglaubt, aber Hitlers Durchsetzungsvermögen und seine Fernziele fatal unterschätzt hatte. Der Prozess der Annäherung verwandelte sich unversehens in einen Prozess der Unterordnung der Wehrmacht unter die Leitungsansprüche des «Führers». Obwohl dieser Prozess ihre vermeintliche Selbständigkeit zerstörte, hielt sie dennoch an dem Konsens der Zielvorstellungen fest. Die Etappen ihrer Instrumentalisierung sind schnell genannt.

Im August 1934 starb Reichspräsident v. Hindenburg. Hitler kombinierte über Nacht die Ämter des Reichskanzlers und des Reichspräsidenten in der neuen Stellung des «Führers» und übernahm damit gleichzeitig das Oberkommando über die Wehrmacht. Daher unterstand sie auf einmal dem «großen Trommler», den sie doch für ihre eigenen Zwecke nur hatte nutzen wollen. Sie musste seither jenem «böhmischen Gefreiten» gehorchen, wie Hindenburg und zahlreiche Offiziere den vor dem österreichischen Militärdienst nach München geflüchteten Wiener Asozialen bisher herablassend genannt hatten.

Von sich aus, nicht etwa auf Drängen Hitlers, bot General v. Blomberg, der neue Kriegsminister, im Kabinett die Vereidigung der Truppe auf Hitler als Person, nicht etwa als Amtsträger, an. Der neue Eid setzte unmissverständlich ein Reichsgesetz voraus. Er wurde jedoch ohne dieses Gesetz, also widerrechtlich, von allen Offizieren und Mannschaften geschworen; das Gesetz wurde erst später nachgereicht. Wer sich seither auf diesen ungesetzlichen Eid berief wie viele Offiziere, die von der kleinen militärischen Widerstandsgruppe zum Mitmachen aufgefordert wurden, billigte zum einen den Bruch des ersten Reichswehreids unter der Weimarer Republik und verklärte zum andern einen feudalistischen Eid auf einen Kriegsherrn, den «Führer», ohne die Rechtsbasis des vorgeschriebenen Gesetzes – ein, um das mindeste zu sagen, sehr dubioses Verständnis von einem verpflichtenden Eid, der trotz seiner Defekte angeblich unverbrüchlich weitergalt. Im vorauseilenden Gehorsam, ohne Druck des NS-Regimes, entließ die Wehrmacht im Februar 1934 alle jüdischen Soldaten und schwenkte seither auf den Antisemitismus offiziell ein.

Die rapide Aufrüstung vertiefte die Symbiose zwischen Führerstaat und Wehrmacht, die bis 1939 statt 4000 rund 84 000 Offiziere und mehr als eine Million regulärer Mannschaften besaß. Allerdings verschoben sich die Gewichte zunehmend zugunsten Hitlers, der nach einer Serie spektakulärer außenpolitischen Erfolge im November 1937 die Generalität unverblümt mit seinen Plänen zur Annexion von Österreich und der Tschechoslowakei und der gewaltsamen Lösung der Lebensraumfrage vertraut machte, ohne auf einen einzigen ernsthaften Einwand zu stoßen. Anfang 1938 entließ er kurzerhand den Kriegsminister v. Blomberg und den Generalstabschef v. Fritsch, übernahm selber den Oberbefehl über die Wehrmacht und unterstellte sich das neue Oberkommando der Wehrmacht, das seither alle Streitkräfte: Heer, Luftwaffe und Marine, dirigierte. Dass Hitler jetzt Herr im Haus der Wehrmacht war, konnte nicht mehr bezweifelt werden. Als er 1938 durch den «Anschluss» Österreichs zum grenzenlosen Jubel der Österreicher und der Deutschen im Altreich den großdeutschen Traum verwirklichte und kurz danach die Tschechoslowakei zerschlug, erreichte sein Ansehen einen neuen Gipfel. Als Hitler seinen 50. Geburtstag am 20. April 1939 feierte, bildete den Höhepunkt ein waffenstrotzender, endloser Vorbeimarsch der Wehrmacht, eine wahre Unterwerfungsparade, mit der das Militär seinem Kriegsherrn huldigte. Als Hitler zwei Jahre später den Generalstabschef Halder entließ, konnte er den General folgenlos mit den Worten verabschieden, dass dieser in der Etappe bis 1918 nicht einmal das Verwundetenabzeichen zweiter Klasse erworben habe. So arrogant und kränkend konnte inzwischen der «böhmische Gefreite» mit seinen Spitzenoffizieren umspringen.

Hitler hatte jahrelang alle Warnungen skeptischer Militärs beiseite geschoben: vor dem Einmarsch in das entmilitarisierte Rheinland, vor dem «Anschluss» Österreichs, vor der Sudetenkrise, und immer wieder hatte er Recht behalten. Gegen den «Polenfeldzug», seit zwanzig Jahren ersehnt, gab es 1939 keinen militärischen Einspruch, auch wenn die britische und französische Kriegserklärung zeitweilig Betroffenheit auslöste. In einem neuartigen «Blitzkrieg» wurde Polen in zwei Wochen besiegt, der alte preußische Osten dem Reich wieder angegliedert. Das Militär triumphierte ganz so wie die deutsche Öffentlichkeit. Acht Monate später begann der «Westfeldzug». Der Generalstab, mit lauter Stabsoffizieren des Ersten Weltkriegs besetzt, hatte eine Wiederholung des Schlieffenplans entworfen: Der rechte deutsche Flügel sollte, siebenmal so stark wie der linke vor Elsass und Lothringen, durch Holland und Belgien nach Nordfrankreich durchbrechen, die französische Streitmacht einkesseln und Paris erobern. Alle wussten, dass dieser Plan 1914 in der Schlacht an der Marne bereits einmal völlig gescheitert war. Dennoch hielt der Generalstab an dem vermeintlichen Siegesrezept fest. Hitler aber entschied sich für den Plan eines Außenseiters, des Generals v. Manstein, der einen Durchbruch durch die schwerbefestigten südbelgischen Bergtäler vorsah. Mit der Unterstützung Hitlers sollten erstmals Fallschirmjäger eingesetzt werden und die Festungen durch ihren Überraschungsangriff von oben ausschalten. Der Coup gelang, die deutschen Kolonnen strömten nach Nordfrankreich, und nach sechs Wochen musste Frankreich kapitulieren. Im Juni besiegelte die deutsche Siegesparade in Paris die Niederlage. Dieser Sieg löschte für zahllose Deutsche die Schmach von Versailles aus. Was in vier Jahren Stellungskrieg nicht gelungen war, hieß es oft, habe der «Führer» mit der Wehrmacht in sechs Wochen geschafft.

Der Führer-Mythos, durch den «Anschluss» und den Blitzkrieg in Polen bereits gesteigert, gewann eine neue Dimension. Hätte Hitler jetzt, ein Gedankenspiel, freie Wahlen unter Aufsicht des Völkerbundes abhalten lassen, hätte er 95 %, wenn nicht gar alle Stimmen für sich gewonnen. Vor allem galt er jetzt auch in der Wehrmacht als genialer Feldherr, der außer seinen Fähigkeiten als charismatischer Führer der Nation ungeahnte militärische Talente bewies. In der Wehrmacht genoss Hitler seither ein ungeheures Ansehen, hatte er doch ihre kühnsten Träume verwirklicht. Wie es der Geheimbericht eines Vertrauensmannes an die Exil-SPD ausdrückte: «Jedermann glaubt, der Führer kann alles. Viele lieben ihn».

Der Polen- und der Frankreichkrieg wurden vom Militär als klassische Korrektur des verlorenen Weltkrieges angesehen. In Frankreich verlief er durchaus nach den Regeln des Kriegsrechts, französische und englische Gefangene wurden korrekt behandelt. In Polen aber begann schon am 3. September mit Himmlers Liquidierungsbefehl ein neuartiger Krieg: die Ausrottung der polnischen Intelligenz, 90 000 Männer wurden in kürzester Zeit durch Spezialeinheiten der SS erschossen, die hinter der Front operierten. Dann begann eine riesige Bevölkerungsverschiebung, um Platz für die Germanisierung durch deutsche Umsiedler zu schaffen und um die Polen für Sklavendienste im Großdeutschen Reich verfügbar zu machen. Noch war die Wehrmacht nicht beteiligt. Es gab sogar einen einzigen Protest gegen unritterliches Verhalten im Hinterland, den General v. Blaskowitz äußerte. Ihm geschah nichts, er wurde an die begehrte Westfront versetzt.

So wie im Frühjahr 1940 die Besetzung von Norwegen und Dänemark als schnelles militärisches Kommandounternehmen abgewickelt war, verlief auch der unerwartete Balkanfeldzug im April und Mai 1941 wie ein neuer «Blitzkrieg». Jugoslawien und Griechenland wurden in zwei Wochen besetzt; die inneren Probleme in diesem neuen Besatzungsgebiet begannen aber kurz darauf.

Monatelang vorher hatte schon das Oberkommando des Heeres beflissen die Invasion Russlands geplant, längst ehe auf Hitlers Befehl der Plan «Barbarossa», der Überfall auf die Sowjetunion, ausgearbeitet wurde, um eines seiner wichtigsten Ziele zu realisieren, die Ostexpansion zu einem Kontinentalreich mit riesigem Lebensraum, der endlich zum Kampf um die Weltherrschaft, die Hitler für eine Art von Wanderpokal in der Hand des Stärksten hielt, befähigen sollte. Damit erst wurde aus dem vertrauten Revisionskrieg ein neuartiger Krieg, dessen Wesen Hitler selber ganz offenherzig der Wehrmacht längst vor dem Einmarsch nach Russland eingeprägt hat.

Jeder Krieg hebt zahlreiche zivilisatorische Normen auf, welche die wölfische Natur des Menschen in Friedenszeiten zu zähmen bemüht sind. Mord und Totschlag gelten auf einmal als Dienst für das Vaterland. Wer möglichst viele tötet oder verstümmelt wird befördert, erhält Auszeichnungen und Orden, wird ein Kriegsheld. Alle Hemmschwellen werden abgesenkt, die Werte der zivilen Welt auf den Kopf gestellt. Mit Mühe versuchen das Militärstrafrecht und das internationale Kriegsrecht, das Wüten der Kriegsfurie einzudämmen und nach Kräften ein wenig zu regulieren.

Um jede Hemmung gegen den geplanten Vernichtungs- und Rassenkrieg aufzuheben, hat Hitler im Vorfeld von «Barbarossa» berüchtigte Weisungen an die Truppe selber verteidigt. Der Krieg gegen die Sowjetunion sei, erklärte er, die «Auseinandersetzung zweier Weltanschauungen», daher genüge der militärische Sieg nicht, vielmehr müsse die Sowjetunion zerschlagen, die «jüdisch-bolschewistische Intelligenz» beseitigt werden. Die Wehrmacht müsse daher, forderte Hitler am 30. März 1941 von der Generalität, «vom Standpunkt des soldatischen Kameradentums abrücken. Der Kommunist ist vorher kein Kamerad und nachher kein Kamerad». «Es handelt sich um einen Vernichtungskrieg … wir führen keinen Krieg, um den Feind zu konservieren». Am 14. Mai folgte ein Führerbefehl über die Aufhebung der regulären Kriegsgerichtsbarkeit, der, offensichtlich rechtswidrig, freie Bahn für den Massenmord ohne Ahndung schuf. Am 19. Mai forderte eine Anlage zu «Barbarossa» das «rücksichtslose» Durchgreifen gegen «bolschewistische Hetzer» und «Juden». Am 6. Juni folgte Hitlers Kommissarbefehl, der die Abkehr vom Völkerrecht und von der Truppe verlangte, «auf der Stelle» jüdisch-bolschewistische Funktionäre mit der Waffe «zu erledigen». An der neuartigen Natur dieses Vernichtungskrieges konnte daher schon Monate vor dem Ostfeldzug kein Zweifel mehr bestehen. Vernichtung, Ausrottung, Terror – sie erschienen als die Signatur des künftigen Ostkrieges. Das höhere Offizierkorps teilte offensichtlich weithin dieses Urteil, offener Widerspruch gegen die Intentionen Hitlers und die Verletzung des Militärstrafgesetzbuchs wurde nicht laut. Damit verharrte diese Mehrheit in der Abhängigkeit vom Willen der politischen Führung. Sie stimmte auch der Sonderstellung der SS im Hinterland sogleich zu. Gemäß Himmlers Befehl vom 13. März 1941 sollte sie dort mit «Einsatzgruppen» Juden und die sowjetische Intelligenz ermorden.

Wie konnte es zu diesem Konsens kommen? Jetzt erweist sich erneut, wie notwendig der Rückgriff auf die Zeit seit dem Ersten Weltkrieg ist.

1. Denn die meisten höheren Offiziere hatten die Eroberung von Ludendorffs Ostimperium zustimmend miterlebt. Die Wahnidee vom östlichen Lebensraum für ein blockadefestes Kontinentalreich war attraktiv geblieben. In hybrider Überlegenheit hielten alle deutschen Planer von 1941, übrigens auch alle ausländischen Militärexperten, die russischen Truppen für minderwertig, zumal nach Stalins Säuberung des Offizierkorps seien sie vermutlich leicht zu schlagen.

2. Tief verankert in der Mentalität war nicht nur die Verachtung der Slawen, wie das der Vorstellung vom west-östlichen Kulturgefälle entsprach, sondern auch die Bereitschaft, die gleichzeitig gefürchtete «russische Dampfwalze» endgültig zu stoppen und das menschenfeindliche Sowjetsystem zu zerstören. Hatte doch schon 1918 die Aufforderung des Kaisers an seine Offiziere, jeden Bolschewik wie auf einer «Treibjagd zu erschlagen», viel Beifall unter ihnen gefunden.

3. Wie man die Slawen für minderwertig hielt, führte auch der traditionelle Antisemitismus des Offizierkorps zur Verachtung der Juden, erst Recht der fremdartigen sogenannten Ostjuden. Bereits im Schulungsheft des Oberkommandos der Wehrmacht für 1939 wurde die Wehrmacht angehalten, das «Weltjudentum» zu bekämpfen, «wie man einen giftigen Parasiten bekämpfen muss». Mit dieser Einstellung ließ sich keine feste Opposition gegen den rassistischen Antisemitismus der Nationalsozialisten und gegen die anlaufenden Vernichtungsaktionen gegen russische, polnische, deutsche, schließlich alle europäischen Juden aufbauen.

Es ist dieser zwischen der Mehrheit des höheren Offizierkorps und der NS-Führung bestehende Konsens über die Notwendigkeit eines antibolschewistisch-antijüdischen Vernichtungskriegs, der die Grundlage für die Kooperation von Wehrmacht und SS mit ihren «Einsatzgruppen» bildete. Gewiss war der eine oder andere erschrocken, ekelte sich, empörte sich gar im kleinen Kreis. Aber den Hauptteil der schmutzigen Arbeit übernahmen ohnehin die «Einsatzgruppen» mit ihren einheimischen Folterknechten, und mit den Kameraden in schwarzer Uniform musste man schließlich befehlsgemäß zusammenarbeiten. So kam es in kürzester Zeit zur Massenerschießung von mindestens einer halben Millionen Juden, wobei Wehrmachtseinheiten nicht nur den «Einsatzgruppen» zuarbeiteten, sondern auch die Liquidation selber übernahmen. Bei dem berüchtigtsten Massaker, als bei Babi Jar unweit Kiew mehr als 30 000 Juden erschossen wurden, teilten sich Wehrmacht und SS einmütig in die blutige Aufgabe.

Diese Zusammenarbeit ordneten die Befehle der militärischen Oberbefehlshaber ausdrücklich an. General Walter v. Reichenau, Chef der 6. Armee, verlangte am 10. Oktober 1941: «Der deutsche Soldat im Ostraum» sei «Träger einer unerbittlichen, völkischen Idee» und Verfechter einer «gerechten Sühne am jüdischen Untermenschentum». Er müsse als «Rächer» zur «erbarmungslosen Ausrottung artfremder Heimtücke aktiv beitragen». General v. Manstein, in dessen Befehl das Judentum nur Vernichtung verdiente, schloss sich mit zahlreichen nachahmenden Kommandeuren diesem Stil an. In den offiziellen «Mitteilungen für die Truppe» hieß es bereits im Juni 1941: «Es hieße Tiere beleidigen, wollte man die Züge» der «jüdischen Menschenschinder tierisch nennen. Sie sind die Verkörperung des Infernalischen» und verkörpern den «Aufstand des Untermenschen gegen edles Blut».

Auch ohne Kooperation mit der SS machte die Wehrmacht die Vernichtung slawischer und jüdischer «Untermenschen» oft genug zu ihrer eigenen Aufgabe. Im Sommer und Herbst 1941 wurden in den großen Kesselschlachten dreieinhalb Millionen russische Kriegsgefangene gemacht. Bis zum Februar 1942 waren zwei Millionen von ihnen tot: in riesigen Lagern verhungert, an Seuchen gestorben, erschossen. Fraglos gab es das große logistische Problem, gleichzeitig mit der rasch voranrückenden eigenen Truppe Millionen von Kriegsgefangenen zu versorgen. Aber diese kriegsrechtliche Versorgungspflicht wurde an keinem Frontabschnitt ernstgenommen. Zwei Millionen russische Gefange wurden vielmehr kaltblütig zu Tode gebracht.

Vergleichbare Exzesse wies der Partisanenkrieg auf. Militärische Verbände aller Nationen tendieren bei der Bekämpfung von Freischärlern zur Missachtung des Kriegsrechts, wie diese durch ihre Zivilkleidung auch die Uniformierungspflicht missachten. Stalin ließ große Truppenverbände als Partisanen im Hinterland operieren, die Brücken sprengten, Autokolonnen, Urlauberzüge und besetzte Ortschaften überfielen. Die Vergeltung fiel gnadenlos aus: Hundert erschossene Geiseln für einen toten deutschen Soldaten, fünfzig für einen Verletzten oder sogar die Liquidierung ganzer Ortschaften als Abschreckungssignal. Hinter der Front gab es daher Hunderttausende von Opfern des Partisanenkriegs. Dieselbe Praxis griff in Jugoslawien und Griechenland um sich. Innerhalb weniger Wochen sind etwa in Jugoslawien mehr als 31000 Geiseln erschossen worden. Bald traf auch die Meldung in Berlin ein: «Serbien ist judenfrei», ein Werk der Wehrmacht, nur gelegentlich in Kooperation mit der SS ausgeführt.

Überhaupt diente der Partisanenkrieg oft nur als Vorwand für die Judenvernichtung. Mit dem Befehl zur Partisanenbekämpfung waren Wehrmachtseinheiten aber mühelos zu gewinnen und nahmen dann folgerichtig an der Massenerschießung oder an der Deportation von Juden teil. Immer handelte die Wehrmacht auf Befehl ihrer überzeugten oder nur gehorsamen Offiziere. Warum aber führten die Soldaten, fast ausnahmslos, diese Befehle so gehorsam aus?

1. Der Ostkrieg hat zu einer beispiellosen Barbarisierung und Brutalisierung der Kriegsführung geführt. Ein gnadenloser Kampf auf beiden Seiten führte zur Verachtung des Lebens, zu Massakern im großen Stil, zur Missachtung aller Regeln des Kriegsrechts. Wenn eine Einheit schwere Verluste durch Partisanen erlitten hatte, war sie nur zu bereit, tagelang keinen Gefangenen zu machen.

2. Die Vorstellung vom slawischen «Untermenschen» wurde von Millionen von Soldaten geteilt. Ihre Feldpostbriefe spiegeln ganz ungeschminkt diese Verachtung wider. Von dort war es nur ein kurzer Schritt zur tödlichen Behandlung von Gefangenen und Partisanen.

3. «Für das Judentum gibt's nur eins: Vernichtung» – diesem Satz in einem Feldpostbrief stimmten ebenfalls Hunderttausende von

Soldaten zu, etwa in ihrer Post nach Hause und in Erzählungen daheim. Dieser Antisemitismus ebnete den Weg von der Kooperation mit den «Einsatzgruppen» bis hin zu eigenen Massenerschießungen.

Auch wenn man die Mentalität des bereitwilligen Tötens wenigstens etwas genauer zu verstehen sucht, bleibt doch die unabweisbare Frage: Weshalb haben sich nicht mehr Offiziere und Soldaten, unlängst noch friedliche Bürger in ihren Städten und Dörfern, dem widersetzt? Der in der Ausbildung eingeschärfte § 47 des Militärstrafgesetzbuches, das bis zum Mai 1945 unverändert in Kraft blieb, lautete: «Wird durch die Ausführung eines Befehls ... ein Strafgesetz verletzt, so ist ... der befehlende Vorgesetzte allein verantwortlich». Untergebene könne die Strafe des «Teilnehmens» treffen, falls ein Befehl überschritten wurde oder ihnen bekannt war, dass der Befehl eine Handlung betraf, die ein «allgemeines oder militärisches Verbrechen ... bezweckte». Wäre dieser § 47 angewandt worden, hätte ein großer Teil der Generalität und des Offizierkorps, hätten viele Soldaten bestraft werden müssen. Warum beriefen sie sich so extrem selten auf ihn?

1. Der Befehl besitzt seine eigene Durchsetzungsgewalt. Weder Offiziere noch Mannschaften denken unter Kriegsbedingungen in der Regel an Befehlsverweigerung mit ihren möglicherweise tödlichen Folgen.

2. Auch bei ungesetzlichen Handlungen gab es einen hohen Gruppendruck. Man scheute den Vorwurf, als Feigling der Situation nicht gewachsen zu sein, zumal wenn dieser Vorwurf von Kameraden kam, auf die man beim nächsten Kampf oder nach einer Verwundung angewiesen war.

3. Der Hass auf einen meist unsichtbaren Gegner im Partisanenkrieg stieg mit der Höhe der eigenen Verluste. Dieser Hass tobte sich oft aus in den sogenannten Befriedungsaktionen, wenn ganze Dörfer dem Erdboden gleichgemacht, die Bewohner erschossen wurden. Zwar gibt es in jedem Millionenheer auch Sadisten, die im Krieg freie Bahn gewinnen, aber der allgemeine Hass scheint als Grundstimmung ungleich wichtiger gewesen zu sein.

4. Diese Gründe spielten in vielen Kriegen des 20. Jahrhunderts eine wichtige Rolle, ob in Algerien oder Vietnam, auf dem Balkan oder in Tschetschenien. Bei der Wehrmacht kamen jedoch starke zusätzliche Motive noch hinzu: die Verachtung des slawischen

«Untermenschen», der weitverbreitete Antisemitismus, die ausgeprägte Führergläubigkeit. Nach jahrelangen Erfolgen musste man offenbar selbst solche Schmutzarbeit für Hitler ausführen.

5. Nicht zuletzt aber bedurfte es einer ungewöhnlichen Zivilcourage, die Teilnahme an den Vernichtungsaktionen zu verweigern. Es gab seltene Fälle dieses Protestes: Einige ältere Polizisten und Polizeioffiziere in den Mordkommandos im Hinterland wollten das blindwütige Morden nicht mitmachen. Die Folge: Sie wurden versetzt. Einige jüngere SS-Offiziere, die von der Front zu den Wachmannschaften der Vernichtungslager versetzt wurden, widersetzten sich. Die Folge: Sie wurden an die Front zurückversetzt. Das war gefährlich genug, aber es ist kein einziger Fall eines gravierenderen kriegsgerichtlichen Urteils bekannt. Aber: Es bedurfte einer gewaltigen Anstrengung, um in dieser Grenzsituation der Befehlsverweigerung seinen Mann zu stehen. Die meisten vermochten es nicht, die genannten Motive waren stärker.

Eins möchte ich an dieser Stelle betonen: Ich beurteile das Verhalten dieser Soldaten nicht von oben herab, vom hohen Podest der Wissenschaft oder vom sicheren Port des Nachgeborenen in einer langen Friedenszeit. Ich war gerade dreizehn, als das «Dritte Reich» zusammenbrach, ein begeisterter Pimpf nach dem Wehrertüchtigungslager, wo Winnetou und Old Shatterhand endlich ernsthaft weitergespielt wurden. Der Zufall der Geburt sorgte dafür, dass ich nicht drei Jahre älter war und daher auch nicht, wie die beiden letzten Jahrgänge unseres Gymnasiums, zur Waffen-SS eingezogen wurde. Wie hätte man sich dort verhalten? Panisches Töten im Partisanenkrieg – das kann ich mir vorstellen. Natürlich hofft jeder, er hätte sich dem Erschießen von Frauen und Kindern verweigern können. Aber weiß man das selber sicher genug? War nicht oft die Rede davon, sie hätten als Boten den Partisanen deutsche Stellungen verraten? Seit dieser Zeit habe ich jedenfalls eine tiefe Skepsis beibehalten, wie verführbar und kommandierbar man unter Kriegsbedingungen selber hätte sein können.

Das führt zu einer abschließenden Überlegung. Es geht bei der Wehrmachtsausstellung nicht nur darum, dass die Wehrmacht an einem Vernichtungskrieg teilgenommen hat, dass Hunderttausende auch an seinen Exzessen beteiligt waren. Vielmehr geht es in erster Linie um die deutsche Gesellschaft, die diese 18 Millionen Soldaten, ihre Väter und Männer, ihre Söhne und Brüder, hervorgebracht hat. Die Wehrmacht war schließlich kein Fremdkörper, der in der Weite des russischen Raums ein abartiges Verhalten aufwies. Warum sollten sie anders gewesen sein als die große Mehrheit der hitlergläubigen Deutschen? Hatten nicht Millionen Hitler gewählt, seine Volksabstimmungen nicht eine erdrückende Zustimmung erfahren, seine innen- und außenpolitischen Erfolge nicht begeisterten Jubel ausgelöst, den Traum von Großdeutschland erfüllt, das nationale Trauma des verlorenen Krieges geheilt?

War aber nicht auch eine halbe Million jüdischer Deutscher protestlos misshandelt und vertrieben, die Verachtung der Slawen angefacht, der Stolz der rassischen Überlegenheit genährt worden? Nur eine hauchdünne Schutzwand scheint diese Gesellschaft vom Übergang zur offenen Gewalt getrennt zu haben, ehe das Regime und sein totaler Krieg diese letzte Schranke beseitigten.

Der Kern der Opposition gegen die Wehrmachtsausstellung ist daher nicht nur das geschilderte Verhalten der Wehrmacht als Instrument der Führerdiktatur, nicht nur die Teilnahme von Hunderttausenden ihrer Angehörigen an Vernichtungsaktionen. Das Geheimnis ihrer Anstößigkeit liegt darin, dass mit der Wehrmachtsausstellung die deutsche Gesellschaft selber, aus der diese 18 Millionen Männer hervorgegangen sind, noch einmal auf den Prüfstand gestellt wird. Erst wenn wir diesen außerordentlich schmerzhaften Schritt zur kritischen Überprüfung der deutschen Gesellschaft, deren Geschöpf die Wehrmacht doch auch war, noch einmal tun, hat die Ausstellung ihr eigentliches Ziel erreicht.

2. Vertreibung im 20. Jahrhundert

Zur Epoche der totalen Kriege im 20. Jahrhundert gehören auch Vertreibungsaktionen von einem beispiellosen Ausmaß. Am Anfang steht der mitten im Ersten Weltkrieg vom Osmanischen Reich veranstaltete Genozid an den Armeniern: Rund 1,5 Millionen Menschen fielen ihm zum Opfer, die überlebenden Flüchtlinge versuchten zu emigrieren. Dieser bis heute offiziell geleugnete Gewaltakt entsprang keiner anachronistischen Xenophobie oder dem Christenhass fanatisierter Muslime, vielmehr dem Eifer der jungtürkischen Reformbewegung, die das europäische Ideal des ethnisch homogenen Nationalstaats verwirklichen wollte. Nach Kriegsende wurden, demselben Impuls folgend, 1,5 Milliionen Griechen aus Kleinasien vertrieben, im Gegenzug 600 000 Türken aus dem europäischen Gebiet auf der anderen Seite des Bosporus. Nachdem die schlimmsten Exzesse passiert waren, regelte 1923 der Friede von Lausanne einen «geordneten Bevölkerungsaustausch». Damit endeten 3000 Jahre griechischer Geschichte in Kleinasien, wo Griechen seit der Zeit von Homers «Ilias» gelebt hatten. In den Religionskriegen des 16. und 17. Jahrhunderts waren zwar auch Abertausende vertrieben worden oder ins Exil gegangen, so zogen etwa hunderttausende von calvinistischen Hugenotten aus Frankreich nach Holland oder Preußen. Aber die Zeitgenossen des frühen 20. Jahrhunderts empfanden die von Massakern begleitete Vertreibung der Armenier, Griechen und Türken zu Recht als einen unerhörten, neuartigen Vorgang.

Er stand auch Hitler und der NS-Führung klar vor Augen. Als der «Führer» im August 1939 der Generalität den Charakter des künftigen Ostkrieges beschrieb, zu dem auch Bevölkerungsverschiebungen gehören würden, suchte er Einwänden mit der zynischen rhetorischen Frage zu begegnen: «Wer redet heute noch von der Vernichtung der Armenier»?

Unmittelbar danach hat die nationalsozialistische Bevölkerungspolitik der «ethnischen Flurbereinigung», wie sie im SS-Jargon hieß, einen neuen Höhepunkt der Massenvertreibung erreicht. Ihr folgte seit 1945 der Gegenschlag, der im größten Exodus der neueren Geschichte zur Vertreibung und Flucht von rd. 15 Millionen Deutschen und «Volksdeutschen» führte.

Jahrzehntelang blieb die Diskussion über dieses euphemistisch «Transfer» genannte Verbrechen eine Sache der Landsmannschaften und Vertriebenenverbände. Dagegen wurde die allgemeine Öffentlichkeit in Westdeutschland – in der Sowjetischen Besatzungszone und dann in der DDR blieb das Thema ohnehin tabu – durch dieses Problem nur relativ selten bewegt. Diese Zurückhaltung besaß geraume Zeit ihre Berechtigung. Denn die Deutschen mussten sich erst ihren eigenen Verbrechen stellen, mithin die Gefahr vermeiden, deutsches Leid sogleich gegen deutsche Untaten aufzurechnen – etwa gegen das Menschheitsverbrechen des Holocaust. Bei diesem Massenmord an zwei Dritteln der europäischen Judenheit ging es um eine geradezu industrielle Liquidierung ohne Ansehen von Person, Alter und Geschlecht, während die deutschen Vertriebenen trotz aller Schrecken ungleich verteilte Überlebenschancen besaßen.

Jahrzehntelang lief die Mehrheitsmeinung darauf hinaus, den Vertriebenen die Privatisierung ihres Leids zuzumuten. Nach ersten Untersuchungen in den 1950er/60er Jahren kam auch im Grunde keine seriöse Vertreibungsforschung in Gang. Erst in den letzten zehn, fünfzehn Jahren ist Bewegung in diese Problematik geraten. Mit der Fusion der beiden Neustaaten von 1949 entstand erstmals ein deutscher Staat, der ohne Grenz- und Minderheitenprobleme existiert. Diese neuartige Konstellation erleichtert die nüchterne Analyse, die nach Möglichkeit eine vergleichende Perspektive besitzen sollte. So gehört etwa die Vertreibung der Deutschen aus Schlesien in ein und den selben Zusammenhang mit der Vertreibung der Polen aus dem im Hitler-Stalin-Pakt der Sowjetunion zugesprochenen Ostpolen. Überdies haben die Balkankriege der 1990er Jahre die Gräuel der «ethnischen Säuberung» erneut heraufbeschworen. Sie erinnern an die Erfahrungen der Vertriebenen ein halbes Jahrhundert zuvor, und sie demonstrieren auch den damals nicht betroffenen jüngeren Deutschen die barbarischen Schrecken dieser Gewaltpolitik.

Die jetzt in der Bundesrepublik einsetzende Diskussion könnte eine befreiende Wirkung insofern haben, als die verdrängte, abgesunkene Leidensgeschichte von Millionen Menschen hochtransportiert wird und endlich im hellen Licht der Öffentlichkeit ernsthaft diskutiert werden kann. Offensichtlich gibt es dabei aber eine Gefahr: Wenn diese Diskussion nicht behutsam, auch ohne Selbstgerechtigkeit, geführt wird, könnte sie eine Hemmschwelle aufbauen, die sich gegen den EU-Beitritt der osteuropäischen Staaten auswirkt. Doch ihre Aufnahme ist nach den Schrecken des Zweiten Weltkriegs und der Sowjetisierung schon deshalb geboten, um die politische und sozialökonomische Verfassung dieser genuin europäischen Länder endlich zu stabilisieren.

Allerdings handelt es sich dabei nicht allein um eine latente Gefahr der deutschen Debatte. Vielmehr zeigt etwa die Starrsinnigkeit der Prager Verteidigung eines Teils der Beneš-Dekrete, was die tschechische Öffentlichkeit, etwa im Vergleich mit der polnischen, über die eigenen Verbrechen noch zu lernen hat, ehe die EU-Mitgliedschaft glaubwürdig gewährt werden kann.

Wie konnte es zu den Massenvertreibungen in Osteuropa und

Ostdeutschland kommen: erst der Polen durch die deutsche Besatzungsherrschaft, dann der Deutschen und «Volksdeutschen» in Polen und der Tschechoslowakei, in Ungarn, Rumänien und Jugoslawien? Die Vorläuferphänomene: die Vertreibung der Armenier, Griechen und Türken galten bis 1939 als Schreckenstaten in Kleinasien und auf dem Balkan, abseits der Kernzone europäischer Zivilisation. Wessen man aber eben dort fähig war, trat seit 1939 zutage. Den Anfang machte die NS-Politik, mitten in Europa, mit einer riesigen «Umsiedlung» von Polen, um für sog. «Volksdeutsche» aus Osteuropa Platz zu schaffen: für die Baltendeutschen und die deutschsprachigen «Volksgruppen» aus Wolhynien, Galizien und den Kaparten, später aus der Bukowina, aus Siebenbürgen und Bessarabien, aus der Dobrudscha und der Gottschee.

Hitler hatte im Herbst 1939 die Neuordnung der nationalen Landkarte Europas angekündigt. Dem «Reichsführer-SS» Heinrich Himmler wurde als neu ernanntem «Reichskommissar für die Festigung Deutschen Volkstums» die umfassende Germanisierung des Ostens übertragen. Dort sollte ein riesiges Vorfeld des «Großgermanischen Reiches» entstehen, besiedelt mit «volksdeutschen» und reichsdeutschen Wehrbauern. Nach dem Überfall auf die Sowjetunion sollte sich dieses Gebiet bis zum Ural erstrecken, da der «Generalplan Ost», später umfassender noch der «Generalsiedlungsplan», eine derartige Expansion mit einer kühl einkalkulierten Verlustquote von rd. 32 Millionen Russen vorsah.

Zunächst wurden in kurzer Zeit 750 000 Polen aus Westpreußen und Posen in das südliche Restpolen, das «Generalgouvernement», abtransportiert, während 1,3 Millionen polnische Zwangsarbeiter ins Reich verschleppt wurden. In die entleerten polnischen Dörfer wurden «volksdeutsche» Umsiedler eingewiesen, die nach drei, vier Jahren vor der Roten Armee flüchteten. Der Hexenkessel dieser deutschen Germanisierungspolitik mit ihren brutalen Bevölkerungsverschiebungen von gewaltigem Ausmaß erzeugte einen selbstgeschaffenen Druck, der auch den Übergang zur «Endlösung» der «Judenfrage» beförderte, da das Chaos ausgenutzt wurde, um «judenfreie» Gebiete zu schaffen. Die Umsiedlung von «Volksdeutschen» erfasste die Zone vom Baltikum bis zur Krain, aber für die Germanisierung der weiten Räume des Ostens fehlten dann nach Himmlers Berechnungen immer noch fünf bis sechs Millionen reichsdeutsche Siedlungswillige. Doch die Bauernsöhne im «Altreich» dachten nicht daran, als Wehrbauern in die Ungewissheit des östlichen Vorfelds zu ziehen.

Angeregt durch das türkisch-griechische Vorbild geisterten Umsiedlungspläne auch in radikalnationalistischen Kreisen der osteuropäischen Nachfolgestaaten des zarischen und des österreichisch-ungarischen Vielvölkerreichs herum, ohne zu konkreten politischen Plänen zu führen. Solche Überlegungen tauchten dann aber unter den Exilpolitikern dieser Länder seit 1939/40 wieder auf. Zum einen ging es ihnen um eine radikale Lösung all jener belastenden Probleme, die bisher mit großen deutschen Minderheiten verbunden gewesen waren; zum anderen um die Beseitigung von Konfliktherden nach dem Sieg der Alliierten über die Achsenmächte.

Hinzu kam seit 1941 aber auch noch die rabiate Umsiedlungspolitik Stalins, der ganze Völkerschaften, wie etwa die Tschetschenen, und die große Minderheit der Wolgadeutschen wegen der Kollaborationsgefahr, als die deutschen Truppen schnell vorrückten, in die kasakische Steppe, ohne jede Rücksicht auf die horrenden Verluste an Menschenleben, abtransportieren ließ. Eine künftige Siegermacht demonstrierte damit ganz konkret die Möglichkeiten menschenfeindlicher Politik.

Nach dem Kriegsende erwies sich: Der gewaltsame «Transfer» als Folge deutscher und russischer Politik hatte den Erfahrungs- und Denkhorizont der Zeitgenossen unheilvoll ausgeweitet. Die Planung eines neuen «Transfers» der deutschsprachigen Minderheiten aus Osteuropa und der deutschen Bevölkerung aus Ostdeutschland galt seither als ein legitimes Mittel zur Beseitigung künftiger Konflikte (wie das auch Churchill glaubte), zugleich als verständlicher Racheakt, um den Todfeind aus dem eigenen Land oder aus dem soeben annektierten ehemaligen deutschen Staatsgebiet möglichst lückenlos zu vertreiben. Als Folge des anlaufenden «Transfers» wurden rd. 15 Millionen Deutsche, sofern sie nicht rechtzeitig geflüchtet waren, mit gnadenloser Härte vertrieben. Die riesige Verlustziffer liegt weit über einer Million, nähert sich aber vielleicht, wenn man die späteren Todesfälle als Folge wochenlang anhaltender Transporte oder Trecks mit einbezieht, sogar der Zwei-Millionen-Grenze.

Wurde dadurch tatsächlich, wenn man das unermessliche Leid einmal verdrängt, der innere Frieden in Europa gesichert, wie das die politisch verantwortlichen Akteure anfangs beansprucht haben? Hunderttausende von deutschsprachigen Bewohnern Ungarns und Rumäniens, wo keine derart fanatische Vertreibung wie in Polen oder in der Tschechoslowakei stattfand, warfen mit ihrer Anwesenheit für diese Staaten kein gravierendes Problem auf. Die inhumane Vertreibung aus Polen, der Tschechoslowakei und aus Jugoslawien löste auch nicht die inneren Nachkriegsprobleme dieser Länder, reduzierte aber die Konfliktmöglichkeiten der Nationalitätenpolitik.

Ein bitter erkaufter Gewinn: Die Bundesrepublik hat heute keine Irredentaprobleme, keine «unerlösten» Minderheiten jenseits ihrer Ostgrenzen, auch wenn eine Landsmannschaft wider alle Vernunft die kleine deutsche Minderheit in Polen künstlich zu vergrößern sucht. Solch eine Entspannung entkräftet indes nicht die Gefahr, dass aus der Konfliktminderung auf dem Feld der Nationalitätenspannungen eine quasi-moralische Rechtfertigung grässlicher Verbrechen hergeleitet wird.

Gegen die unterkühlte, mit dem Argument des inneren Friedens operierende Legitimierung der Vertreibung der Deutschen und «Volksdeutschen» lässt sich einwenden: Im Kalten Krieg sorgte das Gleichgewicht des atomaren Schreckens für einen prekären Frieden, nicht aber die «ethnische Säuberung» mit ihrer Nomadisierung von Millionen Menschen. Die verblüffend schnelle Integration der Vertriebenen und Flüchtlinge in die Wachstumsgesellschaft des westdeutschen Wirtschaftswunders verhinderte einen militanten Revanchismus, mithin die Erzeugung gefährlicher Spannungen nicht nur in Deutschland, das die Alliierten doch hatten ruhig stellen wollen, sie aber mit einer solchen explosiven Situation das Fürchten gelehrt hätte.

Was bleibt? Die osteuropäischen Siedlungsgebiete und die ostdeutschen Provinzen sind ein für allemal verloren. Es überlebt ein wenig Folklore, die Erinnerung an historische Leistungen, für Ältere die nostalgische Beschwörung der Heimat. Millionen zahlen mit dem Verlust ihrer Heimat und den erlebten Schrecken der Vertreibung einen hohen Preis für den zweiten verlorenen totalen Krieg, für den Gegenschlag gegen die nationalsozialistische Bevölkerungspolitik. Doch die Lebensverhältnisse in der Bundesrepublik haben es ermöglicht – und ermöglichen es weiterhin – diese Bürde zu ertragen.

Sollte es in naher Zukunft tatsächlich zu einem «Zentrum der Erinnerung» an die Vertreibung kommen, müssen zwei Vorbedingungen erfüllt sein. Zum einen müsste eine solche Begegnungsstätte der Erinnerung an eine gemeineuropäische Katastrophe gewidmet sein, mithin nicht auf eine isolierte Behandlung der Vertreibung der Deutschen beschränkt werden. Zum anderen läge ein solches Zentrum ungleich besser in Breslau als in Berlin. Denn in Schlesien fördert es die Verständigung mit Polen, das ebenfalls den Millionen seiner Vertriebenen eine neue Heimat schaffen musste. Vor allem aber implizierte die symbolpolitische Konkurrenz eines Berliner Zentrums mit dem Holocaust-Denkmal die Gefahr, dass in nächster Nähe des Totenmals doch noch an einer Aufrechnung unvergleichbaren Leidens gebastelt würde.

3. Auf dem Weg zum neuen Opferkult?
Alliierter Bombenkrieg gegen Deutschland 1940–1945

Unübersehbar und unüberhörbar gibt es in der deutschen Öffentlichkeit eine neue Grundströmung, vielleicht eine Art von psychischem Gezeitenwechsel. Denn deutsche Opfer des Zweiten Weltkriegs rücken auf einmal in den Mittelpunkt des Interesses. Für den weit wirkenden Auftakt sorgte Günter Grass' Novelle «Krebsgang» über den Untergang der «Wilhelm Gustloff» mit etwa 9000 ostdeutschen Flüchtlingen an Bord. Wenig später begann mit einer «Spiegel»-Serie über die Vertreibung der Deutschen aus Ostdeutschland und Osteuropa eine neue Beschäftigung mit einem historisch beispiellosen, gewaltsamen «Bevölkerungstransfer» von 15 Millionen Menschen. Jetzt lenkt der Berliner Publizist Jörg Friedrich die Aufmerksamkeit auf den alliierten Bombenkrieg gegen Deutschland[1]. Er bildete bisher in der Tat ein vernachlässigtes Thema der deutschen Zeitgeschichte. Zum einen waren nicht nur die Erwachsenen, sondern auch die Kinder, die diese Angriffe überlebt hatten und zu ihren Historikern hätten werden können, offenbar so traumatisiert, dass sie sich des Themas nicht bemächtigen konnten. Zum anderen scheute man den Vorwurf der Aufrechnung: Angesichts der Millionenzahlen des Holocaust und des antislawischen Vernichtungskrieges gab es eine tief sitzende Scheu, diese deutsche Leidensgeschichte zu schreiben. So haben nur einige Schriftsteller ihre eigenen Erfahrungen mit den nächtlichen Angriffen in Worte gefasst: Hans

Erich Nossack etwa den Untergang Hamburgs, Gert Ledig und Dieter Forte. Zwar haben amerikanische und englische Historiker den Bombenkrieg analysiert, aber erst unlängst ist das «Militärgeschichtliche Forschungsamt» in Potsdam in seinem Monumentalwerk über den Zweiten Weltkrieg auf diesen Luftkrieg ausführlich (in Bd. VII) eingegangen. Insofern gebührt Friedrich die Anerkennung des Vorreiters, der ein lange tabuisiertes Thema ausführlich und akribisch genau aufgegriffen hat.

Der Autor verzichtet auf jeden Prolog, auch auf die Einbettung des Luftkriegs in die Geschichte des Totalen Krieges seit dem September 1939. Vielmehr springt er sofort medias in res: in die plastisch geschilderte Ereignisgeschichte der seines Erachtens militärisch völlig sinnlosen Zerstörung zahlreicher deutscher Städte, ja einer zweitausendjährigen Stadtkultur, und damit der zielgerichteten Ermordung von etwa 600 000 Zivilisten vor allem durch die Brandbomben, die Feuerstürme von 1400 Grad Celsius zu erzeugen vermochten, aber auch durch Sprengbomben und Luftminen. Englische Stabsoffiziere hatten aus den horrenden Verlusten des englischen Expeditionskorps im Ersten Weltkrieg seit den frühen 1920er Jahren die Konsequenz gezogen, im künftigen Krieg den Gegner durch Flächenbombardements auszuschalten. Als Polen 1939 im ersten «Blitzkrieg» erobert, mit Frankreich die größte Militärmacht des Kontinents geschlagen war und England mit dem Rücken zur Wand allein dastand, löste die Luftschlacht um England – Vorbereitung einer geplanten deutschen Invasion, in der zweiten Phase aber gegen zwei Dutzend englische Städte gerichtet, deren Symbol das «ausradierte» (Hitler) Coventry wurde – den englischen Gegenschlag aus. Ziemlich schnell stellte sich die begrenzte, wenn auch furchterregende Wirkung der Sprengbomben heraus. «Mit 3000 Tonnen Sprengstoff, die eine Bombenflotte lädt, ist die Stadt nicht zu ruinieren», konstatiert Friedrich. «Brandmunition jedoch stiftet einen Schaden, der sich selbst vermehrt. Dazu sind zwei Wissenschaften vonnöten, Brandstiftung und Funknavigation. Feuerwehringenieure und Elektrophysiker entwickeln in drei Jahren die Systeme, entzündliche Siedlungsgebiete zu orten … und in Flammen zu setzen». Die Folgen beschreibt Friedrich an der Zerstörung von mehr als zwei Dutzend deutscher Städte, die in Schutt und Asche versanken – von Lübeck im März 1942 bis hin zu Würzburg im März 1945. Immer wieder spielten sich apokalyptische Szenen ab.

«Der Weltuntergang kann nicht schlimmer sein», diesen Eindruck hielt mehr als ein überlebender Zeitgenosse fest.

Die deutsche Luftwaffe warf im Zweiten Weltkrieg rund 103 000 Tonnen an Bomben ab. Allein im März 1945 schafften jedoch die englischen und amerikanischen Bomberflotten über Deutschland mehr. Insgesamt kamen sie auf 1,3 Millionen Tonnen; fast ein Drittel fiel von Januar bis Ende April 1945. Das Hauptziel: die deutsche Zivilbevölkerung durch den Luftterror zu zermürben und in die Opposition gegen Hitler zu treiben, wurde nicht erreicht. Im Gegenteil, die Propaganda brauchte den Hass auf die «Luftpiraten» kaum mehr anzufachen. Unmittelbar nach dem Krieg stellte der amerikanische «Strategie Bombing Survey» fest, dass die Städtebombardierung militärisch unergiebig gewesen sei. Dagegen erwiesen sich an Stelle der nächtlichen Flächenbombardements der «Royal Air Force» die gezielten Tagesangriffe der amerikanischen «Fliegenden Festungen» gegen Schlüsselindustrien der Rüstungswirtschaft und das Verkehrssystem als so effektiv, dass Speers Riesenapparat seit dem Spätherbst 1944 wie gelähmt dalag.

Der Zorn auf die sinnlose Zerstörung ist es, der Friedrich umtreibt. Er verleiht seinem Buch die Wucht, den beschwörenden Duktus der Sprache, auch den Drang zur schließlich ermüdenden Wiederholung der Unheilsbeschreibung. Vielleicht besitzt seine Darstellung aber auch deshalb irritierende Grenzen. Sie verzichtet auf die Einbettung des Luftkriegs gegen Deutschland in den historischen Kontext. Hitler und seine Deutschen haben den Krieg vorbereitet und entfesselt. Bereits im September 1939 gewann er mit den Morden im polnischen Hinterland die Züge des künftigen Weltanschauungs- und Rassenkrieges, dessen Fratze seit dem Sommer 1941 im Vernichtungskrieg gegen die Sowjetunion und die europäische Judenheit vollends hervortrat. Die Luftwaffe bombardierte, militärisch unsinnig, die Wohnviertel der Warschauer Innenstadt, die Wohnviertel von Rotterdam, die Wohnviertel von zwei Dutzend englischer Städte während der Luftschlacht um England. Der englische Übergang zum Angriff auf deutsche Städte war Reaktion, nicht Initiative.

Das entschuldigt keinen einzigen Luftangriff mit seinen barbarischen Folgen. Aber es rückt die Proportionen zurecht. Ständig liefen Mordaktionen in gewaltigem Ausmaß. Jeder fünfte Pole, jeder fünfte Jugoslawe kam im Krieg um. Millionen russischer Zivilisten wurden umgebracht, sechs Millionen Juden in kürzester Zeit ermordet. Als die Rote Armee im Sommer 1944 die Heeresgruppe Mitte buchstäblich vernichtete, kamen mindestens 350000 deutsche Soldaten um, mehr als die Hälfte aller Bombenkriegsopfer. Jeder Tote ist ein Toter zu viel. Für das Individuum macht es im Augenblick des Todes keinen erheblichen Unterschied, ob es im Keller der Gestapo oder des NKWD, im Vernichtungslager, an der Ostfront oder im Luftschutzkeller ermordet wird. Aber der Hinweis auf diese Kontinuität des Massenmordens hätte den Eindruck relativiert, der Bombenkrieg gegen die deutschen Städte und seine Opfer stellte ein Unikat dar. Im totalen Krieg bedient sich auch der Angegriffene aller inhumanen Mittel, um zu überleben, auch um Rache zu nehmen.

Der historische Kontext ist eins, etwas anderes ist die Sprache, die Unsicherheit des historischen Urteils und die manchmal bedenkenlose Neigung zur Emotionalisierung. Da ist mehrfach vom «Vernichtungskrieg» gegen die deutschen Städte und ihre Zivilbevölkerung die Rede, obwohl dieser Begriff der Historikersprache aus guten Gründen bisher für den Vernichtungskrieg gegen Juden und Slawen im Osten reserviert war. Sollte da nicht die Sprache differenzieren, oder zielt der Autor tatsächlich auf Gleichsetzung? Da gibt es einen «Auftrag zur Massentötung», endlose «Zivilmassaker», einen «mongolischen Vernichtungsorkan» und eine «unerklärliche Vernichtungstrunkenheit». Die «Bomber Group 5» mutiert zur «Einsatzgruppe», Bombenopfer werden zu «Ausgerotteten», ihre Keller zu «Krematorien» erklärt. Das ist die unverhohlene sprachliche Gleichstellung mit dem Horror des Holocaust. Soll man einem reflektierten Autor wie Friedrich unterstellen, dass ihm diese Begriffe als semantische Entgleisungen zufällig unterlaufen sind? In einer Diskussion des Hessischen Fernsehens, an der ich teilgenommen habe, sprach Friedrich wiederholt von der «Niedertracht» und «Gemeinheit» des alliierten Luftkriegs, von der Mordlust der Tiefflieger, die selbst «vergewaltigte und schwangere Frauen» auf dem Treck oder im Ruhelager zusammengeschossen hätten. Diese undisziplinierte Sprache – und selbst die Greuel des Krieges und Massenmords verlangen eine disziplinierte Ausdrucksweise – weckt oder bekräftigt Ressentiments, wenn nicht gar neue Hassgefühle.

Noch einmal: Auch über den Luftkrieg und sein Zerstörungswerk, seine Opfer und seine Traumata muss endlich diskutiert werden. Aber befinden sich Churchill und Hitler wirklich auf ein und derselben Stufe als Initiatoren des Bombenkriegs? War das Kalkül zunächst so falsch, den verhassten, den übermächtigen Gegner durch Flächenbombardements in die Knie zu zwingen? Gab es alternative Mittel, nachdem der Konflikt den Charakter des totalen Krieges gewonnen hatte?

Die Gefahr von Friedrichs Buch besteht darin, dass es, mit Leidenschaft für die hilflosen Opfer des alliierten Bombenkriegs, auch schon für die «künftigen in Bagdad» engagiert, den modischen Opferkult unterstützen könnte, auf neudeutsch: den «cult of victimization», der in den Vereinigten Staaten schon längst Furore macht. Der Rückzug auf die Opferrolle hat in der deutschen politischen Kultur eine formidable Tradition. Denn viele Deutsche empfanden sich als Opfer der «Einkreisung» vor 1914, des Ersten Weltkriegs, der Hyperinflation, der «Großen Depression», der Überwältigung durch den importierten Braunauer, des Zweiten Weltkriegs, der Vertreibung, der Siegerjustiz, der Spaltung. Glücklicherweise hat dieses Selbstmitleid nicht das politische Klima der Bundesrepublik vergiftet, geschweige denn dominiert. Doch am rechten Narrensaum der Politik lebt es unvermindert fort. Von einem Autor wie Friedrich, der so schreibgewandt und mit der neuesten Geschichte vertraut ist, hätte man ein differenzierteres Urteil, vor allem eine abwägendere Sprache erwartet. Man muss abwarten, ob die verblüffende Anfangswirkung des Buches anhält. Und was folgt nach der Vertreibung und dem Luftkrieg? Der Untergang der U-Boot-Flotte mit mehr als 40 000 ertrunkenen Matrosen im Zeichen der Radarmaschine? Der Blutzoll der Wehrmacht, die allein nach dem gescheiterten Attentat auf Hitler am 20. Juli 1944 mehr als die Hälfte ihrer Kriegstoten verloren hat? Das Ende der Nachtjäger?

Vielleicht gibt es in der öffentlichen Diskussion ein Nachholbedürfnis. Vielleicht könnte die Diskussion sogar befreiend wirken. Doch käme es zu einer weiteren Bedienung des Opferkults, verlöre die deutsche Öffentlichkeit Schritt für Schritt eine kostbare Errungenschaft der letzten Jahrzehnte: die selbstkritische Auseinandersetzung mit der eigenen jüngeren Geschichte. Es ist diese Auseinandersetzung, die sie zukunftsfähig gemacht hat.

4. Die Selbstzerstörung der EU durch den Beitritt der Türkei

In einem großen Land des Nahen Ostens erringt 1995 die Partei des fundamentalistischen Islamismus die Mehrheit im Parlament und den Posten des Ministerpräsidenten. Damit kommt ein prinzipieller Gegner westlicher Werte, westlicher Kultur, westlicher Politik, westlichen Lebensstils an das Staatsruder. Doch das Militär entmachtet das neue Regime bereits im folgenden Jahr. Seit dem Herbst 2002 hofft dieser Staat auf die Zusage der EU, ihm für 2005 den Beginn von Beitrittsverhandlungen zuzusagen.

Soll der Türkei tatsächlich der Weg in die EU freigemacht werden? Ist es politisch klug, historisch begründbar, vor allem aber vom Ergebnis her legitimierbar, sich auf dieses riskanteste Unternehmen in der Geschichte der europäischen Einigung einzulassen? In den Wahlkämpfen müsste darüber eigentlich leidenschaftlich gestritten werden. Stattdessen herrscht ein Schweigen, als sei der krasse Kurswechsel nicht der Rede wert. Es dominiert eine atemberaubende Apathie, gepaart mit nacktem Zynismus, irgendwie werde sich der Beitritt doch noch bis zum St. Nimmerleinstag aufschieben lassen.

An die Vorgeschichte braucht nur knapp erinnert zu werden. In einer Serie von kulturrevolutionären Gewaltaktionen versucht Kemal Atatürk, die Galionsfigur der Jungtürkischen Reformbewegung, aus dem nach dem Ersten Weltkrieg übrig bleibenden kleinasiatischen Restbestand des Osmanischen Großreiches einen modernen Staat nach westlichem Vorbild zu schaffen. Als erstrebenswertes Ideal gilt der ethnisch homogene europäische Nationalstaat. Bei der Verwirklichung dieses Vorhabens kommt es, durchaus folgerichtig, zur ersten «ethnischen Flurbereinigung»: 1,5 Millionen christlicher Armenier werden genozidähnlich massakriert, die Überlebenden suchen zu emigrieren. Wenig später werden 1,5 Millionen Griechen unter ebenso mörderischen Umständen aus Kleinasien vertrieben; im Gegenzug vertreiben die Griechen 600 000 Türken aus ihrem Siedlungsgebiet auf der europäischen Seite des Bosporus. Die rabiate türkische Homogenisierungspolitik wird bis in die unmittelbare Gegenwart hinein bei der Unterdrückung jedweder Lebensäußerung von Millionen Kurden fortgeführt.

Im Zeichen des Kalten Krieges gelingt der Türkei der dichtere

Anschluss an den Westen: 1952 wird sie NATO-Mitglied, das als östliches Bollwerk gegen den sowjetischen Expansionismus in den Nahen Osten, zum Persischen Golf und an das Mittelmeer fungiert. Dafür erhält sie Milliarden Dollar amerikanischer Sicherheits- und Wirtschaftshilfe, die zum nicht geringen Teil in dunklen Korruptionskanälen verschwindet. Mit dem Ende des Kalten Krieges scheint zunächst der geostrategische Wert der Türkei zu sinken, doch bleibt sie als Basis für militärische Unternehmen weiterhin nützlich, wie das im ersten Golfkrieg zu Tage tritt. Ihr Westkurs löst jetzt aber vehemente Kritik im Innern aus; Außenminister, Verteidigungsminister und Generalstabschef treten aus Protest demonstrativ zurück. Präsident Özal rechtfertigt seine Haltung auch damit, auf diese Weise den Eintritt in die EG zu befördern. Alsbald fordern Präsident Demirel und Ministerpräsidentin Çiller ein Ende der UN-Sanktionen gegen den Irak. Die Bereitschaft, dauerhaft gegen einen islamischen Staat zu opponieren, ist ungleich schwächer ausgebildet als die Teilhabe an der «Eindämmung» der Sowjetunion.

Auf das Drängen der westlich orientierten kemalistischen Funktionseliten hin wird ein offizielles EG-Beitrittsgesuch im April 1987 eingereicht. Die EG ist aber seit der weltpolitischen »Wende« von 1989/91 vorrangig an der Aufnahme der osteuropäischen Staaten interessiert. Die Gründe, die gegen einen Beitritt der Türkei sprechen, wirken damals noch durchschlagend: Das Land besitzt keine liberalisierte Marktwirtschaft, missachtet eklatant die Menschenrechte, verfolgt die kurdische Minderheit, vor allem aber ist es als muslimischer Staat durch eine tiefe Kulturgrenze von Europa getrennt. Der Konsens lautet: Nach geographischer Lage, historischer Vergangenheit, Religion, Kultur und Mentalität ist die Türkei kein Teil Europas. Weshalb sollte man 65 Millionen muslimischen Anatoliern die Freizügigkeit gewähren, sich auf unabsehbare Zeit mit einem kostspieligen Versorgungsfall belasten? Noch wird offen ausgesprochen, dass die EG ein christlich geprägter Staatenverein ist, in dem die muslimische Türkei keinen Platz findet. Doch diese Position gerät allmählich ins Kreuzfeuer der Kritik, als ihr Multikulti-Gutmenschen einen «christlichen Fundamentalismus» vorwerfen.

Enttäuscht über die kalte Schulter Brüssels und angeregt durch die große Wendekonstellation betreibt Özal eine Islamisierung der türkischen Außenpolitik. Das neue Fernziel ist die Union aller Turkvölker von Aserbeidschan über Usbekistan, Turkmenistan,

Kasachstan und Kirgistan bis hin zu den Grenzen Chinas. Mit einer Vielzahl kostspieliger Projekte wird diese Politik von Ankara betrieben. Zugleich soll damit auch der rasch wachsende Einfluss des Irans und Saudi-Arabiens mit seinem wahabitischen Steinzeitfundamentalismus blockiert werden. Um 1995 verebbt diese politische Anstrengung.

In der Türkei selber wird unterdessen ihre kemalistisch-säkularisierte Identität durch Strömungen eines endogenen Fundamentalismus in Frage gestellt, der den laizistisch-prowestlichen Elitenkonsens Schritt für Schritt untergräbt. Das Land wird mit den Produkten eines islamistischen Kulturbetriebs überflutet: mit Videos, Kassetten, CDs, Zeitschriften, Büchern; 290 Verlage, 300 Publikationsorgane, Hunderte von nicht lizensierten Rundfunk- und Fernsehstationen wetteifern dabei miteinander. Die Moscheen in Atatürks Republik sind wieder überfüllt.

Die offizielle türkische Politik reagiert auf diesen Anprall, indem sie selber fundamentalistische Praktiken partiell übernimmt und mit dem neuen Sektenwesen kooperiert. Bisher sakrosankte Verbote der Kemalepoche werden aufgehoben: An den staatlichen Schulen wird wieder Religionsunterricht eingeführt. Islamistische Schulen werden zugelassen, schon 1990 werden sie von 15 Prozent aller höheren Schüler besucht. Das Kopftuch für Frauen, demonstratives Symbol der orthodoxen Rechtgläubigkeit, wird erlaubt. Das Militär, traditionell der strenge Hüter des laizistisch-kemalistischen Erbes, interveniert immerhin, als es Hunderte von islamistischen Kadetten von der Militärakademie verstößt. Im Allgemeinen aber erlahmt der Widerstand gegen den religiösen Aufbruch.

1994 gewinnt die islamistische «Wohlfahrtspartei» die Kommunalwahlen, erobert Istanbul und Ankara, zieht mit Cillers «Partei des Rechten Weges» und Özals «Mutterlandspartei» auf gleiche Höhe. 1995 folgt sogar ein neuer Triumph: die Parlamentsmehrheit mit mehr Sitzen als jede weitere Partei. Die subkutane Machtverschiebung zugunsten der Fundamentalisten ist evident. Erbakan regiert die Türkei als erster islamistischer Ministerpräsident, bis das Militär auf seine Vormundschaftsrolle pocht und den Rückzug erzwingt. Seit den Herbstwahlen von 2002 drängen die religiösen Fundamentalisten, die unter Erdogan als «Gerechtigkeitspartei» firmieren, in die EU, um im eigenen Land in den Genuss der westlichen Religionsfreiheit zu kommen und den Export ihrer Lehre in die türkische Diaspora in Europa, namentlich in Deutschland, vorantreiben und die Vorherrschaft des Militärs abschütteln zu können.

Warum gibt man Erdogan und seiner nur sprachkosmetisch veränderten Islamistenpartei einen solchen Vertrauensvorschuss, wie das die Chefs der EU-Staaten auf der Kopenhagener Konferenz im Herbst 2002 getan haben? Warum vermutet niemand, dass er vielleicht nur den Wolf im Schafspelz spielt? Seit wann ist eine Einparteienherrschaft, auf die das Regime der «Gerechtigkeitspartei» hinausläuft, auf einmal so attraktiv? Zählt nur mehr die vermutete Durchsetzungsfähigkeit eines einzigen politischen Machtfaktors? Die Türkeipolitik der EU leistet sich da eigentümliche Kapriolen.

Auch muss es endlich möglich sein, über den Armenier- und Griechenmord zu sprechen. Entspricht das türkische Todschweigen der angestrebten Zugehörigkeit zur europäischen Wertegemeinschaft? Gewiss, der Holocaust – aber hätte ein einziger europäischer Staat die Bundesrepublik auch nur mit der Feuerzange angefasst, als es um die EWG, die EG, die EU ging, wenn sie den Massenmord so ungerührt geleugnet hätte wie das die Türkei noch immer tut?

1999 ist das Jahr der fatalen Fehlentscheidung. In Helsinki sagen die europäischen Außenminister, massiv gedrängt von der Chefin des State Department, Beitrittsverhandlungen zu, 2000 wird der Kandidatenstatus der Türkei offiziell anerkannt. Nirgendwo hat eine demokratische Legitimierung dieses Kurswechsels stattgefunden. Alle Entscheidungen fallen in verräucherten Hinterzimmern. Der EU-Apparat, aber auch die europäische Öffentlichkeit, setzt sich nahezu stillschweigend-lethargisch über das Defizit hinweg.

Welche Gründe werden gemeinhin zur Verteidigung dieser Entscheidungen ins Feld geführt? Da ist zum einen der geostrategische Gesichtspunkt der USA, den südöstlichen Stützpfeiler der NATO, einen bewährten Verbündeten, auch in der EU zu sehen. Das gilt rückwirkend als Akt der Dankbarkeit für den Beistand gegen die Sowjetunion, gegenwärtig aber als Umwerbung für künftige Nahost-Aktionen. Auf die deshalb seit Anfang der 1960er Jahre gegebenen Versprechungen, die Türkei mit Europa zu verbinden, berufen sich immer wieder jene Segmente der türkischen Öffentlichkeit und der Machteliten, die für den Anschluss an Europa sind. Aber zum einen braucht nach dem prinzipiellen Konstellationswandel von 1989/91 nicht jede zeitgebundene Zusage auf Kosten der Europäer honoriert zu werden. Zum andern hat die Türkei, die heutzutage neurotisch darauf drängt, als europäisch anerkannt zu werden, 40 Jahre lang nicht das Geringste getan, um sich etwa auf der Linie der Aufnahmekriterien der EU den europäischen Verhältnissen konkret anzunähern. Da ist zum andern das Argument, dass die prowestlichen, kemalistischen Eliten der Türkei ihren Westkurs gegen den anschwellenden Fundamentalismus im eigenen Land nur dann mit Aussicht auf Erfolg weitersteuern können, wenn dieser Kurs durch die EU-Mitgliedschaft honoriert und abgestützt wird. Das vom türkischen Parlament im Frühjahr 2002 verabschiedete Reformpaket wird angeblich wesentlichen EU-Anforderungen gerecht, denn es kündigt die Abschaffung der Todesstrafe an, stärkt die bürgerlichen Freiheitsrechte und räumt den Kurden einige Minderheitenrechte ein. Es besagt jedoch noch gar nichts über die künftige Praxis der Polizeifolter, die Umwandlung der «Parteien» genannten Klientelverbände in demokratisch organisierte Parteien, die Diskriminierung von europäischen Ehefrauen und christlichen Kirchen, die Verfolgung der Kurden im Alltag. Die Reformgesetze markieren keine Endstation, sondern allenfalls den Anfang eines bisher nicht hinreichend glaubwürdigen Umbaus.

Alle Gründe sind, vom Standpunkt europäischer Interessen geurteilt, ganz unzulänglich, wenn es um die gravierende Grundsatzentscheidung des EU-Beitritts geht, da doch zum ersten Mal ein Beitrittskandidat nicht als zweifelsfrei europäisch oder wenigstens als europakompatibel gilt.

1. Das erste Problem liegt darin, dass es die EU bisher nicht riskiert hat, ihre Grenzen im Osten, im Südosten und Süden zu definieren. Im Norden und Westen gibt es keine Probleme, doch im Süden müsste klargestellt werden, dass weder die maghrebinischen Staaten noch der Nahe Osten und Israel zu Europa gehören. Die Hauptprobleme tun sich im Osten und Südosten auf. Die Ukraine, Weißrussland und Russland selber sollten zwar an Europa gebunden, ihre Stabilisierung nach Kräften unterstützt werden. Sie sind jedoch kein Teil Europas und gehören deshalb nicht in die EU. Sie haben Europa manchmal massiv beeinflusst, aber die jüdisch-griechisch-römische Antike, die protestantische Reformation, die Renaissance, die Aufklärung und die Wissenschaftsrevolution haben sie nicht geprägt. Es gab dort kein europäisches Bürgertum, keine autonomen Bürgerstädte, keinen europäischen Adel, keine europä-

ische Bauernschaft. So eng man die wirtschaftlichen und politischen Beziehungen zu diesen Ländern auch ausbauen sollte, gibt es doch keinen zwingenden Grund, sie ebenfalls wie das in der Tat europäische Osteuropa in die EU aufzunehmen (wie das die Ukraine bis 2011 erreichen will!), geschweige denn ferne exotischer Länder wie etwa Georgien, das Hans Dietrich Genscher wegen seiner freundschaftlichen Verbindung zu Schewardnadse sogar zu einem «geborenen Kandidaten» erklärt hat.

Diese Einwände stechen noch mehr, wenn es um die Türkei geht, die von all diesen spezifisch europäischen, jahrtausendealten Traditionen nicht bestimmt und durch den tiefen Graben zwischen zwei von Grund auf verschiedenartigen Kulturkreisen von Europa getrennt ist. Was spricht eigentlich für den politischen Masochismus, einen kleinasiatischen Großstaat mit (bis 2010) 90 Millionen Muslims, unter denen der Islamismus rapide vordringt, als künftig größtes Mitglied in die EU aufzunehmen?

2. Das muslimische Osmanenreich hat rd. 450 Jahre lang gegen das christliche Europa nahezu unablässig Krieg geführt; einmal standen seine Heere sogar vor den Toren Wiens. Das ist deshalb weiterhin erwähnenswert, weil man an dem türkisch besetzten Balkan, der südlich der habsburgischen Militärgrenze eine zweihundertjährige Stagnation seiner wirtschaftlichen, sozialen, politischen Entwicklung unter osmanischer Herrschaft erlebt hat, ziemlich genau ablesen kann, was ein türkischer Sieg für weitere Teile Europas bedeutet hätte. Das alles ist im Kollektivgedächtnis der europäischen Völker, aber auch der Türkei tief verankert. A limine spricht darum nichts dafür, eine solche Inkarnation der Gegnerschaft in die EU aufzunehmen. Das mag man freilich noch als Vorurteil eines Historikers abtun. Doch ändert das nichts an dem Tatbestand, dass eine politische Union über Kulturgrenzen hinweg noch nie und nirgendwo Bestand gehabt hat. Überdies ist die Häme, mit der jetzt gegen den «christlichen Klub» der EU polemisiert wird, ein Zeichen bestürzender Ignoranz, was 2000jährige Traditionen und die unleugbare Tatsache angeht, dass unser Sprachhaushalt und unsere Literatur, unsere Denkformen und unser Recht christlich geprägt, dass schließlich die christlichen Konfessionen und Amtskirchen in Europa noch immer große Mächte des öffentlichen und privaten Lebens sind.

3. Warum sollte daher heutzutage ein muslimischer, von der

fundamentalistischen Welle einer erkennbaren Mehrheit bedrohter Staat zu Europa hinzustoßen, das nun einmal durch seine völlig anderen Traditionen geprägt ist? Was spricht eigentlich dafür, dass nach dem Beitritt die Fundamentalismusprobleme ungehindert in die EU exportiert werden können? In der Bundesrepublik werfen 32000 in radikalen Organisationen vereinigte türkische Muslims bereits hinreichend Probleme auf. Das Konfliktniveau im Inneren würde unvermeidbar angehoben. In diesem Zusammenhang verdient ein irritierender Befund eine nüchterne Erörterung. Von den sieben großen Weltreligionen haben das Christentum, das Judentum, der Hinduismus, der Buddhismus, der Konfuzianismus und der Shintoismus keine grundsätzliche, dogmatisch verankerte Feindschaft gegen den Westen entwickelt. Zwar gibt es fundamentalistische Strömungen, unter den Katholiken und Protestanten in Nordirland etwa, im protestantischen «Bibelgürtel» der USA, unter den orthodoxen Juden Israels, in der hinduistischen Regierungspartei Indiens. Aber allein der Islam besitzt offenbar einen Kernbestand von religiösen Überzeugungen, die zu einem radikal antiwestlichen Fundamentalismus gesteigert werden können. Das privilegierte «Haus des Islam» steht einem «Haus der Ungläubigen» gegenüber, das möglichst missioniert, gegebenenfalls durch den heiligen Glaubenskrieg, den Dschihad, für den wahren Glauben gewonnen werden soll. Wo bleibt eine muslimische Aufklärung oder eine Reformation, die sich dieser Probleme endlich annimmt, mithin die religiöse Weltherrschaft des Islams in Frage stellt. Vorerst gilt weiterhin: Das Menetekel des 11. September 2001 sollte nicht vergessen werden!

Nicht selten taucht das Argument auf, dass Europa durch die Aufnahme der Türkei dabei helfen müsse, das Land vor dem Sieg des Fundamentalismus zu bewahren. Ist jedoch die EU ein Samariterverein, der ungeheure Belastungen für einen durchaus ungewissen Ausgang der Hilfsaktion akzeptieren sollte? Muss nicht die wahrhaft moderne Türkei selber mit den religiösen Schubkräften fertig werden, ohne 450 Millionen Europäer damit direkt zu belasten?

Zugegeben, es gibt ein legitimes Interesse Europas daran, dass ein islamischer Staat wie die Türkei endlich seine Demokratiefähigkeit beweisen kann. Bisher ist das, auch wegen der hohen Barrieren in der Religionslehre des Islam, noch nirgendwo gelungen. Solch ein

Experiment verdient Unterstützung. Nur kann sie in allen möglichen Formen gewährt werden, ohne dass die Türkei ein EU-Mitglied wird und auf unabsehbare Zeit die Europäer mit ihren gewaltigen Problemen von innen her belastet.

4. Warum sollte, da nach europäischen Kriterien mindestens 30 Prozent des türkischen Arbeitskräftepotentials als arbeitslos, dazu viele als Teilzeitarbeiter gelten, einem anatolischen Millionenheer die Freizügigkeit in die EU eröffnet werden? Türkische Kenner gehen von einer Mobilitätsbereitschaft von 10, ja 20 Millionen Türken aus. Überall in Europa erweisen sich aber muslimische Minderheiten als nicht assimilierbar, sie igeln sich in ihrer Subkultur ein. Auch die Bundesrepublik hat bekanntlich kein allgemeines Ausländer-, sondern an erster Stelle ein Türkenproblem. Man kann nur durch die strikte Verpflichtung zum Sprachunterricht, zum Sprachtest vor der Einschulung, zum regelmäßigen Schulbesuch, zur Bindung der Staatsbürgerrechte an ein Examen (wie etwa in Holland) die starre Minderheitenlage allmählich auflockern. Aber warum sollte man diese Diaspora millionenfach freiwillig vermehren und damit nicht nur die Integration der bereits anwesenden Türken radikal erschweren, sondern die bisher willige Bereitschaft zum Zusammenleben einer extremen Belastungsprobe aussetzen?

Die Bundesrepublik hat zwischen 1950 und 2000 die höchste relative Zuwachsrate der Welt erlebt, mit der die Politiker und die Kirchen, die Gewerkschaften und die Gemeinden bisher im Allgemeinen bravourös fertig geworden sind. Kommen aber noch einmal einige Millionen türkischer Zuwanderer in unsere Städte, werden alle Sehnen überdehnt. Wie will man diesen qualitativ neuartigen innenpolitischen Belastungen begegnen? Einige Millionen maghrebinischer und türkischer Einwanderer kann die EU ebenso aufnehmen wie später einmal drei Millionen muslimischer Bosniaken und vielleicht sogar noch einmal sechs Millionen Albaner. Bei 90 Millionen Türken, deren Zahl weiter wachsen wird, erreicht man aber ganz andere Größendimensionen mit neuartigen Problemen.

Die Zahl von 75 Millionen Türken (zur Zeit der Republikgründung waren es noch 12 Millionen), die sich bisher aufgrund der demographischen Explosion mit einem Zuwachs von etwa 3,4 Prozent pro Jahr dramatisch vermehrt haben, übertrifft bereits die Anzahl der europäischen Protestanten. Im Fall eines Beitritts um 2010/12 stellten, selbst wenn man nur eine abgeschwächte Zuwachsrate von

2,5 Prozent zugrunde legt, mindestens 90 Millionen Türken die größte Bevölkerung eines EU-Mitgliedstaates. Das könnte den Anspruch auf finanzielle Sonderleistungen und eine politische Führungsrolle begründen. So würde etwa die Türkei auch sofort die größte Fraktion im europäischen Parlament stellen, da deren Umfang durch die Bevölkerungszahl bestimmt wird.

5. Die ökonomischen Probleme der Türkei sollten die EU nur abschrecken, wie umgekehrt jede türkische Regierung ihr Heil im direkten Anschluss an die wirtschaftliche Leistungsfähigkeit Europas suchen wird. Die türkische Wirtschaft, weit entfernt von einer funktionstüchtigen Marktwirtschaft, erreicht gerade einmal 20 Prozent der europäischen Durchschnittsleistung. Während ihrer Krise ist sie im Jahr 2001 sogar um volle zehn Prozent geschrumpft. Die Mehrheit der Landbewohner existiert auf der Basis einer zwergbäuerlichen Subsistenzwirtschaft. Natürlich gibt es längst eine ökonomische Verflechtung mit den europäischen Staaten. Aber – um eine kontrafaktische Überlegung geltend zu machen – Europa könnte mühelos ohne die türkische Wirtschaft existieren, die Türkei dagegen geriete ohne Europa in eine fatale Krise. Der Gewinn, den die Hinzufügung des türkischen Wirtschaftspotentials zur EU bedeuten würde, wird daher von europafreundlichen türkischen Kommentatoren grandios überschätzt. Warum bloß sollte die EU eine Wirtschaft, die sich bisher als Fass ohne Boden mit riesigem Subventionsbedarf in Milliardenhöhe erwiesen hat, kooptieren? Nach vorsichtigen Schätzungen benötigt die Türkei nach einem EU-Beitritt Zuschüsse aus den europäischen Fonds in Höhe von jährlich 40 Milliarden Euro.

6. Warum nur sollte sich die EU im Südosten so famose Nachbarn wie den Irak Saddam Husseins und das Syrien von Assad jun., die islamistische Theokratie des Irans und erodierende Staaten wie Georgien und Armenien zulegen und überdies noch das explosive Kurdenproblem freiwillig schultern? Die politische Räson rät dringend von solch einer vermeidbaren neuen Bürde ab, die durch keine anderweitigen Vorzüge wettgemacht wird.

7. Die Osterweiterung der EU wird und muss kommen, damit diese Zone Europas endlich politisch stabilisiert und gewissermaßen nach Europa heimgeholt wird, nachdem sie als Folge des Krieges, den Hitlers Deutsche im Osten geführt haben, mehr als vier Jahrzehnte lang in der imperialen Satrapie Russlands der Sowjetisie-

rung und Ausbeutung ausgesetzt gewesen ist. Die Osterweiterung um die zehn neuen Mitglieder wird fraglos alle Ressourcen der EU bis zur Zerreißprobe beanspruchen. Der derzeitige Streit um die Agrarsubventionen gibt einen Vorgeschmack künftiger, noch ungleich härterer Verteilungskämpfe. Wie aber kann man, da diese enorme Belastung, der klassischen «Imperial Overstretch», längst klar erkennbar ist, politisch so von Sinnen sein, dass man sich die völlige Überdehnung aller restlichen Machtressourcen auflädt, da doch die EU-Mitgliedschaft der Türkei geradewegs in die finale Belastungsprobe hineinführen muss? Der Preis für Europa wäre unerträglich hoch, ein überzeugender Gewinn ist dagegen bisher nicht einmal von ferne auszumachen.

8. Das häufig beklagte, jetzt erneut bestürzende Demokratiedefizit, das die Beitrittsgeschichte der Türkei kennzeichnet, wirft ein grelles Licht auf die Missachtung des Souveräns und seiner gewählten Vertreter in den Parlamenten. Einen muslimischen Großstaat in die EU aufzunehmen markiert einen derartigen Wendepunkt in der gesamten bisherigen Europapolitik, dass ohne ausgiebige Diskussion des Pro und Contra in allen EU-Gremien, aber auch in allen bisherigen Mitgliedstaaten und ihren Parlamenten kein weiterer Schritt mehr getan werden sollte, der an den konkreten Termin für Beitrittsverhandlungen näher heranführt. Auch wer die repräsentative Demokratie gegen die basisdemokratischen Schwarmgeister verteidigt, wird angesichts der herannahenden Grundsatzentscheidung eine Volksabstimmung für angebracht halten. Fürchten manche Europapolitiker bei ihrem volksfernen Spiel mit dem Feuer die absehbare Entscheidung?

9. Käme es trotz aller erdrückenden Gegenargumente dennoch zur Eröffnung von Beitrittsverhandlungen, entgegen dem Charakter der EU und ohne belastbaren Legitimationstitel, würde sich noch vor dem Beitritt dieses muslimischen Großstaates eine Euroskepsis ausbreiten, die nicht nur den Modus operandi der europäischen Politik von Grund auf in Frage stellen, sondern die Ligaturen der EU sprengen würde. Den Zauberlehrlingen der Aufnahmebefürwortung verginge dann endlich Hören und Sehen. Leicht möglich, dass danach aus Europa nur eine große Freihandelszone würde, was den britischen und amerikanischen Vorstellungen ohnehin entgegenkäme. Der ungenierte amerikanische Druck, die Türkei als NATO-Partner und Alliierten künftiger Nahostkonflikte in die EU

aufzunehmen, läuft auf eine unverblümte Externalisierung aller Kosten hinaus, die Europa rücksichtslos aufgebürdet werden, während der Washingtoner Hegemon die unabsehbaren Folgelasten souverän ignoriert.

10. Die unmäßige, unverantwortliche Erweiterung der EU um die Türkei bedroht Europa mit dem Ende aller Hoffnungen auf seine bundesstaatliche politische Einheit. Das faszinierende europäische Einigungsprojekt der Nachkriegsgenerationen würde abgeschrieben. Denn wer könnte ernsthaft glauben, dass 90 Millionen Bürger eines muslimischen Großstaats und 450 Millionen Europäer über gewaltige Unterschiede hinweg eine gemeinsame Identität, ein Wir-Gefühl entwickeln könnten? Eben dieser Konsens hat bisher die Europapolitik getragen. Mit der Aufnahme der Türkei würde er sich in Schall und Rauch auflösen.

Politisch aber wirkt ein anderer Einwand schwer widerlegbar. Schon längst hätte man die starre Alternative zwischen der EU-Mitgliedschaft und einer Außenstellung durch flexible Optionen auflockern müssen. Da der Westen ein vitales Interesse daran hat, dass ein muslimischer Staat wie die Türkei seine Demokratiefähigkeit nachweist, verdient sie auch die nachhaltige Unterstützung der Europäer. Und das erst recht, nachdem der Kemalismus, der einen ersten Anlauf unternommen hat, eine herbe Niederlage durch den Islamismus erlitten hat. Man könnte sich durchaus eine «privilegierte Partnerschaft» (H. A. Winkler) vorstellen, in der zu der bereits vorhandenen Zollunion eine Freihandelszone, Finanzhilfen, Austauschprogramme usw. hinzuträten. Auf diese Weise könnte man vielleicht auch die bittere Enttäuschung über die gebotene Absage auf längere Sicht kompensatorisch abfangen. Nur gibt es keinen einzigen durchschlagenden Grund, dass die Hilfeleistungen allein innerhalb der EU gewährt werden müssten.

Der politische Masochismus, sich ohne Not gleichzeitig in mehrere Klingen zu stürzen und vitale Interessen der EU und ihrer Mitgliedstaaten rigoros zu missachten, sucht in der neueren Geschichte seinesgleichen. Die türkische Vollmitgliedschaft in der EU wäre eine Fehlentscheidung infolge leichtfertiger Versprechen, die möglichst bald revidiert werden sollten. Jetzt hat die Stunde einer die Opposition mobilisierenden, kritischen Öffentlichkeit in Europa geschlagen. Denn die Konferenz von Kopenhagen hat das Tauziehen um den Beitritt der Türkei keineswegs beendet. Vielmehr ist endlich die öffentliche Diskussion über dieses riskante Unternehmen in Gang gekommen. Man wird abwarten müssen, ob sich die Berliner Regierung, offenbar unter massivem amerikanischem Druck stehend, endlich für eine offensive Verfechtung ihres protürkischen Kurses entscheiden wird, um doch noch eine Legitimation für eine derart eklatante Verletzung vitaler europäischer und deutscher Interessen zu gewinnen. Bisher ist das Ideal des mündigen Bürgers krass missachtet worden. Und von der vielbeschworenen Generationengerechtigkeit kann auch keine Rede sein. Die Fehlentscheidung würde den Jüngeren auf unabsehbare Zeit geradezu aberwitzige finanzielle und politische Kosten aufbürden. Und wie will die Regierung nach endloser Heimlichtuerei die Mobilisierung der Beitrittsgegner in künftigen Wahlkämpfen, spätestens 2006, verhindern? Wenn etwa Roland Koch, beflügelt durch seinen Erfolg mit der Abstimmung gegen das Staatsbürgerschaftsrecht, ein Plebiszit erzwingt, das vor fremdenfeindlichem Nationalismus gewiss nicht zurückschrecken würde?

5. Amerikanischer Nationalismus, Europa und der Islam nach dem 11. September 2001

Historiker gelten als rückwärtsgewandte Propheten. Verdient also das Unternehmen, über einige Probleme unserer unmittelbaren Gegenwart zu sprechen, nur einen ironischen Kommentar, etwa: Schuster, bleib bei deinem Leisten? Tatsächlich haben Historiker seit jeher zu Gegenwartsproblemen Stellung bezogen. Auch die Prominenz des Historismus scheute keineswegs, wie man an Ranke und Droysen verfolgen kann, vor der Zeitgeschichte zurück. Zwar ist die Zeitgeschichte als Fachdisziplin eine genuine Erfindung an den Universitäten der frühen Bundesrepublik, um mit der schrecklichen jüngsten Vergangenheit überhaupt wissenschaftlich umgehen zu lernen. Aber Zeitgeschichte in einem allgemeinen Sinn entspricht geradezu – soviel nur schnell zur Erklärung des Themas und zur Selbstverteidigung – einer langlebigen Tradition der Geschichtswissenschaft. Es handelt sich daher nicht um eine Verletzung der angeblich goldenen Regel, wonach man einen möglichst großen zeitlichen Abstand gewinnen müsse, um ein historisches Phänomen abwägend beurteilen zu können. Entscheidend ist vielmehr immer die

Klarheit der Fragestellung, die Legitimierbarkeit der erkenntnisleitenden Interessen, die stets gebotene Disziplinierung des Urteils.

In diesem Sinn greife ich – durch und durch als Zeitgenosse, der gelegentlich auf historische Kenntnisse vertraut – das entmutigend weitläufige Thema auf. Mein Interesse richtet sich auf vier Punkte:

1. Mit welcher Form des Nationalismus haben wir es bei der einzigen Weltmacht der Gegenwart, der imperialen Republik in Nordamerika, zu tun? Welchen nationalpolitischen Überzeugungen, die auch Interessenlagen einhüllen, sehen sich die Mitglieder der Europäischen Union gegenüber? Ich versuche, das an einigen Grundlinien des amerikanischen Nationalismus zu erörtern.

2. Was unterscheidet andererseits die politische Erfahrungswelt der Europäer von dem einstigen Ableger Europas in der Neuen Welt? Ich versuche, das am Beispiel des eher skeptischen Denkstils der europäischen Politik zu diskutieren.

3. Welche Probleme wirft der Islam, nicht nur der militante fundamentalistische Islamismus, für Amerikaner und Europäer auf – keineswegs erst seit dem 11. September, aber erst recht seither? Ein naiver Multikulturalismus hat zahlreiche Probleme verdrängt, anstatt sich ihrer Härte zu stellen. Ich versuche, einige Gegensätze hervorzuheben, anstatt sie mit exzessiver Toleranz weiter zu verkleistern.

4. Im Zusammenhang damit möchte ich ein gravierendes Problem der EU-Politik aufgreifen. Das ist das Problem ihrer unbestimmten Grenzen nach Osten, Südosten und Süden. Ich versuche, den Entscheidungszwang, dort Grenzen zu definieren, am Beispiel der Türkei zu erörtern. Denn so wie die Bundesrepublik kein allgemeines Ausländerproblem hat, sondern primär ein Problem mit türkischen Moslems, so werfen für Europa nicht die Baltischen Staaten, Polen oder Ungarn prinzipielle Fragen auf, sondern das tut allein der ins Auge gefasste Beitritt der Türkei. Das sind heikle Thesen. Eine solche Kritik werden Gutmenschen womöglich als fremdenfeindlich denunzieren, so abstrus mir selber das auch vorkäme. Aber bei einer historisch angeleiteten Diagnose brauche ich nicht die betuliche Rücksichtnahme vieler Politiker zu üben. Auch sie könnten aus den fatalen Erfolgen von Rechtspopulisten wie LePen und Fortuyn, Berlusconi und Bossi allmählich lernen, dass es um sehr diskussionsbedürftige Probleme geht, welche die etablierten Parteien allzu gern unter den Teppich kehren.

1. Zunächst zum amerikanischen Nationalismus. In den Gründungszeiten von Staaten bildet sich außer den Institutionen gewöhnlich ein ideelles Großklima heraus, das fortab lange Zeit über diesen Staaten stehen bleibt. Das kann man etwa nach der Französischen Revolution, nach der deutschen Reichsgründung von 1871, nach der Gründung der Bundesrepublik beobachten. Der Befund trifft auch auf die Vereinigten Staaten zu. In Nordamerika entstand eine Republik, die sich von Anfang an als Nation verstand. Da der Begründungszwang, eigene Legitimationsvorstellungen während der revolutionären Krise und des Unabhängigkeitskrieges gegen England zu entwickeln, besonders hartnäckig spürbar war, hat es an offenherzigen Argumenten nicht gefehlt, zumal es zu diesem Zeitpunkt schon eine mehr als hundertjährige Vorgeschichte der Aufwertung von Eigenständigkeit in den transatlantischen Kolonien gab.

Denn mit den ersten Siedlern an der «neuenglischen» Küste war auch der puritanische Auserwähltheitsglaube gekommen, der ursprünglich in religiöser Dogmatik, später dann in säkularisierter Form die entstehenden Gemeinwesen als das neue «amerikanische Israel», das «Neue Zion», das «Neue Jerusalem» als «die leuchtende Stadt auf dem Berge» aufwertete. Dem auserwählten Volk, das daheim nicht geduldet worden war, sollte eine Heimstätte geschaffen werden, in der sich die Regeneration von den Belastungen, die Distanzierung von den Lastern der Alten Welt vollziehen konnte.

Dieser Abwendung von Europa entsprach die Hinwendung zu den Gebieten westlich der Küste als einem neuen «Garten Eden», in dem der unberührte Boden gewissermaßen die artifizielle Jungfräulichkeit der edlen Gesinnung zu erhalten erleichterte. Mit solchen Hoffnungen verband sich die Erwartung, dank dieser Einzigartigkeit als beispielhaftes Gemeinwesen auf den gesamten Globus einwirken zu können. Auf der Linie dieses Sendungsbewusstseins verstand der einflussreiche Theologe Jonathan Edwards schon im 17. Jahrhundert die amerikanischen Kolonien als «Renovator of the World». Und in das frühnationale Selbstverständnis seit dem Beginn der Revolution floss dieser Missionsauftrag, dass «Gott Amerika zur Verwirklichung seines besten Plans bestimmt» habe, von vielen Seiten und von Anfang an ein. Im Amtssiegel der Vereinigten Staaten sollte ursprünglich in Anlehnung an Vergils «Aeneis» stehen: «Magnus ab integro seclorum nascitur ordo» und «Novus Ordo

Seclorum» hieß es dann tatsächlich – und heißt es bis heute. Als «Leuchtturm für die erniedrigte und unterdrückte Menschheit» sollte der neue Staat den Weg weisen.

Dieser Topos tauchte seither in unzähligen Abhandlungen, Predigten und publizistischen Organen immer wieder auf, er durchzog die Äußerungen und Schriften der «Gründungsväter», er gab Schriftstellern wie Ralph Emerson und Walt Whitman ihre Heilsgewissheit und Senator Banks 1866 das Überlegenheitsgefühl, «die restliche Welt aufklären und zivilisieren» zu müssen. Der Gedanke, abgeschirmt von der verderbten Welt als Muster diesseitiger Vollkommenheit zu wirken, lag seit jeher im Widerspruch mit der Neigung, diese Mission auch außerhalb des Rückzugsgebietes in der Welt äußerst aktiv zu verwirklichen. Verstärkt wurde die religiös fundierte Superioritätsdoktrin durch die Fortschrittsideen der Aufklärung, unter deren Einwirkungen der mentale und institutionelle Emanzipationsakt der 13 Kolonien stand. Der puritanische «Covenant» der «Heiligen», Jahwes Bund mit Israel unmittelbar nachgebildet, wurde zum weltlichen Bund vorbildlicher Republikaner umgedeutet. Dadurch entstand ein Scharnier, das calvinistisches Prädestinationsbewusstsein mit säkularisiertem Messianismus vereinigte.

Die Ideale von Tugend und Freiheit, von natürlichem Wachstum und Perfektionierung der menschlichen Gattung, wie sie dem republikanischen Aufklärungsdenken des 18. Jahrhunderts überall vorschwebten, flossen in den Dekalog der amerikanischen Union ein. Da sich die Gesetze der moralischen und politischen Gravitation angeblich mit geradezu mechanischer Zwangsläufigkeit zugunsten dieser musterhaften Republik auswirkten, konnte auch die kontinentale Expansion als Hebammendienst für eine quasi-natürliche Tendenz verstanden werden. Deshalb sprach etwa Parke Godwin kurz vor dem Bürgerkrieg noch immer vom «Naturgesetz» der amerikanischen Ausbreitung, die Theodor Parker zufolge die Amerikaner auch «unabsichtlich als Instrumente Gottes» auszuführen hatten.

Mit der religiösen Tradition und dem laizistisch gewendeten Vollkommenheitsanspruch gingen zudem jene Ideen eine unauflöslichen Fusion ein, die den Angelsachsen eine globale Kolonisationsaufgabe zuwiesen. In Amerika, wo der Erfolg nach 150 Jahren so sichtbar vor aller Augen stand, rechtfertigte diese Vorstellung nicht nur den Anspruch auf immer neues Siedlungsland, sondern auch die Behauptung, damit zugleich das Gebiet der «angelsächsischen Freiheit» in ihrem «Musterland, der amerikanischen Republik», auszudehnen. Diese Verheißung für die «angelsächsische Rasse», sich kraft der «Vorherbestimmung ihres unaufhaltsamen Fortschritts» die Welt untertan zu machen, knüpfte nicht nur an einen Imperativ des Alten Testamentes an, vielmehr konnte sie auch mühelos rassistische Untertöne bekommen, und der spezifische «Anglo-Saxonism» des 19. und frühen 20. Jahrhunderts hat diese Komponente auch in aller Deutlichkeit besessen.

Knüpfte dieses Expansionsmystik an erfolgreiche Praxis und biblische Gebote an, stammte ein anderes Element, bei dem es um die typische «Erfindung einer Tradition» ging, aus der antiken Gedankenwelt. Wenn Bischof Berkeley 1726 ausrief: «Westward the Course of Empire Takes Its Way», griffen diejenigen Amerikaner, die sich diesen Gedanken zu eigen machten, wie er bewusst auf die griechisch-römische Lehre von einem providenziellen Machtzentrum zurück, dessen Sitz von Osten nach Westen kontinuierlich weiterwandere. Um die Mitte des 18. Jahrhunderts fand ein aufmerksamer englischer Reisender diese Denkfigur in den Kolonien «allgemein verbreitet». Die bevorzugt im Stil des modischen Klassizismus und römisierenden Neuhumanismus argumentierenden «Gründungsväter» haben dieser Bewegung immer wieder ihr Amerika als Endstation zugewiesen.

Auch Jedidiah Morse führte in seiner nachmals berühmten «Amerikanischen Geographie» von 1792 dieses Bild als eine Selbstverständlichkeit ein: «Wahrscheinlich» werde das «amerikanische Imperium», prognostizierte er, die «letzte Station» werden und zugleich «das größte Imperium, das je bestanden hat», eben «die Königin der Weltreiche», wie der Neuengländer John Trumbull das 1820 ebenfalls glaubte. Diese Entwicklungslehre zieht sich durch die amerikanische Politiktheorie und Nationalismuswelt des gesamten 19. Jahrhunderts hindurch. An seinem Ende hat Brooks Adams, Henry Adams' klügerer Bruder, diese Weissagung erneut verfochten, als er sie mit der Vorstellung von der inzwischen erkennbaren industriellen Suprematie der Vereinigten Staaten zu einer seither geglaubten Leitidee verschmolz.

Für den Nationalstaat der «First New Nation» wurde mithin seit dem 18. Jahrhundert ein Imperium, im Grunde der gesamte nordamerikanische Kontinent in Anspruch genommen. Unverhüllt haben Benjamin Franklin und George Washington, John Adams und James Madison ihr «amerikanisches Imperium» in kontinentalem Ausmaß konzipiert, wenn sie nicht gar, wie zeitweilig Thomas Jefferson, «den südlichen Kontinent» noch mit einbezogen, denn «Amerika besitzt ja eine ganze Hemisphäre für sich».

Zentrale Elemente des amerikanischen Nationalismus und all jene Ideen, die den realhistorischen Expansionsvorgang rechtfertigten, flossen in der Leitvorstellung der «Manifest Destiny», des vom göttlichen Schicksal erteilten Auftrags der Vereinigten Staaten, zusammen, die zur Dominanz auf ihrem Kontinent und in der Welt prädestiniert seien. Dem Missionsauftrag puritanischer Herkunft folgend, konnte sich das beispielgebende Land republikanisch-demokratischer Freiheit, der Verkörperung des Fortschrittdenkens, seines Imperiums gewiss, in diesem ebenso amorphen wie effektiven Sendungsbewusstsein der «Manifest Destiny» wiederfinden.

Wie in einem Brennglas fing der eminent populäre Begriff das amerikanische Selbstgefühl und das Geltungsbedürfnis des Nationalismus ein. Als Antriebskraft auch des Imperialismus seit den 1880er Jahren wirkte dieser «Schicksalsauftrag», der die USA zu Großem bestimmt sah, weiter fort. Unverändert sprach der berühmte Journalist Wiliam Allen White um die Jahrhundertwende von der «angelsächsischen Manifest Destiny der Welteroberung», denn «so steht es für das auserwählte Volk in Amerika geschrieben». Und Senator Albert Beveridge sah gleichzeitig Gottes großen Plan offenbart «in der Trinität» von «Amerikas Wohlstand, Amerikas Suprematie, Amerikas Imperium». In dieser «imperialen Republik» entstehe das «neue Eden für die Wiedergeburt der Menschheit». Gewiss bringe die Anfangsphase auch materiellen Profit, doch auf lange Sicht gehe es unstreitig um das hehre Ziel der «Erlösung der Welt» durch ihre Amerikanisierung.

Die Leitmotive des amerikanischen Nationalismus sind mithin bis zu Beginn des 20. Jahrhunderts voll ausgeprägt und tief verankert gewesen. Auch seither ging es in den beiden großen Kriegen und während der Krisensituationen danach immer wieder um eine «neue Weltordnung» unter amerikanischer Hegemonie, getragen von einem unerschütterlichen Sendungsbewusstsein. Das lässt sich an den Zielvisionen von Wilson, Roosevelt, Kennedy und Bush Senior wie Junior in immer neuen Varianten, doch mit denselben

Grundelementen verfolgen. Unverändert lebt die Überzeugung fort, dass die Welt am «American Way of Life» genesen werde.

Diesem fortlebenden Auserwähltheits- und Sendungsglauben entspricht seit jeher und noch immer zum einen die Externalisierung des Bösen, zum andern die Stilisierung des Gegners zum Todfeind, der entweder zerstört oder zur «bedingungslosen Kapitulation» gezwungen werden muss. Die fundamentalistische Feindschaft zeigte sich zuerst gegenüber den «Kindern des Satans», wie die Puritaner die Indianer nannten, dann gegenüber den Engländern König Georgs seit den 1770er Jahren, den «Hunnen» Kaiser Wilhelms II., den «Nazis» Adolf Hitlers, den «Gooks» Ho-Tschi-Minhs, den «Horden» Saddam Husseins oder von Slobodan Milosevic. Eine derart radikale Stigmatisierung erschwert aber ganz außerordentlich das pragmatische Geschäft, den Frieden wieder zu gewinnen.

Andererseits entlastet die Externalisierung des Bösen das eigene Selbstwertgefühl, Selbstverständnis und Selbstbewusstsein. Indem immer neue Erzfeinde ausgemacht werden, bewahrt sie vor Selbstkritik der eigenen Schwächen. Es gibt keine mit dem Washingtoner Holocaust-Denkmal vergleichbaren bundes- oder einzelstaatlichen Denkmäler oder Museen für die fast in den Genozid getriebenen Indianer, auch nicht für die Abermillionen von Negersklaven. Dagegen ist die «Amerikanisierung des Holocaust» im Gefolge der modischen «Opferkultur» um die Leidensgeschichte benachteiligter Minderheiten ein neues, auffälliges Beispiel für diese Externalisierung, die sich inzwischen an zahlreichen Mahnmalen des neuen Totenkults ablesen, in zahlreichen Museen verfolgen lässt. Denn die Erinnerung an das Menschheitsverbrechen der Deutschen unter dem Hitler-Regime: den Massenmord an der europäischen Judenheit, bestätigt die Tugendhaftigkeit der eigenen Gesellschaft. Sie befestigt den Glauben an ihre Erlöserrolle in einer Welt, die des «auserwählten Volkes» im «neuen Zion» unverändert bedarf.

Auch im Kampf gegen die «Achse des Bösen» – ein verhängnisvoller Ausdruck, der so unterschiedliche Länder wie Irak, Iran und Nordkorea in einer einzigen Büchse der Pandora zusammenwirft – leben die zentralen Elemente des amerikanischen Nationalismus, befestigt und aufgewertet durch die beispiellose wirtschaftliche und militärische Macht des Landes, in unserer unmittelbaren Gegenwart deutlich erkennbar weiter fort. Man muss sich die Macht dieser

Überzeugungen und dieses Sendungsbewusstseins nüchtern vor Augen führen, damit man die geistige Landschaft des wichtigsten Verbündeten kennt.

2. Zwei Ozeane haben die USA zwei Jahrhunderte lang geschützt. Nur einmal, im zweiten Unabhängigkeitskrieg gegen England von 1812 bis 1814, als die amerikanischen Falken Kanada als 14. Bundesstaat erobern wollten, stand der Feind im eigenen Land. Englische Truppen haben damals die soeben errichtete kleine Hauptstadt Washington niedergebrannt. Auch deshalb, da fast 200 Jahre lang kein Feind mehr das Land erreicht hatte, kam der 11. September als ein solcher Schock.

Anders in Europa: Seit der Entstehung des europäischen Staatensystems am Ende des 15. Jahrhunderts sind von den anfänglich 450 Herrschaftsverbänden bis zum Ersten Weltkrieg nur 20 übrig geblieben. Die andern wurden zerstört und zerstückelt, von den Mächtigen aufgefressen, oder sie verfielen aus Schwäche. Krieg und Zerstörung, irgendwo in Europa, gehörten bis 1945 zum Alltag. Die lange Friedensepoche seither ist eine ganz und gar außerordentliche Erfahrung.

Allmählich haben die Europäer in ihrer politischen Theorie Zähmungsinstrumente entwickelt: die konfessionelle Toleranz am Ende der Religionskriege, das Völkerrecht zur Regulierung der zwischenstaatlichen Beziehungen. Im Gegensatz zu Nordamerika, wo sich die puritanisch-aufklärerische Utopie von der friedlichen Harmonie aller Staaten unter der Leitung des neuen auserwählten Volkes bis heute gehalten hat, besteht das Erbe Europas aus einer zumindest skeptischen, oft pessimistischen Grundauffassung. Man kann Konflikte nur einhegen, zeitweilig pragmatisch zähmen, nie aber kann man den ewigen Zustand friedfertiger Glückseligkeit, eine diesseitige Perfektion der Ruhelage erreichen. In der europäischen politischen Theorie ist eigentlich kein Platz für den Glauben an eine «neue Weltordnung» als paradiesischer Endzustand. Nur der italienische Faschismus und der Nationalsozialismus haben wie zuvor der Staatskommunismus solche Ordnungsentwürfe in pervertierter Form verfochten.

Aus den letzten 500 Jahren meist blutiger Geschichte glauben die Europäer gelernt zu haben, dass pragmatische Bescheidenheit eine Tugend ist, während utopische Endzeitvorstellungen – von der Zeit nach der Vertilgung des Bösen – auf ihre tief verwurzelten Bedenken stoßen, weil übermäßige Ansprüche nur neue Konflikte auslösen. Die Skepsis der Europäer ist selbstverständlich auch dadurch genährt worden, dass sie selber die schlimmsten Exzesse des Nationalismus und zweier totaler Kriege buchstäblich am eigenen Leibe erlebt haben, während das glückliche Amerika zwei gerechte Kriege, wie sie ihm erscheinen durften, jenseits der schützenden Meere gewonnen hat. Und kaum hatte sich die Illusion verbreitet, dass Europa nach unendlich vielen Opfern und nach dem Erlöschen des nationalistischen Vulkans im Jahre 1945 seinen inneren Frieden endlich gewonnen habe, als in Südosteuropa Nationalitätenkonflikte von einer barbarischen, atavistischen Natur erneut ausbrachen.

Wir haben es daher in der internationalen Politik häufig mit einem – glücklicherweise durch politische Freundschaft gemilderten – Zusammenstoß unterschiedlicher Mentalitäten oder Weltbilder zu tun. Amerika sucht noch immer gern die finale Lösung. Wilsons Ziel: eine sichere Entwicklung für die Demokratie auf der ganzen Welt, garantiert durch den Völkerbund; Roosevelts Ziel: die harmonische Koexistenz der neuen Vereinten Nationen; Kennedys Ziel: die geeinte freiheitliche Welt gegenüber der kommunistischen Bedrohung; das Ziel der beiden Bushs: die «neue Weltordnung» unter amerikanischer Dominanz und der Kuratel des amerikanischen Freihandels. Die Europäer dagegen glauben weit eher an Stückwerk-Reformen, wie Karl Popper gern sagte. Sie steuern pragmatische, vielleicht kurzlebige, doch zeitweilig belastbare Lösungen an, sie sind in der Regel zurückhaltend gegenüber grandiosen Konzeptionen. Heute vermögen sie aufgrund ihrer historischen Erfahrungen nicht zu glauben, dass es eine endgültige Schlacht, ein biblisches Armageddon, gegen den Terrorismus überhaupt geben kann: in Afghanistan und Somalia, im Irak und Iran und wer weiß, wo sonst noch auf der Welt. Für sie gibt es keine «Achse des Bösen», da Saddams Diktatur ein anderes Regime verkörpert als das allmählich liberalisierungswillige der persischen Mullahs, erst recht als der erstarrte Staatskommunismus in Nordkorea. Jedes dieser Länder verlangt eine eigene Strategie, die ihren Besonderheiten gerecht wird. Dabei prallt stets die europäische Skepsis auf einen fundamentalistischen Grundzug der amerikanischen Politik, wenn es um ihren jeweils letzten Erzfeind geht.

3. Amerika und Europa stehen seit geraumer Zeit einem Spannungsherd gegenüber, der durch den Islam, in zugespitzter Form

durch den fundamentalistischen Islamismus, verkörpert wird. Der amerikanische Politikwissenschaftler Samuel Huntington, einer der großen alten Männer an der Harvard Universität, hat 1996 mit seinem furoremachenden Buch über den «Clash of Civilizations», den «Kampf der Kulturen», die Prognose ausführlich begründet, dass nach dem Verfall des Staatskommunismus außer in China, Korea und Kuba die alte bipolare Welt des Kalten Krieges nicht mehr existiert, aber auch die naive Vision Fukuyamas von einem «Ende der Geschichte» ewiger Kämpfe, da das westliche Modell global gesiegt habe, keine gehaltvolle Analyse bietet. Vielmehr sieht Huntington in den Zusammenstößen, Reibungen, Konflikten zwischen den großen Kulturkreisen auf der Basis unterschiedlicher Religionen und divergierender Weltbilder die Hauptquelle künftiger internationaler Auseinandersetzungen.[1]

Das Buch wurde ein Bestseller, fand aber auch leidenschaftliche Kritiker, die diese nüchtern begründete Gefahr potentieller Friktionen nicht wahrhaben wollten. Ob sie die 580 Seiten tatsächlich in Ruhe gelesen haben, sei dahingestellt. Seit dem 11. September jedenfalls hat Huntingtons Analyse und Prognose eine ungeahnte Aktualität gewonnen.

Warum? Der Islam ist die einzige noch immer auffällig rasch expandierende Weltreligion. Sie erfasst jetzt mehr als eine Milliarde Menschen und wird in nächster Zeit die Anhänger des Christentums weit überholen. Aus Mohammeds synkretistischer Verschmelzung unterschiedlicher religiöser Elemente – auch vielfach aus der israelitischen und christlichen Religion, in deren Tradition des Prophetentums er sich bewusst stellte – ist ein militanter, expansionslustiger Monotheismus hervorgegangen, der seine Herkunft aus der Welt kriegerischer arabischer Nomadenstämme nicht verleugnen kann. Das Weltbild des Islam stilisiert die diesseitige Welt als unablässigen Kampf zwischen dem «Haus des Friedens», der «Umma» des Islam, und dem «Haus des Krieges», dem Bereich der Ungläubigen. Wann immer und wo immer möglich müssen die Ungläubigen unterworfen und bekehrt werden, im Grenzfall durch den Dschihad, den Heiligen Krieg aller Muslims. Das galt wortwörtlich seit dem 7. Jahrhundert, als der Islam in einem gewaltigen Anlauf durch Nordafrika sogar bis nach Spanien expandierte, bis hin zur Vertreibung der muslimischen Türkei vom Balkan im 19. Jahrhundert. Und es gilt noch immer, etwa in Nigeria und im Sudan, auf den Philippinen und in Indonesien, inzwischen dem größten muslimischen Staat der Erde.

Die okzidentale Trennung von Papst und Kaiser, von Religion und weltlicher Herrschaft, die in Europa im Mittelalter mühsam erkämpft worden ist und den modernen, säkularisierten Staat erst auf seine eigene Bahn gesetzt hat, wird vom Islam seit jeher negiert. Alle Dimensionen des Lebens unterliegen seinem Anspruch nach dem religiösen Gesetz: der Scharia. Muslimische politische Herrschaft ist gehalten, die Scharia zu befolgen, in der barbarische Bräuche der arabischen Stämme, die Steinigung der Ehebrecherin z. B. und das Abhacken der Diebeshand, bis heute weiterleben.

Die vom westlichen Vorbild faszinierte Revolution Kemal Atatürks hat die muslimische Türkei säkularisiert und eine bislang ziemlich milde Form des Islam geschaffen. Das galt auch bisher für die Diktatur Sukarnos und Suhartos in Indonesien, die Entwicklungsdiktaturen in Ägypten, Jordanien und Syrien. Aber im Sudan, in Nigeria, in Saudi-Arabien mit seinem extrem orthodoxen Steinzeitislamismus, dem Wahabitentum, ist die Fusion von religiöser und politischer Herrschaft, sind die Exzesse der Scharia tagtäglich zu beobachten. Die friedliche Koexistenz westlicher Staaten mit islamischen Ländern hat daher seit jeher gravierende Probleme aufgeworfen, aber sie ist durch eine wohl verstandene Interessenpolitik meistens ermöglicht worden.

Diese Konstellation hat sich durch den islamischen Fundamentalismus grundsätzlich verändert. Alle Fundamentalismen unserer Tage sind keineswegs uralte Erbstücke der großen Weltreligionen, vielmehr relativ junge Abwehrhaltungen gegen die Überwältigung durch die westliche Modernisierung, wobei überall einige Traditionsbestände extrem einseitig hochstilisiert werden. Das gilt für den katholischen Fundamentalismus in Irland, den protestantischen Fundamentalismus im «Bible Belt» der USA, den israelischen und hinduistischen Fundamentalismus und eben auch für den islamischen Fundamentalismus. Er hat sich unter den mehr als 280 Millionen Arabern in den letzten Jahren rapid ausgebreitet und empfindet das Vordringen der westlichen Modernisierung als traumatische Überwältigung, unter dem Säkularisierungsdruck auch als radikale Gefährdung seines religiösen Weltbildes. Blicken wir einmal nicht auf die islamischen Staaten im Pazifik oder in Schwarzafrika, sondern auf den Nahen Osten, treffen wir daher auf eine Region extremer Spannungen. Die größten Ölreserven der Welt haben den obszönen Reichtum einer winzigen Elite geschaffen, die überall in extrem autoritärer Form regiert, aber die Vorzüge eines exzessiven westlichen Lebensstils durchaus genießt. Unter ihnen öffnet sich ein erschreckendes System sozialer Ungleichheit, an deren unterstem Ende Millionen von importierten Gastarbeitern leben.

Wegen des Ölreichtums haben diese Länder sozialstatistisch ein relativ hohes durchschnittliches Pro-Kopf-Einkommen, faktisch aber gibt es nur eine schroffe Ungleichverteilung und eine minimale Entwicklung im Sinne des fest verankerten, breit gefächerten Wirtschaftswachstums. Es sind weithin Länder im Zustand krasser Rückständigkeit, es gibt kein einziges demokratisches Regierungssystem, es gibt nicht einmal die Anfänge des Sozialstaates, der durch Transferleistungen das Schicksal der Benachteiligten abmildert und Spannungen entschärft. Gleichzeitig zaubert aber die Medienwelt tagtäglich die attraktiven Verlockungen des Westens herbei, die von den Rechtgläubigen als fundamentale Bedrohung empfunden werden können.

In dieser Situation ist ein klassischer Mechanismus eingerastet. Anstatt die soziale Ungleichheit Schritt für Schritt abzumildern, die Diktatorialregime allmählich umzubauen, die Korruption der Herrschenden zu korrigieren, das Bildungssystem und die Infrastruktur auszubauen – so wie das Japan und den südostasiatischen «kleinen Tigern» gelungen ist –, wird die Unfähigkeit zur selbsttätigen Veränderung, die zweifellos eine niederdrückend schwierige Aufgabe verkörpert, in eine Externalisierung des Bösen umgesetzt: Der christliche Westen erscheint als Inkarnation dieses Bösen, als Erzfeind, welcher der arabischen Welt die Demütigung der Stagnation und Rückständigkeit zumutet. Daran ist richtig, dass der relative Abstand des Entwicklungsniveaus zwischen dem Westen und der arabischen Welt, gemessen mit den üblichen ökonomischen Indikatoren, heute weitaus größer ist als vor 40, 50 Jahren. Diese Erfahrung wirkt umso deprimierender, als der Islam sein Selbstverständnis als die allein seligmachende, allen anderen Weltreligionen weit überlegene Glaubenslehre aggressiv verteidigt. Das ist der Nährboden für den fundamentalistischen Islamismus bis hin zu Al-Quaida, der voll religiöser Heilsgewissheit gegen die westliche Verkörperung des Bösen aufbegehrt.

Gegenüber diesem Fanatismus besitzt der Westen, wie es scheint, nur relativ wenige Mittel. Er kann nicht alle Länder mit fundamentalistischen Bewegungen mit Krieg überziehen. Das mündete im Grenzfall in einen aberwitzigen neuen Kreuzzug gegen die arabische Welt. Dagegen kann er pragmatisch klug Liberalisierungstendenzen im Iran, in Jordanien, in Ägypten und anderswo unterstützen, den Welthandel weniger egoistisch regulieren, anstatt die arabischen Staaten durch die Drohung mit einem Krieg gegen den Irak zusammenzuschweißen. Und er könnte, ungleich entschiedener als bisher, dabei helfen, die offene Wunde des verschleierten Krieges zwischen Israelis und Palästinensern allmählich zu schließen. Denn tagtäglich flimmern über alle Fernsehschirme im Nahen Osten die Bilder dieses Krieges, nähren den Fundamentalismus und führen ihm neue Anhänger zu. Die einzige Demokratie und die überlegene Militärmacht des Nahen Ostens kann offenbar nur mehr durch massiven westlichen Druck gebremst werden.

Jede offene pointierte Kritik an Israel fällt einem Angehörigen meiner politischen Generation schwer. Aber die unheilvolle Entwicklung im Nahen Osten verlangt jetzt Kritik. Zum einen ist der zionistische Nationalismus in Israel auf die Wiedergewinnung des davidischen Großreichs fixiert, auf das «Eretz Israel» vor 3000 Jahren. Deshalb wird der Landgewinn von 1967 so erbittert verteidigt, weil er das von Jahwe versprochene «gelobte Land» eingebracht hat. Über ein wiedergewonnenes Gottesgeschenk kann man nicht pragmatisch verhandeln. Das ist jene religiös überhöhte Barriere, die in der israelischen Innenpolitik vernünftigen Verhandlungen entgegensteht. Zum andern kann nur westlicher Druck diese Barriere aufbrechen. So gesehen war es der verhängnisvollste Fehler, den die Regierung Bush bisher in ihrer Amtszeit begangen hat, sich in dogmatischem Unilateralismus ein ganzes Jahr lang auf völlige Abstinenz zurückzuziehen. Was immer der Likud, Scharon oder Netanjahu wollen – Amerika und Europa können nicht anders, als auf einen Palästinenserstaat mit Ost-Jerusalem als Hauptstadt und gleichzeitig auf eine arabische Sicherheitsgarantie für Israel hinzuarbeiten. Jeder Erfolgsschritt wird auch auf längere Sicht die Militanz des islamischen Fundamentalismus schwächen, obwohl ihn das westliche Modernisierungstempo weiter wach halten wird.

4. In dieser Situation erweist sich nun, dass auch die kemalistische Türkei nicht imstande ist, das Vordringen des Fundamentalismus im eigenen Land, geschweige denn in der türkischen Diaspora in der

EU zu verhindern. Doch zugleich wurde der Türkei die Aussicht auf den Beitritt in die EU formal eröffnet. Zwei Gründe sprechen vor allem von einem außereuropäischen Standpunkt dafür. Da ist zum einen der strategische Gesichtspunkt der USA, den südöstlichen Stützpfeiler der NATO, einen bewährten Verbündeten, auch in die EU aufzunehmen. Das war Mrs. Albrights Argument in Helsinki, vor dem die europäischen Außenminister, Fischer an erster Stelle, eingeknickt sind. Da ist zum andern der Gesichtspunkt, dass die prowestlichen, kemalistischen Funktioneliten der Türkei ihren Westkurs gegen den Fundamentalismus im eigenen Land nur mit Aussicht auf Erfolg weitersteuern können, wenn dieser Kurs durch die EU-Mitgliedschaft honoriert wird.

Beide Gründe sind ganz unzulänglich für eine derart gravierende Entscheidung. Denn welche Probleme sind mit ihr verbunden?

1. Das Grundsatzproblem liegt darin, dass die EU es bisher nicht riskiert hat, ihre Grenzen im Osten, Südosten und Mittelmeer zu definieren. Freundschaftliche Nachbarschaft darf nicht quasi-automatisch auf Vollmitgliedschaft in der EU hinauslaufen. Sie muss ein Privileg bleiben, Dutzende von anderen Möglichkeiten erlauben auch noch enge Beziehungen. Weißrussland, die Ukraine, Russland selber haben nie zu Europa gehört. Sie haben es, z. T. massiv, beeinflusst, aber die Antike, die Reformation und Renaissance, die Aufklärung haben sie nicht geprägt; es gab dort kein Bürgertum, keine autonomen Städte, keinen Adel und keine Bauernschaft wie in Europa. Also gibt es, so eng man die wirtschaftlichen und politischen Beziehungen mit dem Ziel der Stabilisierung dieser Länder auch ausbauen sollte, keinen zwingenden Grund, sie jetzt, wie das in der Tat europäische Osteuropa, in die EU aufzunehmen, erst recht nicht ferne exotische Länder wie Georgien, das Genscher für einen geborenen Kandidaten hält.

Die entschiedene Grenzdefinition steht auch im Mittelmeerraum an. Die maghrebinischen Staaten gehören nicht zu Europa, Israel auch nicht. Es war schon falsch, dem egoistischen Drängen Griechenlands im Hinblick auf Zypern nachzugeben.

Im Südosten aber besitzt das Grenzproblem seit der Entscheidung von Helsinki dramatische Züge. Was spricht außer den beiden erwähnten Argumenten für einen Beitritt der Türkei? Nichts, scheint es, was die übergroßen Risiken, die damit verbunden sind, wettmachen könnte.

2. Die muslimische Türkei hat 450 Jahre lang gegen das christliche geprägte Europa nahezu unablässig Krieg geführt. Das ist im Kollektivgedächtnis der europäischen Völker, aber auch der Türkei tief verankert. A limine spricht nichts dafür, einen solchen Staat aus einem anderen Kulturkreis in die EU aufzunehmen. Das mag man noch als Vorurteil eines Historikers abtun.

3. Warum sollte aber ein muslimischer Staat zu Europa – das nun einmal durch völlig andere Einflüsse geprägt worden ist – hinzustoßen und seine Fundamentalismusprobleme danach ungehindert in die EU exportieren dürfen? In der Bundesrepublik z.B. werfen 32000 in radikalen Organisationen vereinigte türkische Muslims hinreichend Probleme auf.

4. Warum sollte, wie man schätzt, einem Potential von 40 Millionen arbeitslosen oder arbeitsarmen Anatoliern die Freizügigkeit in eine erweiterte EU eröffnet werden? Überall in Europa erweisen sich die muslimischen Minderheiten als nicht integrierbar und igeln sich in ihrer Subkultur ein. Sie kann man nur durch die strikte Verpflichtung zum Sprachunterricht, zum regelmäßigen Schulbesuch, zur Bindung der Staatsbürgerrechte an ein Examen (wie etwa in Holland) allmählich auflockern. Aber warum sollte man diese Diaspora millionenfach vermehren und damit die willige Bereitschaft zum multikulturellen Zusammenleben einer extremen Belastungsprobe aussetzen?

5. Warum sollte sich die EU freiwillig im Südosten so famose Nachbarn wie den Irak und Syrien schaffen und dazu noch das explosive Kurdenproblem in diesen Ländern freiwillig schultern? Die politische Raison rät dringend von einer solchen neuen Bürde ab, die durch keine anderweitigen Vorzüge wettgemacht würde.

6. Und schließlich das m.E. durchschlagende Argument: Die Osterweiterung der EU wird und muss kommen, damit diese Zone Europas endlich politisch stabilisiert werden kann. Sie wird alle, buchstäblich alle Ressourcen der EU bis zur Zerreißprobe beanspruchen. Wie kann man, da diese enorme Belastung längst klar zu erkennen ist, politisch so von Sinnen sein, dass man sich eine völlig Überlastung aller restlichen Machtressourcen auflädt, wenn die EU-Mitgliedschaft der Türkei geradewegs die Zerreißprobe heraufführen würde? Der Preis für Europa wäre unerträglich, der überzeugende Gewinn ist bisher nicht erkennbar. Selbstverständlich kann und sollte die EU großzügige Verträge bis hin zu einem Asso-

ziationsabkommen mit der Türkei schließen, um ihr auf dem Weg in die westlich geprägte Moderne zu helfen. Aber Vollmitgliedschaft in der EU? Das ist die Fehlentscheidung eines Versprechens, das so bald wie möglich revidiert werden sollte.

Der 11. September verkörpert eine schreckliche Zäsur. Keiner weiß es, aber jeder fürchtet es, dass er eine Kriegsform fundamentalistischer Fanatiker ankündigt. Die ernüchternde Wirkung könnte aber auch dazu beitragen, dass wir die Mentalität des amerikanischen Nationalismus genauer beachten, Europas skeptische Traditionen entschiedener verteidigen und uns der Herausforderung des islamischen Fundamentalismus endlich illusionslos stellen, auch und gerade, was eine abstruse Erweiterung der EU nach Südosten angeht. Nur eins sollten wir nach dem 11. September nicht tun: für eine Vogel-Strauß-Politik optieren und den Dingen einfach ihren Lauf lassen.

6. Präventivkriegsillusionen: «Friktionen» und abschreckende Folgen

Als der preußische Generalstabschef Helmuth v. Moltke 1887 den Präventivkrieg gegen Russland dringend befürwortete, um vor dem befürchteten Zweifrontenkrieg die östliche Großmacht auszuschalten, verteidigte Bismarck erfolgreich den Primat der Politik gegen die Zumutung des militärischen Meisterdenkens, überfallartig einen abenteuerlichen Winterfeldzug zu eröffnen. Der Kanzler opponierte aus zahlreichen Gründen, darunter war auch der Hinweis auf die Macht unvorhersehbarer «Friktionen», die Clausewitz für eine unvermeidbare Begleiterscheinung jedes noch so umsichtig geplanten Feldzugs gehalten hatte; ihretwegen bleibe der Ausgang eines Kräftemessens letztlich ungewiss. Obwohl die Anhörungen im amerikanischen Senat unlängst eine Vielzahl von stichhaltigen Argumenten gegen einen neuen Irakkrieg ergeben haben, lohnte es sich für die Washingtoner «Decision-Makers», in Clausewitz' Opus «Vom Kriege» die Abschnitte über die «Friktionen im Kriege» und den «Einfluss der politischen Zwecke auf das kriegerische Ziel» noch einmal nachzulesen. Denn der in den Planungsstäben offenbar vorbereitete Präventivkrieg gegen Saddam Hussein wirft in geradezu klassischer Form die Probleme der unkalkulierbaren «Friktionen» und der «politischen Zwecke» auf.

Bisher ist die amerikanische Politik vor einem Präventivkrieg wohlweislich zurückgescheut – wegen der Verletzung der viel beschworenen politischen Moral und wegen der stets involvierten Risiken. Der zweite Krieg gegen England (1812/14) wurde von den «Falken» im Kongress geführt, um Kanada als 14. Bundesstaat zu gewinnen. Der Bürgerkrieg (1861/65) war ein Grundsatzkonflikt und diente nur vermittelt dem Zweck, auch die künftige Expansion der südstaatlichen Sklavenhaltergesellschaft nach Westen zu verhindern. 1917 und 1941 konnte von einem Präventivschlag wahrlich nicht die Rede sein. Wenn jetzt zum ersten Mal dieser Sprung ins Dunkle gewagt werden soll, ist durch die jüngst aufgewärmte Lehre vom «gerechten Krieg» eine verführerische Brücke gebaut worden. Dieser Begriff ist einer langen Diskussion seit Cicero und Augustinus entnommen und von scharfsinnigen spanischen Dominikanern fortentwickelt worden, die im 16. Jahrhundert angesichts der barbarischen Unterwerfung heidnischer Eingeborener in Südamerika die Unterscheidung zwischen «gerechtem» und «ungerechtem Krieg» erneut begründet haben. Über sachkundige Völkerrechtler im Beraterkreis von Präsident Wilson drang der Begriff am Ende des Ersten Weltkriegs und während der Versailler Verhandlungen in das politische Vokabular der Siegermacht ein. Kein Wunder, dass dann der Krieg gegen die NS-Diktatur als zweiter «gerechter Krieg» galt. Im Korea- und Vietnamkrieg war davon, trotz mancher Anstrengungen rechtskonservativer Publizisten, nicht mehr ernsthaft die Rede. Jetzt aber, da Amerika durch den Terrorakt der Al Quaida zum ersten Mal seit 1813 durch einen äußeren Feind im eigenen Lande getroffen ist, taucht die hochideologische Verhüllungsmetapher wie Phönix aus der Asche wieder auf. Denn das «auserwählte Volk» im «Neuen Zion» – wie der amerikanische Nationalismus die imperiale Republik seit jeher versteht – soll dem perfiden Feind nicht nur mit einer (völkerrechtlich korrekten) Polizeiaktion begegnen, sondern ihn in einem «gerechten» Kreuzzug bis zur «bedingungslosen Kapitualtion» weltweit niederringen.

Was soll der gegenwärtig erwogene Präventivkrieg gegen den Irak bewirken?

Als Hauptziel mit vermeintlich hinreichender Überzeugungskraft gilt die Beseitigung des Diktators und seiner Massenvernichtungswaffen – so sie denn, wie die Geheimdienste insinuieren, in anwendungsreifer Form gefunden werden. Ein völkerrechtlich valider

Titel, um dieses Ziel mit militärischen Mitteln zu erreichen, mithin ein UN-Mandat, ist – anders als nach dem irakischen Überfall auf Kuwait als Auslöser des ersten Golfkriegs – derzeit nicht zu gewinnen. Die USA müssten mit Hilfe einer unglaubwürdigen Selbstmandatisierung den Konflikt in einen Interventionskrieg überführen. Ein amerikanisches Expeditionskorps reicht zwar für einen militärischen Erfolg aus, doch politisch wäre das Vorgehen ohne europäische und arabische Alliierte schlechterdings fatal. Sowohl in Europa, wo selbst Blair im eigenen Land keine Mehrheit für den Schulterschluss mit Bush findet und ein tiefes Zerwürfnis mit bewährten Partnern bevorstünde, als auch in allen arabischen Staaten überwiegt eine mehr oder minder schroffe Ablehnung wegen der erkennbar desaströsen Folgen.

Selbstverständlich platzte als erstes die mühsam geschmiedete Antiterrorismus-Koalition. Selbst in der Türkei, ohne deren Lufthäfen und logistische Unterstützung ein zweiter Golfkrieg schwer vorstellbar ist, überwiegt die Skepsis; sie wird freilich im Ernstfall wegen der erhofften amerikanischen Unterstützung für den EU-Beitritt nachlassen – um den Preis schwerer innerer Spannungen, sind doch aus Protest gegen die Teilnahme am ersten Golfkrieg gegen einen muslimischen Nachbarn der Außenminister, der Verteidigungsminister und der Generalstabschef bereits damals demonstrativ zurückgetreten.

Endet der geplante Präventivkrieg mit einem militärischen Sieg, beginnen erst die neuen politischen Probleme. Es gibt keine effektiv organisierte irakische Oppositionsbewegung, keine überzeugende Integrationsfigur (wie Khomeini nach der Schah-Vertreibung), die an Saddams Stelle treten könnte. Wer soll das Vakuum füllen? Wer kann den Unabhängigkeitsdrang von Millionen Kurden im Norden des Irak zähmen, deren Hoffnung, endlich einen eigenen Nationalstaat zu errichten, auf Millionen von Stammesgenossen, 25 Millionen insgesamt, in der Türkei und im Iran ausstrahlen würde? Schon droht die Türkei, gegen einen solchen Kurdenstaat mit militärischer Intervention vorzugehen. Was ist das politische «Grand Design» der Interventionsmacht, nachdem das Regime des Diktators gestürzt ist? Eine Neuordnung der Region mit all ihren nach dem Ersten Weltkrieg geschaffenen künstlichen Grenzen, diesmal nach amerikanischen Leitvorstellungen? Wie sehen sie bloß aus? Wer realisiert sie nach der kaum vermeidbaren – jahrzehntelang währenden? – Übergangsphase eines nicht sonderlich attraktiven Protektorats?

Und was könnte vorher passieren? Während der Präventivkrieg anläuft, ist Israel unmittelbar bedroht, zur klammheimlichen Freude aller arabischen Nachbarn. Im Nu könnten seine Städte erneut von irakischen Raketen oder von Kamikazefliegern erreicht werden, zum Selbstmord bereite «Gotteskrieger» werden zu finden sein. Scharon droht vorbeugend mit dem atomaren Gegenschlag, aber selbst er kann ihn nicht prophylaktisch ausführen. Die Konsequenzen, wenn Israel in den Krieg verwickelt würde, sind in ihrer Tragweite kaum abzuschätzen.

Nicht nur die autoritären arabischen Regime reagieren ablehnend auf die Präventivkriegsdrohung. Käme es zur Realisierung, könnten sie erst recht nicht zu bereitwilligen Verbündeten Amerikas mutieren. Vielmehr würden der arabische Nationalismus und erst recht der islamistische Fundamentalismus für einen explosiven Protest sorgen, der diese Regime unmittelbar gefährden könnte. Und der vermutlich à la Bin Laden untertauchende Saddam stiege zum Heros einer leidenschaftlich antiwestlichen Protestbewegung auf. Die Büchse der Pandora, die durch einen Präventivkrieg geöffnet würde, enthielte auch die sprungartig gesteigerte, abgrundtiefe Skepsis anderer muslimischer Staaten, dass auch sie einer vorbeugenden Kastration unterworfen werden könnten.

Ist nicht bereits der Iran zur «Achse des Bösen» gerechnet und alle mühselige Veränderung im Regime der Mullahs ignoriert worden? Lohnt nicht ein Rachefeldzug am Horn von Afrika? Wie will die amerikanische Politik die hasserfüllte Empörung von einer Milliarde Muslims über den Willkürakt der neuen Kreuzfahrer bändigen, wenn außer den Bildern vom palästinensisch-israelischen Konflikt jeden Abend noch dramatischere Nachrichten über den neuen Golfkrieg über Millionen TV-Schirme in islamischen Ländern flimmern? Wer könnte anderswo auf dem Globus sich vor der Intervention der einzigen Weltmacht noch sicher fühlen?

Vor allem aber: Wo bleibt der überzeugende politische Zielkatalog, der trotz aller jetzt schon erkennbaren Probleme, trotz des fehlenden völkerrechtlichen Legitimationstitels, das risikobeladene Wagnis eines Präventivkriegs, der in der neuen Geschichte noch nie zum vorgegebenen Ziel geführt hat, zu rechtfertigen vorgibt? Vorerst regiert eine beklemmende Kurzsichtigkeit. sie ist das Pendant

zu jener Haltung, die William Fulbright, einst profilierter Außen-
politiker des amerikanischen Senats, am eigenen Land als «Arroganz der Macht» bitter kritisiert hat.

7. Bulmahns Berufsverbot: Ab in die Pisa-Universität

Am Anfang steht eine Missgeburt. Der Berg des Bundesbildungs-
ministeriums kreisste und gebar den Juniorprofessor. In einer atem-
beraubenden Duplizität der Ereignisse vereinigte die vorgeblich
neue Hochschulposition sämtliche Fehler des restlos gescheiterten
und längst aufgegebenen Assistenzprofessors der 68er. Psychoanalytiker könnten von einer zwangsneurotischen, da durch den Horror vor der Habilitation inspirierten «repeat performance» sprechen: Dasselbe hohe Lehrdeputat wie Vollprofessoren, 8 Wochen-
stunden unmittelbar nach der Promotion, Beurteilung zahlreicher
Examensarbeiten, Studentenberatung, Gremienarbeit; auch eigene
Forschung, gewiss – aber wann? Nachts statt Liebe vielleicht noch
ein wenig Wissenschaft? An diesem zugemuteten 15-Stunden-Tag
sind schon die Assistenzprofessoren gescheitert. Die neue Regelung
ist überdies auch noch extrem frauenfeindlich, da diese Bürde die
Dreifachbelastung durch Wissenschaft, Kinder und Haushalt unerträglich vermehrt. Der deprimierende Schluss: Zeit zur wissenschaftlichen Weiterqualifikation gibt es nicht, da sie unter den vielen
Belastungen verfliegt. Doch nur mit einem neuen Projekt soll auch
der Juniorprofessor Aussichten bei seiner Bewerbung um eine C3-
oder C4-Professur besitzen.

Um dem im Vergleich mit Assistenten und Wissenschaftlichen
Mitarbeitern fahrlässig benachteiligten Juniorprofessor dennoch
den Karriereweg frei zu schaufeln, schaltet das mit knapper Mehrheit verabschiedete und bereits am 1. Januar 2002 in Kraft getretene
«5. Gesetz zur Änderung des Hochschulrahmengesetzes» (vor allem in § 57) tausende von jungen Wissenschaftlern und Wissen-
schaftlerinnen aus dem Wettbewerb um die begehrten Lebenszeit-
professuren, aber auch um attraktive Projektstellen kurzerhand aus.
Denn sie alle dürfen, vom Studiumsbeginn ab gerechnet, nicht mehr
als exakt 12 Jahre (6 bis zur Promotion, 6 danach) als Stipendiaten,
Hilfskräfte, Tutoren, Assistenten, Mitarbeiter, Privatdozenten hinter sich gebracht haben. Dann senkt sich das Fallbeil: Massenent-

lassung, akademischer Exitus, ab in die freie Wildbahn, wo die neue Freiheit der Arbeitslosigkeit sie erwartet.

Die vorzügliche Lösung für all jene, die bisher noch keine unbefristete Stelle gefunden hatten: die Arbeit in einem der zahlreichen von den Stiftungen und der DFG geförderten Projekte wird explizit ausgeschlossen. Über Nacht sind daher tausende von Privatdozenten, Assistenten, Wissenschaftlichen Mitarbeitern von diesem faktisch verhängten Berufsverbot betroffen – durchweg ein hochspezialisierter, hochkompetenter Nachwuchs, der aber auf dem allgemeinen Arbeitsmarkt keine äquivalenten Positionen finden kann. Naturwissenschaftler mögen dort noch gelegentlich Glück haben, Geistes- und Sozialwissenschaftler, gegen die das Ministerium seine eklatante Intellektuellenfeindschaft weiter hegt, aber nicht.

Pragmatisch klug und liberal wäre es gewesen, das zweite Qualifikationsverfahren nach der Promotion der Autonomie der Fachdisziplinen zu überlassen. Die einen akzeptieren dafür längst mehrere Forschungsaufsätze in angesehenen Zeitschriften mit hohen «impact points». Die anderen befürworten aus guten Gründen weiterhin die Habilitation, das in Amerika unverzichtbare «second book». Statt der belebenden Konkurrenz, welche freilich die Juniorprofessur einer direkten Bewährungsprobe ausgesetzt hätte, folgt jetzt der Kahlschlag. Die vermeintlich lachenden Genießer der neuen Monokultur bedürfen aber offenbar einer massiven Hilfeleistung. Mit unübertrefflicher Direktheit hat ein Ministerialbeamter erklärt: Um den Juniorprofessoren zum Erfolg zu verhelfen, müsse man die bereits qualifizierte vorhergehende Generation «leider verschrotten» (zitiert von Ulrich Herbert, Süddeutsche Zeitung vom 9. Januar 2002). Das Wort geht über schnoddrige Realitätsferne am grünen Tisch weit hinaus. Es erinnert fatal an die menschenfeindliche Sprache des Reichssicherheitshauptamtes. Die «Arroganz der Macht» zur Verschrottung als neumodische Variante sozialdemokratischer Bildungspolitik? Wer bisher geglaubt hatte, dass dieses Gesetz mit heißer Nadel genäht und deshalb seine soziale Konsequenz offenbar nicht genügend beachtet worden sei, wird durch die perfide Offenherzigkeit dieses Eingeständnisses und die Nonchalance, mit der die Welle von unvermeidbaren «Härtefällen» akzeptiert wird, eines Besseren belehrt. Wie unbekümmert der Entscheidungsprozeß vorangetrieben worden sein muss, enthüllt schon die bittere Tatsache, dass offensichtlich niemand die auch nur annährend genaue Zahl dieser «Härtefälle» rechtzeitig bei den Hochschulen ermittelt hat. Ein Wissenschaftsjournalist hat jetzt 69 000 «betroffene» Stellen berechnet. Haben die Experten, Berater, Beiräte von Frau Bulmahn – gab's unter ihnen überhaupt genug promovierte Kenner des universitären Innenlebens? – wirklich alles nur abgenickt?

Es ist beklemmend, dass der Protest so spät, von den Älteren zu zögerlich kommt. Haben wir nicht die Betroffenen rechtzeitig vor den Fährnissen ihrer «Wissenschaft als Beruf» gewarnt, aber sie dann doch nach strengen Leistungskriterien wegen ihres hervorragenden intellektuellen Talents und ihrer Lehrbegabung so gut wie möglich gefördert? Waren zur materiellen Absicherung nicht eben jene Stipendien, Hilfskraft-, Mitarbeiter-, Assistenten-, Dozentenstellen willkommen, die jetzt als tückische Negativposten gegen sie aufgerechnet werden? Gibt es nicht eine (meinetwegen patriarchalische oder matriarchalische) Fürsorgepflicht, die uns zum Protest verpflichtet? Wo bleibt die Empörung des Hochschulverbandes und der Fakultätentage, der Universitäten, Fakultäten und Wissenschaftlichen Fachverbände? Wo ist der Jurist, der den Gang nach Karlsruhe einleitet, um dort durch eine Normenkontrollklage prüfen zu lassen, ob solch ein Berufverhinderungsgesetz überhaupt grundgesetzkonform ist?

Strukturell entscheidend ist jedoch das künftige Riesenloch im Personalaufbau der Hochschulen und hochkarätigen Forschungsprojekte. Wie sollen übrigens die großen, kulturpolitisch eminent wichtigen Auslandsinstitute, z. B. die deutschen «Historischen Institute» in Rom, Paris, London, Washington und Warschau unter den neuen Bedingungen noch kompetente Mitarbeiter finden? Juniorprofessoren kann man dorthin nicht delegieren, da es keinen Lehrbetrieb gibt. Und welcher junge Nachwuchswissenschaftler wird schon unmittelbar nach der Promotion für fünf, sechs Jahre ins Ausland ohne die Aussicht gehen, dass er dort das zweite Buch, die Habilitationsschrift, fertig stellen kann?

Wird die Exklusionspraxis, die das Gesetz legitimiert, tatsächlich exekutiert, fehlen der Wissenschaft alsbald mehrere Generationskohorten, die neuartige Gesichtspunkte, eigene Forschungsinteressen, frische Perspektiven mitbringen und die Routine des Establishments produktiv in Frage stellen. Ist es wirklich unbekannt, worin das Geheimnis auch der deutschen Hochschule liegt? Dass sie durch den kontinuierlichen Zustrom dieses belebenden Nachwuchses, der noch nie eine von Risiken befreibare Aufstiegsphase vor sich hatte, ihre Regenerations- und Innovationsfähigkeit bewahrt hat! Das vom rot-grünen Gesetzgeber gerissene Loch ist daher in der Tat, wie eine vergleichende Bildungsstudie demnächst ermitteln würde, optimal dafür geeignet, die künftige deutsche Pisa-Universität zu schaffen: Einbruch des Leistungsniveaus, da Tausende fehlen; Erstarrung des Forschungsstandes, da die Jüngeren nicht mehr gegen den Stachel löcken können; Abwanderung nach USA, da dort stets Talente gesucht werden, mithin das Gegenteil eines wichtigen intendierten Effekts; Abfall der Ausbildungsstandards, da Tausende mit erwiesener Lehr- und Forschungserfahrung eliminiert werden. Alles nur «Panikmache», wie das Ministerium verächtlich kontert? Oder vielmehr Selbstzerstörung als famose Reform verkleidet?

Die HRG-Novelle leidet schließlich auch noch an zwei fatalen Schwächen. Zum ersten ist das Gesetz, obwohl hier und da in die Sprache der Leistungsfreundlichkeit verkleidet, im Kern auffällig leistungsfeindlich. Dafür nur drei Beispiele: Der Juniorprofessor muss sich nur ein einziges Mal einer Leistungskontrolle unterwerfen, wenn sein Doktorvater oder seine Doktormutter zusammen mit einem Koreferenten die Dissertation bewertet. Danach läuft er schnurgerade ohne jede weitere Leistungskontrolle auf den «Tenure Track» zu.

Die Besoldung der Hochschullehrer soll fortan durch Leistungszulagen aufgestockt werden, nachdem man vorher das Grundgehalt auf ein groteskes Niedrigniveau abgesenkt hat. Über diese Zulagen sollen ominöse gemischte Gremien entscheiden, in denen u. a. Persönlichkeiten des öffentlichen Lebens, Verwaltungsfachleute der Hochschulen, Studenten und sogar Wissenschaftler der betroffenen Fakultäten vertreten sind. Sie haben auch Drittmittelbeschaffung, Lehrerfolg und Bewährung in der Selbstverwaltung zu berücksichtigen. Man kann sich die wechselnden Koalitionen unschwer vorstellen, die nach ihren Gesichtspunkten die Zulagen vergeben. In den USA – und die Ministerin beruft sich ja gern auf dieses angebliche Vorbild, das sie aber offensichtlich gar nicht genau kennt – entscheidet das mächtige «Personnel Committee» allein und ausschließlich nach wissenschaftlichen Leistungskriterien, ob das neue Buch, ob einige Aufsätze, ob gelungene Experimente die Zulage rechtfertigen. So sollte auch in der Bundesrepublik entschieden werden.

Und in der «Verschrottung» mehrerer Generationen von Nachwuchswissenschaftlern, die bisher an das Leistungsprinzip geglaubt haben, tritt ebenfalls eine abgrundtiefe Verachtung der von ihnen erbrachten Leistungen zutage. In der Sprache der neoklassischen Ökonomie handelt es sich um ein mit Hunderten von Millionen geschultes, kostbares «Humankapital», das jetzt sinnlos vergeudet wird. Aber wie über einen juristischen Berater der Ministerin aus gewöhnlich gut unterrichteten Kreisen berichtet wird, ist es ja «endlich an der Zeit, diese geistes- und sozialwissenschaftlichen Nischen auszuräuchern».

Die Chuzpe, mit der die Ministerin und ihr juristischer Berater, der Kölner Arbeitsrechtler Preiss, die Weiterbeschäftigung für mühelos möglich erklären, wenn nur die bockigen Kanzler der Hochschulen etwas mehr Flexibilität zeigten, verschlägt einem den Atem. Jeder Kanzler einer deutschen Hochschule kann im Schlaf singen, dass sich mehr als 1300 Assistenten und Wissenschaftliche Mitarbeiter vor den Arbeitsgerichten erfolgreich in Planstellen eingeklagt haben, weil das strenge zeitliche Limit für Kettenverträge von einem seiner Verwaltungsbeamten irgendwann, irgendwo übersehen worden ist. Solche leicht vermehrbaren Beispiele für das Verhalten des Ministeriums verraten durchweg die Grundhaltung einer entschiedenen Leistungsfeindschaft und bestürzenden Unkenntnis.

Zum Zweiten besitzt das Gesetz ein weiteres grundsätzliches Manko. Denn es atmet den Geist eines engen, starren Rechtspositivismus, der alles und jedes einem einheitlichen Arbeitsrecht unterwerfen will. Riefen die unseligen «Deutschen Christen» 1933/34 «Ein Volk, ein Reich, ein Gott», heißt die Parole heute: Ein Arbeitsmarkt, ein Arbeitsrecht, eine Arbeiterschaft. Um dieses Ziel zu erreichen geht das Gesetz mit dem Rasenmäher über alle Besonderheiten des Wissenschaftsbetriebs hinweg, anstatt elastische Sonderregelungen, eigene Wissenschaftlertarife, flexible Arbeitszeitregelungen zu begünstigen. Wen außer Gewerkschaftsstrategen kann dieser radikale Planierungseffekt zufrieden stellen? Waren Tausende von Professoren tatsächlich «Sklavenhalter», wie Friedrich Wilhelm Graf in der «Frankfurt Allgemeinen Zeitung» ironisch gefragt hat, denen die soziale Sicherheit ihrer nächsten Mitarbeiter nichts galt, so dass sie jetzt endlich durch das Prokrustesbett gewerkschaftstypischer Regeln gewährleistet werden muss?

Wahrscheinlich hängt dieser Tenor der Novelle mit der Neigung der Ministerin zusammen, im Grunde nur die Natur- und Biowissenschaften massiv zu fördern, da sie die kapitalistische Wachstumsmaschine in Gang halten und internationale Wettbewerbsfähigkeit versprechen. Nun wünscht jeder von uns seiner eigenen Hochschule mindestens einen Nobelpreisträger. Und dass die Natur- und Biowissenschaften Innovationsspender sind, die ihre Ergebnisse auch in die industrielle Verwertung lenken, bestreitet niemand. Aber in der geistigen Ökonomie eines Landes zählen nicht nur solche wissenschaftlichen Führungssektoren. Was wird aus der Kulturtechnik der Lesefähigkeit, wenn die Stellen für Literaturwissenschaftler weiter gekürzt, ihre Bemühungen um die Weitergabe des kulturellen Erbes als esoterische Spielereien abgetan werden? Wie sollen wir die fortbestehende und neue soziale Ungleichheit in der eigenen Gesellschaft genauer verstehen lernen, wenn in der Soziologie Stellen ständig wegrationalisiert werden? Schließlich ein Wort pro domo: Ist nicht die innere Entwicklung der Bundesrepublik seit den 1950er Jahren in einem erstaunlich hohen Maße durch die Ergebnisse und das öffentliche Engagement der Geschichtswissenschaft, insbesondere der damals in Westdeutschland erfundenen Zeitgeschichte beeinflusst worden? Haben nicht Karl Dietrich Bracher, Martin Broszat, Hans Mommsen und hunderte von jungen Wissenschaftlern mit ihnen in einem quälend mühsamen, aber letztlich erfolgreichen Prozess der Aufklärung über die jüngste deutsche Vergangenheit wesentlich dazu beigetragen, dass sich ein selbstkritisches, freies und daher zukunftsfähiges Selbstbewusstsein durchgesetzt hat? Der materielle Aufwand dafür fiel denkbar gering aus. Was brauchen Historiker schon mehr als einen Tisch, Papier, Schreibwerkzeug oder PC, etwas Handgeld für Archivreisen und Fotokopien – und die Überzeugung als Antriebskraft, dass sie an einem wissenschaftlich und politisch lohnenden Projekt arbeiten:

Die intensive und produktive Diskussion über die Relevanz historischer Forschung endete vor einiger Zeit mit einem Ratschlag zur Vorsicht. Da man künftige Relevanz keineswegs klar erkennen könne, lautete der Konsens, sei Großzügigkeit im Umgang mit Themen und als exotisch verrufenen Disziplinen geboten, da sie über Nacht eine unvorhersehbare Bedeutung erlangen könnten. Die wenigen belächelten Sinologen z. B. vermögen mit Chinas Aufstieg zur Weltmacht auf einmal eine Schlüsselrolle zu gewinnen.

Von einem solchen weiten Relevanzbegriff hat «mein Haus», wie die Ministerin im neuaristokratischen Stil das Bildungsministerium zu titulieren pflegt, offensichtlich keine Ahnung. Was allein zählt ist die schnell verwertbare, industrienahe Forschung. Die Polyphonie aller Wissenschaften anzuerkennen und zu fördern, wie das der altertümliche preußische Kulturstaat bis 1914 immerhin versucht hat, liegt dieser HRG-Novelle denkbar fern. Wer will es daher dem wissenschaftlichen Nachwuchs verdenken, dass er seinen Vorwurf der im Bildungsministerium hausenden Intellektuellenfeindlichkeit erneut bestätigt findet?

Was ist angesichts dieser Misere zu tun? Die Lösungen liegen auf der Hand.

1. Wer die Massenuniversität bejaht, muss dem amerikanischen Vorbild folgen, denn die Fiktion der Humboldtschen Gelehrtenvereinigung ist längst passé. Ergo: Ein vierjähriges Studium, am Ende Staatsexamen, Diplom oder B.A., danach 10 % in die forschungsintensiven Magister- und Promotionsstudiengänge. Damit wäre das Problem der exzessiven Studienzeit gelöst. Viele von uns haben das jahrzehntelang gefordert, vergebens. Lieber lässt man Hunderttausende zum Park- und Vergeudungsstudium zu, um den Arbeitsmarkt zu entlasten.

1. Ein weiteres Reformgebot hat die Ministerin, das Auge starr auf eine junge Wählerklientel, die Eltern der «Neuen Mitte» und die Versprechungen einer verstaubten sozialdemokratischen Bildungspolitik gerichtet, unlängst sorgfältig eingemauert. Der internationale Vergleich lehrt, dass Studiengebühren eine heilsame Funktion besitzen: Sie lassen das Studium als eine wertvolle Investition erscheinen, die keine Zeitvergeudung und Bummelei erlaubt. Man sollte daher Studiengebühren für das vierjährige Grundstudium mit einem großzügigen, aber strikt an Leistungskriterien orientierten Stipendienangebot kombinieren; danach sollten, wie in den USA und anderswo, ohnehin Stipendien ganz überwiegen. Diese Stipendien sollten freilich vom Tag des Berufsbeginns ab in einen Deutschen Studienfonds vollständig zurückgezahlt werden. Nach einiger Zeit könnte daraus das gesamte Stipendienprogramm bestritten werden. Die komplette Rückzahlung müsste insbesondere für eine Partei wie die SPD eigentlich unabdingbar sein, da sie von Millionen junger Angestellter und Arbeiter gewählt wird, die niemals in den Genuss einer mehrjährigen Studentenzeit und der damit immens verbesserten Berufs- und Einkommenschancen kommen. Wie die

SPD mit dieser eklatanten Ungleichbehandlung und Privilegierung eines Drittels jeder Generationskohorte fortfahren kann, ist ein Rätsel, das Bulmahns Verbot von Studiengebühren vertieft hat.

Selbstverständlich gehörte auch der Wasserkopf der ZVS abgeschafft, damit die Hochschulen endlich in autonomer Entscheidung: durch Testklausuren und Prüfungsgespräche, an allerletzter Stelle mit Hilfe des Abiturzeugnisses, über die Bewerber entscheiden können, die sie zum Studium in ihren Fakultäten zulassen wollen.

2. Konkurrenz in der zweiten Qualifikationsphase weckt Energien. Der spätabsolutistische Paternalismus, der Jüngere mit einer angemaßten Sicherheitsgarantie vor dem Leben als Projektwissenschaftler (intellektuell befriedigend und mit respektablem Einkommen) bewahren will, gehört in den Orkus. Es ist keine Aufgabe des liberal-demokratischen Staates, mit anachronistischer Betonmentalität die «Glückseligkeit seiner Untertanen» zu erzwingen. Heutzutage steckt hierzulande das exzessive Sicherheitsdenken von Gewerkschaftsfunktionären dahinter, die vom Wissenschaftsbetrieb keine Ahnung haben. Vielleicht riskiert das Gängelungsministerium eine Abstimmung, wie Nachwuchswissenschaftler Projektarbeit, vor der sie bewahrt werden sollen, heute beurteilen? Willkommen wäre überdies ein Dementi der in der Berliner Akademie laut ausgesprochenen Auffassung der Ministerin, dass jene Juniorprofessoren, die nach sechs Jahren keine Dauerstellung gefunden haben, «entfristete» Stellen erhalten sollen, so dass ohne weitere Leistungskontrolle die Lebenszeitprofessur an die «beati possidentes» verschenkt würde.

3. Forschung im Projektverbund ist längst unverzichtbar. Das hart eingespannte Universitätspersonal allein kann den Anforderungen nicht mehr gerecht werden. Statt Projektarbeit zu diskriminieren, sollte sie großzügig gefördert werden. Es ist nicht ehrenrührig, langjähriger Mitarbeiter eines attraktiven Großprojektes zu sein. Geboten ist allerdings auch eine Flexibilisierung des Stiftungsrechts. Unsere Stiftungen würden, wie die amerikanischen, dem Projektleiter bereitwillig seine Finanzmittel überweisen, da sie in ihm keinen prädestinierten Hochstapler auf dem Sprung in die Karibik vermuten. Aber nein, sie müssen das Geld an Körperschaften des öffentlichen Rechts, gewöhnlich an die Hochschulen, überweisen. Dieses Relikt des Obrigkeitsstaates gehört ebenfalls beseitigt.

4. Nötig ist eine Neuauflage des Fiebiger-Programms, um mit zeitlich begrenzten Übergangsstellen die Spitzenkräfte für die Hochschulen aufzufangen. Die guten Erfahrungen sprechen für eine großzügige Wiederholung.

5. Und, last but not least, sind klare Präferenzentscheidungen in einem Land nötig, das von der Innovationskraft und Leistungsfähigkeit seiner Wissenschaften derart abhängig ist. Auf die Chimäre einer «kostenneutralen» Reform muss endlich verzichtet werden, je früher, desto besser. Bereits eine maßvolle Umleitung aus den überreichlich gefüllten Subventionstöpfen, z. B. mit den Milliarden für die Agrarwirtschaft, würde die meisten Probleme der Hochschulen und ihres wissenschaftlichen Nachwuchses lösen. Die Entscheidung für die Zukunft wäre gefallen.

PS: Als politisch kontraproduktiv könnte sich diese groteske Fehlleistung schneller als gedacht erweisen. Wegen des Polyzentrismus der deutschen Geschichte liegen die Hochschulen dicht gestreut im Lande. An jeder von ihnen gibt es jetzt hunderte von Betroffenen, mit denen das Gesetz durch seine Beschneidung ihrer vitalen Lebensinteressen geradezu eine neuartig systemkritische Intelligenz heranzüchtet. Gleichzeitig sind sie klassische Meinungsmultiplikatoren, die, ungeachtet ihrer früheren sozialliberalen oder rot-grünen Sympathien, bei einem Kopf-an-Kopf-Rennen ihr Urteil in die Waagschale werfen könnten – und sollten. Das wäre ein regelkonformer Protest, den sich die glücklose Berliner Hochschulpolitik selber eingehandelt hätte.

II.

8. Die Zielutopie der «Bürgerlichen Gesellschaft» und die «Zivilgesellschaft» heute

Als die deutsche Bürgertumsforschung seit den frühen 1980er Jahren in Gang kam – zuerst mit dem Bildungsbürgertum-Projekt des «Arbeitskreises für moderne Sozialgeschichte», dann mit dem Bielefelder Sonderforschungsbereich zur Sozialgeschichte des deutschen Bürgertums im internationalen Vergleich und bald darauf mit dem Frankfurter Großunternehmen zur Bürgertumsgeschichte in mehr als einem Dutzend deutscher Städte –, überschnitt sie sich auf einmal, völlig unerwartet, mit der erstaunlichen Renaissance der Zielutopie einer «Bürgerlichen Gesellschaft». Vor ihren Augen wurde ein Phänomen wiederbelebt, das soeben noch als ein in sich abgeschlossener Gegenstand genuin historischer Studien gegolten hatte, jetzt aber als Vision einer gegenwärtigen «Civil Society» oder «Zivilgesellschaft» einen verblüffenden Aufstieg erlebte. Kaum hatten postmoderne Verächter der Aufklärung, wie etwa Foucault, das unwiderrufliche Ende der Aufklärung bejubelt, gewann ein vor gut 200 Jahren entwickelter Schlüsselbegriff der aufgeklärten Sozialtheorie neue Ausstrahlungskraft.

Sie wirkte sich nicht nur in den gewissermaßen klassischen west- und mitteleuropäischen Heimatregionen der Aufklärung aus, vielmehr auch und gerade mit einer beispiellosen Furore in den osteuropäischen Ländern, die nach jahrzehntelanger Unterdrückung unlängst vom Joch der Bolschewisierung befreit worden waren und die «Zivilgesellschaft» zum Ziel ihrer verwestlichenden Aufholjagd erhoben. Alsbald war dieses Ziel von einer wahren Aura umgeben, und es stellt sich seither die skeptische Frage, ob ein sozialphilosophischer Entwurf des ausgehenden 18. Jahrhunderts – selbst wenn man von allen akuten entwicklungshemmenden Belastungen der unmittelbaren Gegenwart absehen könnte – überhaupt noch imstande ist, als Koordinationszentrum für politische und ökonomische, aber auch für moralische und mentale Anstrengungen zu fungieren.

Worum ging es bei jener Zielvision, die sich für die großen Schotten, für Adam Smith vor allem, Adam Ferguson und John Millar, für englische, französische und deutsche Aufklärungsdenker wie etwa Immanuel Kant mit der «Bürgerlichen Gesellschaft» verband? Ihr Entwurf ging aus der Auseinandersetzung mit den politischen Verhältnissen des europäischen Spätabsolutismus und mit den Ungleichheitserfahrungen der Ständehierarchie hervor. Zugleich enthielt er einen prognostischen Kern, den Aufstieg der neuzeitlichen Arbeits- und Tauschgesellschaft im Gehäuse einer freigesetzten Marktwirtschaft, zusammen mit einer optimistischen Teleologie vom letztlich unaufhaltsamen Fortschritt der «Naturgeschichte der Menschheit».

Konkreter wurde der Zukunftsentwurf der «Bürgerlichen Gesellschaft» als Vereinigung rechtlich freier, durch Besitz und Bildung ausgezeichneter, wirtschaftlich ungestört konkurrierender, besitzindividualistisch orientierter, politisch handlungsfähiger Individuen verstanden, die im Medium der Öffentlichkeit oder auf dem Forum des Parlaments als einem freien Marktplatz der Ideen das Gemeinwohl in vernünftiger Diskussion ermittelten und in Gesetzesform gossen. Die optimale Regierungsform für diese Herrschaft des Gesetzes, die an die Stelle monarchisch-aristokratischer Willkür treten sollte, verkörperte die Republik.

Im Prinzip handelte es sich um eine offene Assoziation, für deren Mitgliedschaft Leistung und Talent ebenso qualifizierten wie Besitz und Vermögen. Durch materielle, aber auch intellektuelle «Selbständigkeit», so der traditionelle Schlüsselbegriff dieser «Hausväter»-Gesellschaft, sollte sich jedermann auszeichnen. Weder sollte eine neue hierarchisierte Gesellschaft entstehen, die an die scharfe Segmentierung der Ständeformationen erinnerte, noch sollte Aufstiegsmobilität ausgeschlossen sein, denn jedem, der Besitztitel und Bildungsprädikat erworben hatte, stand der Einzug in diese bürgerliche Vereinigung durchaus offen.

Allen Mitgliedern garantierte eine schriftliche Verfassung die Menschen- und Bürgerrechte. Sie verbürgten die neue Rechtsstaatlichkeit, die über die ungewisse Rechtssicherheit des Reformabsolutismus weit hinausging. Dermaßen gegen arbiträre politische und rechtliche Eingriffe geschützt, sollten die Individuen in der autonomen Arena einer freien Verkehrs- und Marktwirtschaft ihre Interessen als souveräne Handlungssubjekte verfolgen können. Dieser

Binnenbereich wurde ausschließlich durch das Privatrecht reguliert, das hinter der Schutzwand der Verfassung die ungehinderte Selbststeuerung des Wirtschaftssystems gewährleistete. Im Hinblick auf die Dominanz der Arbeits- und Tauschgesellschaft besaß die Verfassung geradezu nur, wie es Dieter Grimm brillant auf den Punkt gebracht hat, eine «privatrechtsakzessorische» Funktion.

Konkret zehrte die sozialtheoretische Diskussion über die Utopie der «Bürgerlichen Gesellschaft» nicht selten vom Vorbildcharakter der amerikanischen, der ersten französischen, später dann der belgischen Verfassung. Unstreitig auch blieb sie Kompromissen gegenüber offen, da sie zahlreiche Mischformen zwischen dem Regimeideal der Republik mit ihrer Legitimitätsfiktion der Volkssouveränität zum einen und der monarchischen Monokratie mit ihrer traditionalen Legitimationsbasis zum anderen anerkannte. In Deutschland etwa regierten solche Kompromisse bis 1918, standen aber der Verwirklichung wichtiger Aspekte der «Bürgerlichen Gesellschaft» trotzdem nicht absolut hemmend im Wege.

Als ungleich schwieriger erwies sich ein anderes Spannungsverhältnis. Das normative Fundament der «Bürgerlichen Gesellschaft» bestand aus einem universalistischen Wertekanon, dessen auf die gesamte Menschheit zielende Realisierung angestrebt werden sollte. Eben daher rührte ihr eigentümliches emanzipatorisches Pathos. Gemessen an diesem hohen Standard ergaben sich freilich gravierende Defizite im «Grand Design» der «Bürgerlichen Gesellschaft». Aufgrund der elitären Bindung an Besitz und Bildung wurden nicht nur alle Unterschichten und Minderheiten wie die Juden, sondern auch alle Frauen vom Vollbürgerstatus ausgeschlossen. Selbstredend blieb er erst recht den Pauperisierten, Kriminellen und Geisteskranken vorenthalten, deren Gefahrenpotential in Zucht- und Armenhäusern gebändigt werden sollte. Die innere Homogenität der «Bürgerlichen Gesellschaft» wurde mithin durch rigorose Exklusion und schroffe Distanzierungspraktiken erkauft. Ebenso starr wie der äußere Ausschluss vom Kreis der Privilegierten nahm sich die psychische Zwangsapparatur aus, denn harte, frühzeitig in Sozialisationsprozessen verinnerlichte Normen regulierten die Sexualmoral, das Hygieneverhalten, das Familienleben.

In der Politik brach sich der universalistische Anspruch des Entwurfs an der Realität des Wahlrechts in den jungen Verfassungsstaaten, denn auch auf diesem Feld wurde Partizipation durch Exklusion eingeschränkt. Dass das plutokratische Klassenwahlrecht die Stimmberechtigung an die Einkommenshöhe band, entsprach zwar besitzbürgerlichen Interessen, verletzte aber nicht nur den machtvoll aufsteigenden demokratisch-egalitären Anspruch auf politische Teilhaber aller, sondern auch den Gleichberechtigungswunsch des einkommensschwachen Bildungsbürgertums.

Trotz aller Defizite und Grenzen wurde die Zielvision der «Bürgerlichen Gesellschaft» aber nie ihres universalistischen Geltungsanspruchs entkleidet. Damit speicherte sie ideelle Ressourcen, von denen jene Kritik stetig zehren konnte, der es um die Verwirklichung der universalistischen Ideale ging. Es war der Ideenhaushalt dieser Utopie selber, auf den sich die bürgerliche Selbstkritik oder die Argumentation von außen berufen konnte, wenn sie gegen jene Traditionen und Normen zu Felde zog, die sich mit den wahren Intentionen des universalistischen Wertekatalogs nicht vereinbaren ließen. Nicht der geringste Vorzug der Utopie blieb ihre Chance zur Selbstkorrektur.

Der Kampf um die Gleichberechtigung der Frauen oder der Juden beruhte daher in hohem Maße darauf, dass die emanzipatorischen Kräfte, gleich ob es um die Juden-, die Arbeiter- oder die Frauenemanzipation ging, diese universalistischen Prinzipien einklagen konnten, um evidente Mängel des Modells zu revidieren. So gesehen ist es zwar verständlich, dass von einer feministischen Position aus das Exklusivitätsdenken der männlichen «Meisterdenker» der «Bürgerlichen Gesellschaft» gerügt worden ist. Doch ändert diese Kritik nichts daran, dass es der Vorrat von universalistischen Ideen eben dieser Theoretiker war, aus dem die bürgerliche Frauenbewegung (und die sozialistische nicht minder) ihre argumentativen Waffen im Kampf um die Gleichberechtigung in einer noch längst nicht vollendeten «Bürgerlichen Gesellschaft» bezog.

Die politische Utopie einer «Bürgerlichen Gesellschaft» gehörte bekanntlich auch zu dem Programm, das sich der frühe deutsche Liberalismus zu eigen machte. In den Konflikten des späten Vormärz und während der Revolution von 1848/49 traten seine Postulate klar zutage. Während sich der sozialhistorische Kern der Bürgergesellschaft ausdehnte – jenes Ensemble, wie es in der Brockhausschen Enzyklopädie damals hieß, der sich «ohne Zutun der Staatsgewalt entwickelnden Berufsklassen» –, behielt auch die «Bürgerliche Gesellschaft» die Faszination einer attraktiven Vision, die

Schritt für Schritt zur Verwirklichung anstand. Namentlich in den Dimensionen der kulturellen und politischen Klassenbildung der bürgerlichen Sozialformationen, aber auch in den gesamtgesellschaftlichen Auswirkungen zeichneten sich seit den 1870er Jahren erstaunliche Fortschritte ab.

Die bürgerliche Hegemonie triumphierte in der Öffentlichkeit und im Vereinswesen, im Wohnstil und in der Lebensführung, in der Literatur und allen Künsten, im Arbeitsethos und Leistungsdenken, in der Bejahung aller Wissenschaften und der Hochkultur. Überall setzte sich der Siegeszug der liberal-bürgerlichen Leitwerte fort. Weder der Adel noch das städtische Proletariat vermochten dem eine überlegene Gegenkultur entgegen zu setzen. Noch deutlicher fiel die Erfolgsbilanz in der Domäne der soziopolitischen Grundentscheidungen aus. Denn die zweite große Welle liberaler Reformen zwischen 1868 und 1878, zwei Generationen nach der ersten initiiert, führte dazu, dass die deutsche Marktwirtschaft dem Ideal des selbstgesteuerten Systems mit einem sich selbst tragenden Wachstum außerordentlich nahe kam.

Zugleich wurde durch die Gesetze des Norddeutschen Bundes, die Reichsverfassung und ein umfangreiches Bündel neuer Reichsgesetze der Verfassungs- und Rechtsstaat weiter ausgebaut, die überkommene Staatsmacht eingeschränkt. In der Tat umgaben jetzt zahlreiche Schutzrechte die Arena des Wirtschafts- und des Privatlebens. Das Privatrecht wurde kodifiziert und bis 1900 auf einen neuen Stand reichsweit gültiger Vereinheitlichung gebracht. Der effektive Ausbau der Verwaltungsgerichtsbarkeit und die innovative Entfaltung des Verwaltungsrechts erhöhten die Rechtssicherheit des Bürgers gegenüber dem Zugriff der Bürokratie. Die Meinungsfreiheit war trotz mancher kleinlichen Schikane, ungeachtet auch der Überreste der Zensur, aufs Ganze gewährleistet. Gegen diskriminierenden Druck konnten sich die proletarische und die katholische Gegenöffentlichkeit durchsetzen. Das Bildungs- und Wissenschaftssystem stand als durch und durch bürgerlich geprägt da. Das galt auch nicht zuletzt für die Politik und Verwaltung in den Stadtgemeinden. Gemessen am Zustand gegen Ende der ersten Jahrhunderthälfte konnten die Protagonisten der «Bürgerlichen Gesellschaft» auf eine breit gefächerte Modernisierungsleistung zurückblicken.

Eines aber war ihnen definitiv nicht gelungen: Die Etablierung bürgerlicher Herrschaft im neuen Reich und seinen Bundesstaaten. Die Spitze der politischen Herrschaftspyramide zu besetzen und die Entscheidungssuprematie zu gewinnen – das erst hätte die politische Ordnung der «Bürgerlichen Gesellschaft» vollendet. In diesem Kernbereich aber hatte sich die antiliberale, antiparlamentarische Strukturpolitik durchgesetzt und dem bürgerlichen Machtstreben eine schwer zu überwindende Fusion von charismatischer Herrschaft und fürstlicher Monokratie, gestützt auf Militär und Verwaltung, entgegengesetzt. Bis zum Ende der 1870er Jahre war der politische Elan des Bürgertums gebrochen. Seither überwogen Liberalismusschwäche, Staatsorientierung, Parlamentarismusblockade.

Aber auch die bis dahin unübersehbare Erfolgsbilanz konnte nicht verhüllen, dass der Konflikt zwischen den universalistischen Werten im normativen Fundament der «Bürgerlichen Gesellschaft» und den partikularistischen bürgerlichen Interessen zu schwer lösbaren Spannungen führte. Das allgemeine Wahlrecht für Männer etwa und die Ausweitung des Bildungssystems kollidierten mit der klassenegoistischen Verteidigung der bürgerlichen Honoratiorenherrschaft und des Vorranges der besitz- und bildungsbürgerlichen Parteien ebenso wie mit dem elitären Bildungsideal des Neuhumanismus.

Solche Spannungen wurden noch dadurch erhöht, dass die Sozialdemokratie die Zielwerte der «Bürgerlichen Gesellschaft» umfassender ernst nahm, als das jetzt große Teile des Bürgertums selber taten. Sie erweiterte zudem die Partizipationsidee durch den Gedanken der demokratischen Egalität, die auch die Gleichberechtigung der Frauen und diskriminierter Minderheiten wie der jüdischen Deutschen umschloss. Sie schwang sich als Erbin der 1848er Revolution zur Trägerin des liberalen Toleranzgedankens, zum Beispiel im Nationalitätenkampf mit den Polen, auf, und sie setzte sich gegen die Ungleichheit generierenden Konsequenzen der Marktgesellschaft und die heftigen Fluktuationen des wirtschaftlichen Wachstums für eine sozialstaatliche Gegensteuerung ein. In mancher Hinsicht hielt die Sozialdemokratie als oppositionelle Reformbewegung dem Bürgertum das zeitgemäß revidierte Bild einer «Bürgerlichen Gesellschaft» als einer Gesellschaft gleichberechtigter Staatsbürger und Staatsbürgerinnen im «Freien Volksstaat» entgegen.

Zugegeben, auch im liberalen Bürgertum gab es Lernfähigkeit:

Der Sozialstaat wurde von manchen im Prinzip akzeptiert, die Institutionalisierung des Klassenkampfes willkommen geheißen, die Liberalisierung des Herrschaftssystems gefordert. Aus der Vogelperspektive betrachtet war aber keineswegs das Bürgertum der einzige und entschiedenste Verfechter jener Zielwerte, die zu den ideellen Ressourcen der «Bürgerlichen Gesellschaft» gehörten. Anders gesagt, ihre Verfechtung war keineswegs an das Substrat ihrer bürgerlichen Protagonisten gebunden.

Als noch folgenreicher erwiesen sich neu aufkommende restriktive Bedingungen. Um die sozioökonomischen Disparitäten des kapitalistischen Wachstumsprozesses zu zähmen, musste der Interventionsstaat die Autonomie der Wirtschaftssubjekte einengen. An die Stelle individueller Willensimpulse traten bürokratische Entscheidungen. Der Bereich der staatsfreien Selbststeuerung schrumpfte zusehends. Zugleich veränderte sich der Normen- und Tugendkatalog: Kollektive Daseinsvorsorge verdrängte den aristokratischen Individualismus als höchsten Zielwert.

Mit dem Übergang zur Weimarer Republik schienen sich neue Chancen zu bieten, traditionelle Schlacken abzuwerfen und das Projekt der «Bürgerlichen Gesellschaft» zügig und zeitgemäß zu realisieren. Doch diese Republik besaß von Anfang an eine republikfeindliche Mehrheit. Mit der Wahl des gescheiterten Feldmarschalls Paul v. Hindenburg zum Reichspräsidenten formierte sie sich 1925 sichtbar vor aller Augen. Die Mehrheit in allen bürgerlichen Sozialformationen blieb nostalgisch auf die «goldenen» wilhelminischen Hochkonjunkturjahrzehnte ganz so fixiert wie auf einen autoritären politischen Messias, der als «zweiter Bismarck» die Nation aus der Talsohle ihrer Erniedrigung herausführen sollte. Vom Vertrauen auf die Leistungsfähigkeit einer bürgerlichen Republik war gerade dort am allerwenigsten zu spüren.

Als Hitler daran ging, seine charismatische Herrschaft über die Partei auch auf den gesamten Staat auszudehnen, fiel der neuen deutschen Diktatur im Nu all das zum Opfer, was zu den inzwischen realisierten Vorzügen der «Bürgerlichen Gesellschaft» gehört hatte. Das «Dritte Reich» verkörperte geradezu die diametral entgegengesetzte Variante rechtstotalitärer Herrschaft; sie war zutiefst antibürgerlich und keineswegs Vollendung bürgerlicher Herrschaft. Da auch Hitlers charismatische Herrschaft, wie dieser Herrschaftstyp überhaupt, auf der Auflösung des überkommenen Normengefüges beruhte, stellte sich heraus, wie schnell der bürgerliche Wertekanon im «Führerstaat» erodieren konnte. Nach dem deutschen «Zivilisationsbruch», dem Genozid und Vernichtungskrieg im Osten schien das Projekt der «Bürgerlichen Gesellschaft» in jenen Aschebergen, die Hitlers Deutsche hinterlassen hatten, unwiderruflich versunken zu sein.

Es gehört zu den rätselhaften Entwicklungen nach dem zweiten totalen Krieg des «kurzen 20. Jahrhunderts», dass nicht nur das deutsche Bürgertum wie Phönix aus der Asche in der Bundesrepublik wieder auftauchte und sich zu neuem Einfluss aufschwang. Vielmehr übte das zeitgemäß revidierte Projekt der «Bürgerlichen Gesellschaft», ohne dass immer explizit von ihm die Rede war, ebenfalls eine neue Attraktionskraft aus. Eine meritokratische liberale Marktgesellschaft, um den Kern einer rechtlich entfesselten Marktwirtschaft angelegt und wie sie auf permanenter Konkurrenz beruhend, durch justitiable Grundrechte, einen verfeinerten Rechts und einen fest verankerten Verfassungsstaat gegen Übergriffe der Staatsmacht geschützt, nach innen durch einen durchaus bürgerlichen Wertekanon integriert, auf die vernünftige Gesetzgebung des Parlaments nach freier öffentlicher Diskussion und auf die Korrekturfähigkeit des demokratischen, republikanischen Systems vertrauend, dazu die unumgänglichen sozialstaatlichen Korrekturen einführend – so präsentierte sich das Leitbild einer neuen deutschen «Bürgerlichen Gesellschaft».

Es ist schwerlich zu bestreiten, dass von ihm zahllose politische und intellektuelle Impulse ausgingen, die das Profil der westdeutschen Gesellschaft und ihres Staates in hohem Maße bestimmt haben. Zum ersten Mal schien das Zusammenwirken von freier, gleichwohl sozialstaatlich gezähmter Marktwirtschaft, aktiver Wirtschaftsbürger-Gesellschaft und republikanischem Staat in einem Maße verwirklicht zu sein, wie es nur wenigen frühliberalen Sozialtheoretikern der «Bürgerlichen Gesellschaft» als visionärer Entwurf vorgeschwebt hatte.

Offenbar ist es dieser Erfolg der Verlierer des Zweiten Weltkriegs, aber auch der anderen Mitglieder der «Europäischen Gemeinschaft» gewesen, der auf die osteuropäischen Nachfolgestaaten des Sowjetimperiums so faszinierend gewirkt hat. Nach dem Zerstörungswerk des «Zweiten Dreißigjährigen Krieges» von 1914 bis 1945 (R. Aron) schien es die Realisierung dieser Zauberformel von einer «Bürgerlichen Gesellschaft» zu sein, die eine demokratisch regierte Bürgergesellschaft, den Imperativen der Marktrationalität vertrauend, zu ungeahntem Wohlstand im sicheren Gehäuse einer rechts- und verfassungsstaatlich befestigten Republik geführt hatte. Dagegen war es nicht das Vorbild der westlichen Hegemonialmacht, von dem die primäre Wirkung ausging. Denn der nackte sozialdarwinistische Konkurrenzkampf im Wirtschaftsleben und die Rückständigkeit des amerikanischen Wohlfahrtsstaats schreckten eher ab, als dass sie dafür warben, sich diesem Modell vorbehaltlos anzuvertrauen.

Die Höhe der Hindernisse, die der Realisierung einer funktionstüchtigen «Zivilgesellschaft» in Osteuropa entgegenstehen, kann gar nicht überschätzt werden. Ohne die Aufnahme der Nachfolgestaaten in die «Europäische Union» lässt sich das Reformwerk, die Ökonomie umzubauen und verlässliche staatliche Institutionen zu errichten, vermutlich ohnehin nicht bewerkstelligen. Währenddessen wird die Utopie der «Zivilgesellschaft» einer überaus harten Bewährungsprobe ausgesetzt.

Zum einen ist die Rückkehr des Nationalismus oder seine Steigerung zu einem Radikalnationalismus wahrscheinlich der schlimmste Feind der «Zivilgesellschaft», da er barbarische Sprengkräfte freizusetzen vermag. Schon das Spannungsverhältnis: unter Berufung auf die nationalen Traditionen dem Bolschewisierungsdruck standgehalten zu haben, jetzt aber auf nationale Souveränität zugunsten der «Europäischen Union» verzichten zu müssen, ist nicht leicht auszuhalten. Hinzu kommt aber noch, dass traditionelle Animositäten und kompensatorische Krisenreaktionen den Nationalismus blitzschnell aufladen können, so dass er ungemein schwierig zu bändigen ist. Vermutlich steht ihm wegen der Entwicklungsbelastungen noch mancher Aufschwung bevor.

Das ist umso fataler, als der Nationalismus mit seinen Organisationsprinzipien im Grunde gescheitert ist. Innenpolitisch hat er anstelle der versprochenen Homogenität aller Nationsgenossen harte, ja mörderische Exklusion gebracht, außenpolitisch anstelle der verheißenen friedlichen Koexistenz aller Nationalstaaten eine endlose Abfolge von Kriegen zwischen ihnen. Aus dieser historischen Erfahrung kann man nur die Suche nach neuen, überlegenen Organisationsprinzipien ableiten. Einer solchen Korrektur steht aber, namentlich in Ost- und Südosteuropa, die Renaissance des Nationalismus entgegen. Die erfolgreichste Arznei ist und bleibt eine funktionstüchtige «Zivilgesellschaft», die am ehesten der nationalistischen Verführung standhalten kann.

Zum anderen ist nach der radikalen Diskreditierung der rechts- und linkstotalitären Ideologien freilich eine verständliche Erschöpfung der utopischen Impulse eingetreten. Andererseits können die Osteuropäer einen so anspruchsvollen Umbau von Staat, Gesellschaft und Wirtschaft vermutlich nur dann durchstehen, wenn sie eine attraktive Zielvision vor Augen haben. Der zeitgemäß modernisierte Entwurf einer «Bürgerlichen Gesellschaft» bedeutet noch immer den Rückgriff auf die humanste Utopie, die von der politischen Theorie des Westens in der Neuzeit entwickelt worden ist. Insofern verdient die Renaissance der «Bürgerlichen Gesellschaft» in Gestalt der «Zivilgesellschaft» jede politische und intellektuelle Unterstützung.

9. Deutsches Bürgertum nach 1945: Exitus oder Phönix aus der Asche?

Das deutschsprachige Bürgertum könnte zur Zeit seine Tausendjahrfeier begehen, da es sich seit dem 11. Jahrhundert in den mittelalterlichen Städten herausgebildet hat. Von Anfang an war es außerordentlich umstritten. Auf der einen Seite priesen seine Fürsprecher Expansion, Siegeszug, Aufstieg; sprachen sie vom Träger des gesellschaftlichen Aufschwungs, von der Zukunft seiner historischen Mission. Auf der anderen Seite hielten es seine Kritiker ständig für aufgelöst, ausgehöhlt, zerstört, desintegriert; unentwegt wurde ihm seine Erosion, sein Verfall, sein Exitus prophezeit. Entweder stand es einer erdrückenden Adelsmacht gegenüber – oder der Sieg über die Blaublütigen war ihm gewiss. Entweder stellte das Proletariat seine Position von Grund auf in Frage – oder die Verbürgerlichung der Arbeiterschaft verkörperte einen neuen Triumph. Immer wurde seine Homogenität und Exklusionsneigung von den Verteidigern übertrieben, denn immer gab es auch innere Fragmentierung und die Inklusion neuer Aufsteiger.

Dieses Wechselspiel extrem unterschiedlicher Deutungen begleitet die Bürgertumsgeschichte seit ihrem Beginn, auch im sog. «bürgerlichen Jahrhundert», dem 19. Jahrhundert, das in der Tat einen steilen Aufstieg der wichtigsten bürgerlichen Sozialformationen, auch in Deutschland, auf manchen Gebieten ihre Hegemonie erlebte.

Insofern kann es nicht überraschen, dass nach dem Fegefeuer des Ersten Weltkriegs die Prognose erneut düster ausfiel. «Das bürgerliche Zeitalter ist dahin», da war sich Kurt Tucholsky 1920 ganz sicher, «was jetzt kommt, weiß niemand». Das war damals genau so irreführend wie die antibürgerliche Skepsis in den Jahrhunderten zuvor. Aber in der Weimarer Republik fand im allgemeinen weder das höhere Wirtschaftsbürgertum noch das akademische Bildungsbürgertum noch das diffuse Kleinbürgertum ein positives Verhältnis zu dem neuen, ungeliebten Staat, der weithin als Symbol der unverdienten Niederlage galt. Unter dem Druck dieses Schocks, der Inflation, der Reparationen, des Bürgerkriegs bis 1923, dann der Weltwirtschaftskrise seit 1929 blickten die Bürgerlichen nostalgisch auf die goldenen Jahre unter der autoritären Monarchie zurück, verklärten ihre angenehme Position im Machtgefüge des Obrigkeitsstaats und zersplitterten ihre politische Kraft in zahllosen Verbänden und Interessenparteien, Bünden und Ringen, ehe die große Mehrheit in erstaunlich kurzer Zeit dem Sog der nationalsozialistischen Massenbewegung unter ihrem charismatischen Volkstribun erlag.

Diese Mitwirkung an der Machtübergabe an den Nationalsozialismus hat schon unter kritischen Zeitgenossen, erst recht im Rückblick nach 1945, auch unter Historikern, ein vernichtendes Urteil ausgelöst. Der endgültige Niedergang des Bürgertums schien besiegelt zu sein, sein Verhalten unter der NS-Diktatur dieses Urteil vollauf zu bestätigen. Nichts blieb von den Idealen der «Bürgerlichen Gesellschaft» als einer immerhin teilweise realisierten Utopie von einem modernen, als Verfassungs- und Rechtsstaat organisierten Gemeinwesen. Alle liberalen Freiheitsrechte wurden verraten, die demokratischen Gleichheitsrechte durch Parteiloyalität ersetzt. Die Kooperation mit dem Regime wurde nicht nur bereitwillig übernommen, sondern ihm sogar beflissen angetragen. Ob Unternehmer oder Manager, ob Arzt, Anwalt, Ingenieur, Professor oder Lehrer – fast alle fanden sich zur Mitarbeit bereit: auch in einer spektakulären Rüstungs- und dann Kriegswirtschaft, bei der Vertreibung jüdischer Deutscher, bei Euthanasie und Rechtsbruch, bei der Indoktrination der Jüngeren, schließlich sogar beim Genozid und Vernichtungskrieg.

Die Skepsis nach der Niedergangsgeschichte bis 1933 sah sich mithin durch das Verhalten aller bürgerlichen Formationen im «Dritten Reich» rundum bestätigt. Die Diagnose des verdienten Exitus drängte sich geradezu auf. Sie wurde, wie es schien, durch das Zerstörungswerk des Krieges und der ersten Nachkriegsjahre bestätigt. Bombenkrieg, Demontage, Zerschlagung der Großunternehmen schienen auch die materielle Basis des oberen Wirtschaftsbürgertums in Frage zu stellen. Ärzte und Anwälte, Professoren und Studienräte schienen wegen ihrer Beteiligung am NS-Regime heillos diskreditiert. Sozialmoralisch und politisch völlig ausgelaugt schien das Bürgertum als Repräsentant und Träger einer neuen, selbstbewussten Demokratie und Republik überhaupt nicht in Frage zu kommen.

Es kann nach alledem nicht überraschen, dass das Urteil über das deutsche Bürgertum in den Jahren unmittelbar nach dem Zweiten Weltkrieg weiterhin vernichtend ausfiel: unter den aus dem Exil heimkehrenden sozialdemokratischen Intellektuellen etwa, unter kritischen Publizisten wie Walter Dirks und Eugen Kogon, auch unter Zeithistorikern.[1]

Dieses in den düstersten Farben gemalte Bild kontrastierte jedoch alsbald aufs schärfste mit jener Renaissance des Bürgertums, die mit dem Aufstieg der Bundesrepublik unübersehbar verbunden ist (während in Ostdeutschland die Rote Armee und dann die deutschen Bolschewisten die Zerstörung des Bürgertums fortsetzten). Denn im Nu konsolidierte sich das obere Wirtschaftsbürgertum, tauchten die vertrauten bildungsbürgerlichen Formationen wieder auf, erlebten die bürgerlichen Mittelklassen einschließlich des ominösen Kleinbürgertums eine anhaltende Expansion. Entschiedener als je zuvor in der neuzeitlichen deutschen Geschichte wurden die Ideale jener Utopie einer «Bürgerlichen Gesellschaft» in der Verfassung, im Rechtswesen, im Bildungswesen, im Wirtschaftsleben verwirklicht.[2]

Gab es also überhaupt, wird man da fragen müssen, die von einem Chor redegewandter Kritiker vielfach beschworene endgültige Auflösung des deutschen Bürgertums? Oder erhob es sich nach einer schmählichen Zeit wie Phönix aus der Asche zu einem neuen Höhenflug?

Hier gibt es zunächst für jeden Sozialhistoriker eine klare Prämisse: Das politische Versagen von sozialen Klassen, ihre moralische Verwüstung, ihre kriminelle Verletzung zentraler Normen des zivilisierten Zusammenlebens erfordern ein unzweideutiges Urteil. Sie besagen aber gar nichts über die sozialstrukturelle Kontinuität, die Regenerationsfähigkeit, die Elastizität solcher Klassen nach der Phase ihres politischen und sozialmoralischen Scheiterns. Es gehört zu den bewährten Grundannahmen von Historikern, an der Langlebigkeit sozialer Strukturen bis zum Beweis des Gegenteils festzuhalten. Man kann das vielleicht geradezu ein methodisches Axiom nennen, das Joseph A. Schumpeter so formuliert hat, «dass die Klassen, einmal vorhanden, fest werden, fortwirken und sich erhalten, auch wenn die sozialen Umstände, die sie schufen, weggefallen sind». Allgemeiner gesagt: «Soziale Strukturen ... sind Münzen, die nicht schmelzen. Sind sie einmal geprägt, so überdauern sie möglicherweise Jahrhunderte».[3] Die Anerkennung der sozialstrukturellen Kontinuität und Regenerationsfähigkeit gilt natürlich nicht nur für das Bürgertum, sondern auch für andere Klassen. Hätten die Rote Armee und die SED die ostelbische Welt der Junker nicht vernichtet, müsste man sich derselben Kontinuität stellen und sich mit ihr arrangieren, wie das beim norddeutschen, westfälischen, bayerischen Adel der Fall war – ungeachtet seiner politischen Lernunwilligkeit und politischen Kompromittierung bis 1945. Oder: Die Exzesse der kommunistischen Arbeiterpartei in Ostdeutschland besagen nichts über die sozialstrukturelle Kontinuität der Arbeiterklassen.

Hier geht es um das westdeutsche Bürgertum. Will man seine Geschichte nach 1945 analysieren, sollte man zunächst drei in der jüngeren Bürgertumsforschung bewährten leitenden Gesichtspunkten folgen:

– Bürgergesellschaft meint das konkrete, empirisch exakt präzisierbare Ensemble von bürgerlichen Besitz-, Erwerbs- und Berufsklassen, die immer, auch in der westdeutschen Gesamtgesellschaft, eine Minderheit darstellen.

– Davon scharf unterscheiden muss man einen Entwurf der politischen Theorie des ausgehenden 18. Jahrhunderts: die «Bürgerliche Gesellschaft» als Zielutopie eines bürgerlich dominierten Gemeinwesens, dessen Organisationsprinzipien es Schritt für Schritt zu verwirklichen galt.

– Und schließlich ist da die Bürgerlichkeit, eine auf typischer Lebensführung, typischem Lebensstil, typischen Wertorientierungen und Normen, Verhaltensweisen und Konventionen beruhende sozialkulturelle Lebensweise und Form der Vergesellschaftung. Sie begründete den Anspruch auf hohes Sozialprestige und privilegierten Lebensstil und wurde daher in sorgfältig kontrollierten Sozialisationsprozessen eingeübt und weiter vermittelt.[4]

Zunächst zur Bürgergesellschaft. Es hat sich bewährt, sie erneut nach einem Dreierschema zu unterteilen, wobei die Größe der einzelnen Formationen möglichst genau bestimmt werden sollte. Da ist, erstens, das obere Wirtschaftsbürgertum. Da gibt es, zweitens, das Bildungsbürgertum der höheren, akademisch geschulten Beamtenschaft, die verstaatlichte Intelligenz, und die Summe der freien akademischen Berufsklassen. Und da sind, drittens, die bürgerlichen Mittelklassen einschließlich des Kleinbürgertums.

Die häufig unbedachte Gleichsetzung der sozialhistorisch nachweisbaren, konkret greifbaren Bürgergesellschaft mit der Utopie der «Bürgerlichen Gesellschaft» hat dazu geführt, dass man über den Umfang der konkreten Bürgergesellschaft den merkwürdigsten Illusionen erliegt. Man könnte oft sogar meinen, es handle sich, wenn etwa derart unscharf von der bürgerlichen Gesellschaft im Kaiserreich gesprochen wird, um die Mehrheit, die damals dieser Gesellschaft zu Recht ihren Namen gegeben habe.

Für 1913 habe ich die Größenordnung der einzelnen bürgerlichen Sozialformationen möglichst genau, auch mit Hilfe der vorzüglichen preußischen und sächsischen Steuerstatistik, zu schätzen versucht.

– Das obere Wirtschaftsbürgertum umfasste damals maximal 4 % der Erwerbstätigen, die plutokratische Spitzenbourgeoisie 0,5 %.

– Das Bildungsbürgertum kam auf maximal 1 %. Mit ihren Familienangehörigen machten diese 3,6 Millionen der wirtschafts- und bildungsbürgerlichen Haushalte rd. 5 % der 65 Millionen Reichsbewohner vor Kriegsausbruch aus.

– Die bürgerlichen Mittelklassen kamen auf etwa 10 % der Reichsbewohner, alle Bürgertümer bestenfalls auf 15 %, mithin weniger als ein Sechstel der Gesamtbevölkerung – alle anderen sind Arbeiter (74 %) und Bauern (10 %) und 0,3 bis 1 % Adelige.

Am Ende der Weimarer Republik lässt sich eine sehr maßvolle Expansion der Bürgertümer feststellen.

– Das obere Wirtschaftsbürgertum umfasste 1930 rd. 5 %.

– Das Bildungsbürgertum blieb bei weiterhin 1 % stehen.
– Die bürgerlichen Mittelklassen machten jetzt 12–14 % aus. Zusammen kommt man auf 18 bis maximal 20 %, ein Fünftel der Gesamtbevölkerung. Das war die deutsche Bürgergesellschaft, die in das «Dritte Reich» eintrat.

Fraglos ging von den beiden Spitzenformationen, dem oberen Wirtschaftsbürgertum und dem Bildungsbürgertum, die größte prägende, normative Wirkung aus. Sie lebten Bürgerlichkeit in Lebensführung und Lebensstil exemplarisch vor. Als Inkarnation der Bürgerlichkeit waren sie das anerkannte Vorbild der Mittelklassen. Es gibt keinen plausiblen Anlass, für 1945 veränderte Größenverhältnisse anzunehmen. Die Rede ist also weiterhin von einer Minderheit, von einem Fünftel der westdeutschen Gesellschaft.

Blickt man jetzt zunächst wieder auf das obere Wirtschaftsbürgertum seit der Mitte des 20. Jahrhunderts, stellt sich erneut die Frage nach Zerfall oder Kontinuität, aber auch nach einem vielleicht tiefgreifenden Formwandel, für den Helmut Schelsky bereits 1953 mit seiner «nivellierten Mittelstandsgesellschaft» ein einflussreiches Stichwort gegeben hat. Von Erosion und Verfall kann hier keine Rede sein. Das Gegenteil ist richtig und inzwischen auch durch genaue prosopographische Studien der Wirtschaftselite empirisch nachgewiesen worden.[5] Ich greife die wichtigsten Befunde auf.

Der Straßburger Sozialhistoriker Hervé Joly hat soeben die Kontinuität und Diskontinuität im Bereich der Industrieelite zwischen 1930 und 1960 untersucht.[6] Dabei hat er sich auf das Leitungspersonal der 56 größten westdeutschen Industrieunternehmen gestützt. Sie repräsentieren zwar ein einseitiges Sample, da Großbanken und Versicherungen, Kammern und Verbände, vor allem die sogenannten mittelständischen Unternehmen ausgeschlossen sind, aber eine plausible Vermutung spricht für die Verallgemeinbarkeit der Ergebnisse.

1945 bedeutete für diese Spitzenkräfte zwar eine tiefe Störung. Zwei Drittel von ihnen sind zeitweilig ausgeschieden oder von den Alliierten ausgeschaltet worden. Aber nach der Entnazifizierung bis 1947/48 haben fast alle wieder oben Fuß gefasst. Jolys Vergleich der Stichjahre 1950, 1955, 1960 zeigt eine bestechende personelle Kontinuität.

Der Darmstädter Soziologe Michael Hartmann hat neuerdings seine Untersuchung über die Elite des oberen Wirtschaftsbürgertums zwischen 1970 und 1995 noch umfassender auf der Basis der 300 größten Unternehmen angelegt.[7] Um 1970 waren noch 85 % der Topmanager vor 1918 geboren. Die meisten Vorstands- und Aufsichtsratmitglieder z.B. der Jahre 1945 bis 1970 waren schon während der Weimarer Republik in Spitzenpositionen oder auf dem Weg nach oben. Erst Anfang der 70er Jahre folgte ein «fast kompletter Wechsel»: 1980 waren nur mehr 10 % vor 1918 geboren.

Gleichzeitig lief aber eine enorme Bildungsexpansion an, und es regierte eine sozialliberale Koalition. Haben sich daher, wenn schon nicht 1945, so doch seit den 70er Jahren das Rekrutierungsmuster und damit die soziale Herkunft und das formale Bildungsniveau geändert? Keineswegs: Die Mehrheit kommt weiterhin aus dem «gehobenen Bürgertum», aus den Familien von Unternehmern, höheren Beamten, Managern, Freiberuflern, leitenden Angestellten und Großgrundbesitzern. Und nicht nur das: Die Exklusivität nimmt seither sogar zu. 1995 ist sie ausgeprägter als 1970, ein Indiz stabiler, verhärteter Ungleichheitsstrukturen (dazu sogleich mehr). Denn um 1970 kommt in den Spitzenpositionen der 300 größten Unternehmen die Hälfte aus diesem «gehobenen Bürgertum», 1995 sind es sogar bereits 83 %. Währenddessen geht die Herkunft aus den bürgerlichen Mittelklassen (insbesondere aus den Familien von Handwerkern, mittleren Geschäftsleuten, Angestellten und Beamten) um ein Viertel zurück. Ein steiler Zuwachs stellt sich dagegen bis 1995 aus Unternehmerfamilien ein. Ihre Söhne besetzen «weit überproportional» jeden dritten Chefposten. Und zweitens steigt der Anteil der Söhne von höheren Beamten um 60 % zu Lasten der Söhne aus den Familien von Freiberuflern und Angehörigen der bürgerlichen Mittelklassen.

Diese zunehmende elitäre Exklusivität ist auch ablesbar an der Veränderung der formalen Selektionskriterien. 1995 haben 95 % der Spitzenkräfte das Abitur, 93 % einen Universitätsabschluss und 60 % einen Doktortitel. Dreißig Jahre zuvor lagen alle Zahlen noch deutlich niedriger. Daher drängt sich der Schluss auf: Die wirtschaftsbürgerliche Elite ist zur Zeit charakterisiert durch ein extrem hohes Maß an Exklusivität und Kontinuität. Von Erosion, Zerfall, Einflussminderung oder gar Ablösung durch eine neue, nichtbürgerliche Elite kann gar keine Rede sein.

Die Hauptfrage ist hier natürlich: Worauf beruhen diese Kontinuität und Exklusivität? Der Konsens der Experten lautet: Ausschlaggebend für den hohen, offenbar sogar weiter ansteigenden Anteil von Spitzenkräften aus dem «gehobenen Bürgertum» sind offensichtlich die Sozialisationsprozesse in der Familie und in ihrem Ambiente während der zwanzig Jahre der Kindheit und Jugend. Denn diese Prozesse erzeugen die Persönlichkeitsmerkmale, die für die Besetzung von Toppositionen entscheidend sind: Souveränität im Auftreten und Urteil, überhaupt Umgangsformen, die eine Beherrschung der Verhaltens-, Sprach- und Kleidungscodes verraten, Allgemeinbildung und Geschmackssicherheit, optimistische und unternehmerische Einstellung. Vereint verschaffen sie den ausschlaggebenden Vorsprung, da in den Entscheidungsgremien die Akteure Sympathien für jene Kandidaten besitzen, die eine – wie sie glauben – der eigenen Persönlichkeit ähnelnde Persönlichkeitsstruktur aufweisen.

Aufsteigern dagegen fehlt nicht etwa die gute Examensnote oder die Praxis, wohl aber die Selbstverständlichkeit im Verhalten und Urteil, kennzeichnend ist ihre Angestrengtheit und Überkorrektheit. Ihnen fehlt der antrainierte «Habitus» des «gehobenen Bürgertums», wie der französische Soziologe Pierre Bourdieu argumentiert hat, eben jener Habitus, der das Tor zur Spitzenposition öffnet.

Bourdieu hat in seinen meinungsprägenden, eminent einflussreichen Studien mit mehreren Kapitalsorten gearbeitet, um die Bedingungen für die Ausbildung eines solchen Habitus genauer zu bestimmen: Natürlich bleibt das ökonomische Kapital ein unschätzbarer Vorteil. Das soziale Kapital meint bei ihm das Netzwerk von Beziehungen und jene sozialen Ressourcen, die der Familienverband verschafft – oder eben nicht besitzt. Das kulturelle Kapital umfasst Bildung, Wissen, Geschmack – verkörpert durch Gemälde, Teppiche, Möbel, Bücher, verinnerlicht im sicheren ästhetischen Urteil, institutionalisiert in akademischen Titeln.[8]

Alle drei Kapitalsorten hängen in Bourdieus System aufs engste zusammen, sie sind konvertierbar und beeinflussen im Verbund die soziale Machthierarchie. Vermögensbesitz etwa verschafft in der Regel vorteilhafte soziale Netzwerke, durch Studium und Lebensstil auch das kulturelle Kapital. So gesehen gewährleistet die breite Basis, die das «gehobene Bürgertum» in seinem ökonomischen, sozialen und kulturellen Kapital besitzt, ein außerordentlich hohes Maß an Selbstrekrutierung, denn die Verfügung über diese Kapitalsorten funktioniert als «Torhüter»-Mechanismus, der den Zugang zu Spitzenpositionen regelt. Diese Mechanismen helfen, eine klassenspezifische Sonderstellung und ein stabiles Sozialprestige zu kultivieren und soziale Distanz durch die von Außenseitern schwer erlernbaren «feinen Unterschiede» (Bourdieu) aufrechtzuerhalten.

Die zweite Spitzenformation des Bürgertums war anderthalb Jahrhunderte lang das Bildungsbürgertum. Es ist aus den mittelalterlich-frühneuzeitlichen «gebildeten Ständen», vor allem aus den an Universitäten geschulten Juristen, Verwaltungsfachleuten, Theologen hervorgegangen. Seit dem späten 18. Jahrhundert wandelte es sich zu einer durch den Neuhumanismus und seine Bildungsidee geprägten Modernisierungselite der vor allem im Staatsdienst stehenden Juristen, Verwaltungsbeamten, Theologen, Professoren, Gymnasiallehrer. Neben diese verstaatlichte Intelligenz traten seit dem frühen 19. Jahrhundert die freien Berufe des Rechtsanwalts, Arztes, Architekten usw., die in ihren Professionen sowohl staatlicher Kontrolle unterlagen als auch ein hohes Maß an Autonomie genossen. Sie sind die frühen Vorboten der gegenwärtigen Expertenherrschaft. Recht, Gesundheit, Bausicherheit sind in der Tat so wichtige öffentliche Güter, dass der staatliche Einfluss gerechtfertigt, aber auch die Spezialistenausbildung mit späteren Berufsprivilegien unumgänglich erscheint.

Mit der Akademisierung der Berufe und der Expansion der Bürokratie im Reich, in seinen Einzelstaaten und Städten wuchs dieses Bildungsbürgertum, verlor aber auch an Homogenität. Das Berechtigungswesen der Examensdiplome verdrängte das neuhumanistische Bildungsideal. Es war keine unpolitische, machtlose Formation, da sie durch ihre Stellung im Staatsapparat durchaus selbstbewusst politischen Einfluss ausübte, ihn aber unter der Überparteilichkeitslegende des Obrigkeitsstaates verbarg.

In der Weimarer Republik geriet das Bildungsbürgertum in eine tiefe Krise. Die Beamtenschaft fand sich den neuen Machtträgern der parlamentarischen Republik gegenüber. Die höheren Beamten verloren zu Anfang mehr als die Hälfte ihres jährlichen Realeinkommens. Dank seiner Herkunft aus dem Staatsbildungsprozess des Fürstenstaates blieb es auf die autoritäre Monarchie fixiert. Alle freien akademischen Berufsklassen wurden durch die Hyperinflation weithin um Vermögen, Besitz und Verhaltenssicherheit gebracht. In der zermürbenden Depressionsphase seit 1929 schwenkte die Mehrheit der beamteten und selbständigen Bildungsbürger zur rechtsradikalen Protestbewegung Hitlers über, billigte zumindest die «nationale Revolution» seit dem Januar 1933, verriet den Wertekodex der neuhumanistischen Tradition und diente dem Regime bis Kriegsende. Mehr noch als das obere Wirtschaftsbürgertum stand das Bildungsbürgertum 1945 völlig diskreditiert da. Die Kritik forderte daher eine «neue Intelligenz», während bürgertumsfreundliche Stimmen die Rückbesinnung auf die Substanz bildungsbürgerlicher Werte forderten, um eine normative Basis für den Wiederaufbau zu gewinnen.

Was geschah? Komplexe Gesellschaften können offenbar auf akademisch geschulte Experten nicht verzichten. Ihre große Mehrheit überstand das Entnazifizierungsverfahren. Beamtenschaft und Freiberufler konsolidierten sich nach dem Vorbild der vorhergehenden Jahrhunderte bereits in den frühen 1950er Jahren. Die letzten Reste des Neuhumanismus hatten sich verflüchtigt, seine Bildungsidee konnte nicht mehr integrierend wirken, aber das exklusive Selbstbewusstsein, auch das unverändert hohe Sozialprestige blieben erhalten. Die Sozialisationsbedingungen in den Familien dieser akademischen Intelligenz sorgten zudem weiterhin für ein erstaunlich hohes Maß an Selbstrekrutierung. Von Erosion oder Zerfall kann ernsthaft auch hier keine Rede sein, wohl aber von einem «Formwandel» (K. Tenfelde), der das traditionelle Bildungsbürgertum in die akademische Intelligenz der Experten überführte.

So genaue sozialstatistische Untersuchungen, wie wir sie inzwischen über das obere Wirtschaftsbürgertum besitzen, gibt es über diese Intelligenz noch nicht, wohl aber aufschlussreiche Hinweise auf ihre soziale Komposition. 1990 stammten von Studenten mit Akademikervätern 38% aus Juristenfamilien und studierten wieder überwiegend Jura. 45% stammten aus Medizinerfamilien und studierten ebenfalls überwiegend Medizin. Dagegen fiel der Anteil der Arbeiterkinder von 1970 bis 1990 um 30% des geringen Ausgangsbestandes ab.

Im Bereich der höheren Bürokratie hält sich eine auffällig hohe Selbstrekrutierung. Die immer noch exotisch wirkenden Außenseiter aus den Gewerkschaften oder der grün-alternativen Szene stellen diese Homogenität nicht bedrohlich infrage. Auch die Rate der Rekrutierung der Professorenschaft aus den klassischen bildungsbürgerlichen Familien der höheren Beamten, Ärzte, Anwälte, Studienräte, Professoren und inzwischen der akademischen Intelligenz liegt trotz aller Aufsteiger noch immer auffällig hoch, auch und gerade im internationalen Vergleich. Gewiss ist ihre Zahl im Verlauf der Bildungsreform seit den 60er Jahren steil angestiegen, doch drastisch vermehrt hat sich allein der Anteil des Nachwuchses aus den bürgerlichen Mittelklassen, insbesondere aus Angestelltenfamilien, keineswegs aber derjenige aus Arbeiterfamilien.[9]

Aus der Vogelperspektive stellt sich daher auch die jüngste Geschichte des Bildungsbürgertums oder der akademischen Intelligenz keineswegs als Zerfallsgeschichte dar, vielmehr als ein anhaltender Aufstieg, als eine Konsolidierung mit elitären Zügen. Angesichts der funktionalen Bedürfnisse einer komplexen Gesellschaft wie der westdeutschen und jetzt der gesamtdeutschen vermag man auch keine realistische Alternative zum Wachstum und Einfluss der akademisch geschulten Experten zu sehen.

Die bürgerlichen Mittelklassen, einschließlich des vielzitierten Kleinbürgertums, bewegen sich seit dem 19. Jahrhundert in einem wahren sozialen Hexenkessel, da sie von einer außerordentlich dynamischen Aufstiegs- und Abstiegsmobilität geschüttelt werden. Genaue sozialstatistische Untersuchungen über ihre Zusammensetzung und Veränderungen sind sehr rar, da die Millionenzahlen entmutigen. Doch einige Gesichtspunkte lassen sich festhalten.

Im sogen. «alten Mittelstand» der Handwerker und Kleinhändler, erst recht aber im «neuen Mittelstand» der Angestellten, Techniker, Lehrer, Subalternbeamten gibt es eine ausgeprägte Aufstiegsorientierung, die seit dem Vormärz an der Herkunft von Gymnasiasten und Studenten nachweisbar ist und bis heute anhält. Immer ist das Ziel, durch verbesserte formale Bildung eine höhere Position in der Sozialhierarchie des Bürgertums und der Gesellschaft zu gewinnen. Es gibt eine konstante Bereitschaft, die Werte und Normen, die Verhaltensweisen und Konventionen der bürgerlichen Spitzenformationen zu adoptieren und einen bürgerlichen Lebensstil selber konsequent durchzuhalten. Es gibt seit dem Prosperitätsschub der 1950/60er Jahre eine auffällige Expansion dieser Mittelklassen durch die Verbürgerlichung ehemals proletarischer Gesellschaftssegmente. Dieser Aufstiegsmobilität durch Verbürgerlichung ist die Ausweitung der Mittelklassen während der letzten vier Jahrzehnte in hohem Maße zu verdanken. Ein Ende dieser Aufstiegsmobilität ist in der deutschen Wachstumsgesellschaft des 21. Jahrhunderts nicht abzusehen.

Wie aber steht es mit der Verwirklichung der Utopie der «Bürgerlichen Gesellschaft»? Dieser Entwurf aus dem späten 18. Jahrhundert wurde von schottischen, englischen französischen, deutschen Aufklärungsdenkern entwickelt. Ihre «Bürgerliche Gesellschaft» sollte eine Vereinigung gleichberechtigter, durch Besitz und Bildung ausgezeichneter, wirtschaftlich ungestört konkurrierender, politisch handlungsfähiger Individuen sein, die im Medium der Öffentlichkeit oder auf dem Forum eines Parlaments, das als freier Marktplatz der Ideen fungierte, das Gemeinwohl in vernünftiger Diskussion ermittelten. Der Rechtsstaat sollte diese Bürger schützen, eine schriftliche Verfassung die Menschenrechte garantieren und die Arena der freien Marktwirtschaft gegen staatliche Übergriffe abschirmen. Dieses Leitbild des frühen europäischen Liberalismus ist in manchen Ländern weithin, in anderen zum guten Teil verwirklicht worden. Offensichtliche Defizite: die männliche Vorherrschaft, der Ausschluss von Minderheiten, Eigentumslosen und Nichtgebildeten sind durch emanzipatorische Gesetze oder den Sozialstaat korrigiert worden.

Zwei prinzipiell unterschiedliche Einstellungen zu dieser «Bürgerlichen Gesellschaft» sind heute möglich. Man kann sie als zeitgebundene Zielvision behandeln, deren Zeit vorüber ist, sie also radikal historisieren. Diese Auffassung vertritt z. B. der Frankfurter Bürgertumshistoriker Lothar Gall mit guten Argumenten. Oder man kann sie nach der Diskreditierung konkurrierender Utopien als weiterhin attraktivste politische Utopie der westlichen Neuzeit betrachten, sie als Maßstab für die Realisierung liberaler Freiheits- und demokratischer Gleichheitsrechte in einer rechts- und sozialstaatlichen Republik nutzen und ihre faszinierende Wirkung – heute als «Zivilgesellschaft» – auch und gerade in Osteuropa ernstnehmen.

Ich optiere für die zweite Position, und in dieser Perspektive sieht man, wie weit die Utopie der «Bürgerlichen Gesellschaft» vor 1914 – mit Ausnahme der Ausübung der politischen Herrschaft im Reich und in den meisten Einzelstaaten – und vor 1933 realisiert war, wie radikal ihre Werte, Rechte und Institutionen von 1933 bis 1945 unter äußerst aktiver Mitwirkung des Bürgertums zerstört worden sind. Man kann dann aber auch argumentieren, dass die ungeahnte Chance einer zweiten Demokratiegründung seit 1949 genutzt worden ist, um umfassender als je zuvor eine «Bürgerliche Gesellschaft» in der Bundesrepublik zu verwirklichen, ohne dass das Wort als expliziter Leitbegriff gedient hätte.

Ein halbes Jahrhundert später spricht die Bilanz auch in diesem Bereich dafür, diesen – den bürgerlichen Aufstieg begleitenden – Ausbau der «Bürgerlichen Gesellschaft» nicht nur als integralen Bestandteil der Bürgertumsgeschichte nach 1945, sondern auch als Erfolgsbeweis zu betrachten. Unstreitig ist es ein Erfolg, der ohne den massiven Druck und Einfluss der Sozialdemokratie und der Gewerkschaften zugunsten des Sozial- und Rechtsstaates allein aus eigener Kraft und eigenem politischen Willen nicht zustande gekommen wäre.

Außerordentlich strittig ist jedoch, ob man in diesem halben Jahrhundert bürgerlicher Konsolidierung auch weiterhin von «Bürgerlichkeit» sprechen kann: als einer verbindlichen soziokulturellen Lebensweise, die auf spezifischer Lebensführung und eigenem Lebensstil, auf typischen Werten, Normen und Verhaltensweisen in klarer Distanzierung von Adel, Bauernschaft und Proletariat beruht. 1914 war das trotz mancher Aufweichungserscheinungen grosso modo noch möglich. Seit 1945/49 scheint es dagegen nicht mehr realistisch zu sein.

Aufgelöst hat sich etwa seit langem die Verbindlichkeit der neuhumanistischen Bildungsidee im Sinne einer unaufhörlichen, lebenslang währenden Selbstbildung mit stetem Rückgriff auf das antike und christlich-jüdische Erbe; die Fixierung auf einen eindeutig bestimmten Kanon der Hochkultur; die Kultivierung von Hausmusik und die Verpflichtung zu umfassender allgemeinbildender Lektüre; die Verbindlichkeit bestimmter Normen, etwa zur starren Regulierung des Sexuallebens; die demonstrative Distanzierung selbst des bescheidenen bürgerlichen Haushalts mit nur zwei Dienstmädchen (wie sie in Studienratsfamilien vor 1914 noch die Regel waren) von der nichtbürgerlichen Lebenswelt.

Daher sind essentielle Bestandteile der «Bürgerlichkeit», die vor hundert Jahren selbstverständlich waren, verschwunden. Geblieben aber ist ein Ensemble von Werten und Orientierungen, Konventionen und Sozialisationserfahrungen, die weiterhin einen distinkten neubürgerlichen Lebensstil, vor allem einen klassenspezifischen bürgerlichen Habitus hervorbringen. Auch hier herrscht statt Erosion und Zerfall weit eher Kontinuität und Lebensfähigkeit im Zeichen eines Formwandels.

Geblieben, ja aufgewertet worden ist etwa das Leistungsprinzip, welches das Bürgertum ursprünglich im Kampf gegen ererbte Adelsprivilegien entwickelt und durchgesetzt hat. Das bleibt eine genuin bürgerliche Leistung. Damit hängt zusammen die Orientierung auf Aufstieg durch formale Bildung und Leistungsbeweise. Verkörperte das Gymnasium anfangs ein geistesaristokratisches Privileg des Bildungsbürgertums, sind die Gymnasien heutzutage in vielen westdeutschen Städten die wahren Gesamtschulen geworden, die 60 % jeder Alterskohorte zwischen dem 10. und 19. Lebensjahr an sich ziehen. Die Bildungspolitik hat die nächste Aufstiegsschleuse, das Hochschulwesen, für Millionen zugänglich gemacht.

Es gibt weiterhin eine Hochschätzung traditioneller Bildungsgüter, des Theaters, der klassischen Musik, des Museumsbesuchs, der allgemeinbildenden schönen Literatur, dazu kommen Freizeit- und Lesegewohnheiten, die diesen Lebensstil von anderen unterscheiden. Auch in der bürgerlichen Kleinfamilie laufen weiterhin intensive Sozialisationsprozesse ab, die als innere Leitinstanz einen Habitus aufbauen, der eine vorteilhafte Weichenstellung zur Wahrnehmung bestimmter Aufgaben des oberen Wirtschaftsbürgertums und der akademischen Intelligenz vornimmt. Dazu gehört, wie gesagt, ein distinkter Verhaltens-, Sprech- und Dresscode, eine Geschmacksstilisierung und Hobbypflege (z. B. eher Tennis, Hockey, Bergwandern als Fußball).

Die Grenzen zu anderen sozialen Klassen verschwimmen zwar, aber insgesamt scheint ein bürgerlicher Habitus und Lebensstil – wie auch immer man dann wegen des Pluralismus unterschiedlicher Habitus- und Lebensstilformen zwischen oberem Wirtschaftsbürgertum, akademischer Intelligenz und Mittelklassen selbstverständlich differenzieren muss – weiter zu bestehen. Wegen der verminderten normativen Verbindlichkeit wird man das keine homogene Kultur der «Bürgerlichkeit» mehr nennen wollen. Aber im Vergleich mit anderen Lebensstilen und Idealen wird doch deutlich: Noch immer vom bürgerlichen Erbe des 19. Jahrhunderts zehrend hat sich ein Pluralismus distinkter bürgerlicher Habitusformen in den bürgerlichen Berufs- und Besitzklassen, in ihrem Lebensstil und Wertekanon doch weiterhin erhalten.

Mit dieser eigentümlichen gesellschaftsgeschichtlichen Persistenz und Kontinuität des Bürgertums, auch mit seinem Formwandel und damit seiner strukturellen Elastizität ist nun aber die Frage verbunden, ob sich auch und gerade in dieser bürgertumsgeschichtlichen Perspektive das Gefüge der Sozialen Ungleichheit in der Bundesrepublik in den letzten Jahrzehnten fundamental verändert hat, wie das zahlreiche Soziologen und publizistische Kommentatoren glauben, oder ob es unter einer veränderten Oberfläche überwiegend erhalten geblieben ist.

Seit 1953 fand Helmut Schelskys These, die Bundesrepublik sei eine «nivellierte Mittelstandsgesellschaft», eine verblüffende Resonanz und Zustimmung.[10] Empirisch war der Begriff damals irreführend, da das Gros der Arbeiter- und Angestelltenfamilien noch unter denkbar kärglichen, alles andere als mittelständisch gesicherten Verhältnissen lebte, und die soziale Distanz zwischen den großen Erwerbs- und Berufsklassen war weit und alles andere als nivelliert. Aber der Gehalt des Begriffs knüpfte ersichtlich an die Vorstellung von der sozialharmonischen «Volksgemeinschaft» an, die soeben noch als Leitbild des Nationalsozialismus fungiert, die Unterschiede und Konflikte einer modernen Klassengesellschaft zu überwinden versprochen hatte. Außerdem pflanzte der neue Begriff prognostisch ein Zukunftsbild auf, wohin die Entwicklung nach den chaotischen Kriegs- und Nachkriegsjahren tendieren werde, und jeder wollte dann lieber in der komfortablen Mitte als unten sein.

Mit fünfzigjähriger Verspätung stellt sich die damals ungesicherte Prognose heute insofern als realitätsnah heraus, als jetzt große Bevölkerungsteile in mittleren Soziallagen konzentriert sind. Aber zum einen ist trotz der Ausweitung der bürgerlichen Mittelklassen eine Polarisierung keineswegs verhindert worden. Es gibt exponierte Minderheiten: oben die vielfach Privilegierten, unten die Diskriminierten unter der Dreiviertel-Gesellschaft. Seit dem Beginn der Regierung Kohl 1982 hat es z. B. eine drastische, aber heimliche Verschiebung der Einkommen und Vermögen nach oben gegeben, wenn auch nicht ganz so krass wie unter Reagan und Thatcher. 2 % der deutschen Haushalte besitzen jetzt 30 % der Vermögenswerte, 8 % sogar 60 %, 5 % binden die Hälfte aller Zinsen und Dividenden an sich. Unten hat sich die Armutskluft erweitert. Von 1962 bis 1990 ist die Sozialhilfe um DM 176 gestiegen, die Nettolöhne dagegen kletterten um DM 956. Insofern gibt es keine nivellierte Gesellschaft. Sie hat sich aber auch deshalb nicht eingestellt, weil sich eine beispiellose Pluralisierung und Individualisierung in den letzten drei Jahrzehnten geltend gemacht hat.

Seit der Mitte der 80er Jahre argumentiert deshalb die Mehrheit in der soziologischen Ungleichheitsforschung, dass der vielzitierte Fahrstuhleffekt der Wohlstandsgesellschaft die gesamte Sozialhierarchie beschleunigt nach oben angehoben habe. Die überkommenen krassen Unterschiede seien deshalb zum großen Teil verschwunden. Der Massenwohlstand, die neue postmaterielle Wertorientierung, das amerikanische Vorbild – sie hätten die Voraussetzungen für eine historisch einzigartige Pluralisierung und Individualisierung geschaffen, deren dynamisierende Wirkung die herkömmlichen Klassen aufgelöst habe. Locker gefügte Mikromilieus träten an die Stelle großer Klassenverbände mit integrierender Sozialmentalität.[11]

Die harten vertikalen Strukturen der Sozialen Ungleichheit werden auf diese Weise «wegdifferenziert, wegpluralisiert, wegindividualisiert, wegdynamisiert» und unter dem Schleier dieser modischen Begriffe verhüllt, wie das Ulrich Becks glitzernden Wortkaskaden am besten gelungen ist.[12] Ungleichheitsforschung wird so zur Vielfaltsforschung. Die dezidierte Kritik an der harten Hierarchie der Ungleichheit löst sich in eine typisch postmoderne «normative Unverbindlichkeit» auf.

Dagegen hat die nüchterne empirische Sozialforschung, die von diesen Pluralisierungstheoretikern schlechthin nicht mehr zur Kenntnis genommen wird, die noch immer fest verankerte Tiefenstruktur der Sozialen Ungleichheit nachgewiesen. Kurz gesagt: Auch die deutsche Marktwirtschaft hat den Markt als entscheidendes Organisationsprinzip ihrer Marktgesellschaft durchgesetzt, die eine strukturelle Abhängigkeit vom Arbeitsmarkt erzwungen hat, auf dem die unterschiedlichsten Leistungsqualifikationen angeboten und zu Marktpreisen abgerufen werden müssen. Dadurch sind Sozialformationen, die «marktbedingten Klassen», von einer erstaunlichen Konstanz entstanden, auch wenn sich die Ressourcenausstattung und das Angebot an Lebenschancen allgemein verbessert haben.

Dazu vier Beispiele:

1. Je nach der Zugehörigkeit ihrer Väter zu einer privilegierten oder benachteiligten Berufsklasse verteilen sich die Studenten im Hochschulsystem, wobei die Ungleichheit trotz der enormen Bildungsexpansion im letzten Jahrzehnt wieder zugenommen hat. So hat sich etwa in dem Vierteljahrhundert zwischen 1969 und 1993 der Anteil der Hochschulanfänger (aus der Altersko-

horte ihrer Herkunftsklassen) aus Familien von Beamten, insbesondere von höheren Beamten, von 27 auf 47 %, von Angestellten von 15 auf 27 %, von Selbständigen, vor allem freiberuflichen Akademikern, von 11 auf 27 % unmissverständlich erhöht. Bei den Studienanfängern aus Arbeiterfamilien hat er sich dagegen in diesen 25 Jahren von 3 auf 7 % nur geringfügig vermehrt. Die Bildungsexpansion kommt fraglos vielen zugute, aber die herkunftspezifische Ungleichheit der Bildungschancen hat sich währenddessen nicht verringert, sondern vergrößert.

2. Noch krasser ist der Befund für das höhere Schulwesen. Kinder von beamteten und freiberuflichen Akademikern und höheren Angestellten gingen 1990 zu 77 % auf das Gymnasium, 82 % besuchten eine Hochschule. Kinder von mittleren Beamten und Angestellten gingen schon nur mehr zu 46 % auf das Gymnasium und zu 21 % auf die Hochschulen, während Kinder aus Familien von Arbeitern ohne Facharbeiterdiplom zu 7 % auf eine höhere Schule, sogar nur zu 2 % auf die Hochschulen gingen.

Das Bild vom Fahrstuhleffekt ist daher irreführend, denn Kinder aus benachteiligten Berufsklassen können den Fahrstuhl meist gar nicht erwischen. Die Selektivität des deutschen Bildungssystems hängt nach dem Urteil guter Kenner mit den Sozialisationsprägungen und Familieneinflüssen entscheidend zusammen – wofür das obere Wirtschaftsbürgertum und das Bildungsbürgertum, die akademische Intelligenz, ein schlagendes Beispiel bieten. Das aber heißt: Sie hängt ab vom Zufall der Geburt, den eine Demokratie als Hauptentscheidungsinstanz über den Lebensweg nicht passiv hinnehmen kann.

3. Die politische Teilhabe zeigt klare Unterschiede nach Berufsklassen, übrigens auch keine tiefgreifende Veränderung seit der Zeit der ersten sozialliberalen Koalition. Der empirische Befund ist eindeutig: Je näher eine Position am Führungszentrum liegt, desto häufiger stammen die Inhaber aus den Oberklassen. Unverkennbar setzt sich auch hier eine hierarchisch zunehmende Selektivität durch.

4. Eine erhebliche Beweiskraft besitzt auch der Umgang mit Kriminalität und Bestrafung. Offenbar herrscht ein klassenspezifisch unterschiedlicher Druck in der Strafverfolgung und Bestrafung. Von durchschnittlich 18 Millionen jährlicher Straftaten Anfang der 90er Jahre werden jährlich 35 000 für Haftstrafen herausgefil-

tert. Dabei handelt es sich fast ausschließlich um Männer aus dem unteren Drittel der Gesellschaft, ja mehr als zwei Drittel der Häftlinge kommen aus dem untersten Zehntel ohne Hauptschulabschluss. Angemessene Strafen für Baubetrüger wie Schneider oder Balsam mit 7-Milliarden-Delikten sind extrem selten, für die zahlreichen Steuerbetrüger unter den Millionären eine bizarre Ausnahme.[13]

Diese Dauerhaftigkeit der Sozialen Ungleichheit ließe sich auch in der Arbeitswelt, im Gesundheitswesen, in der Lebenssphäre der Alten verfolgen. Das Ergebnis ist immer dasselbe: die Präsenz und Persistenz stabiler Ungleichheit. Der Klassencharakter der Gesellschaft wird mithin durch die evidente Pluralisierung und Individualisierung nicht aufgelöst, wohl aber in seinem Erscheinungsbild vielfach gebrochen. Die bunt schillernde Oberfläche lässt die Tiefenstruktur ungleich schwerer erkennen als etwa vor hundert Jahren. Die Tiefenstruktur ist ungleich schwerer zugänglich als etwa in den Großstadtvierteln um 1900. Dennoch: Die «Nach-Klassengesellschaft» wird von unhistorisch denkenden Soziologen zwar herbeigeredet, ist aber bisher nicht empirisch nachgewiesen worden.

Weiterhin gilt: Die Dominanz der klassenspezifischen Leistungsqualifikation, die über Lebenschancen und –risiken nachhaltiger als alle andere Kriterien entscheidet; die klassentypische Ressourcenausstattung, etwa mit Bourdieus sozialem und kulturellem Kapital, der klassenspezifische Habitus entscheiden weiterhin über zahlreiche Lebenschancen, auch wenn die krassen Unterschiede des Lebensstils sich vielfach abgeschliffen haben.

Ein Fazit: Man kommt um die Anerkennung bürgerlicher Kontinuität und bürgerlichen Aufstiegs nach 1945 nicht herum. Man sollte das auch begrüßen, obwohl es manchem schwer fallen wird, die Mitverursacher und Mitträger des «Zivilisationsbruchs» nach 1933 als Angehörige von sozialen Klassen mit einer derartigen Hochkonjunktur zu sehen. Aber die adlige, die bäuerliche, die proletarische Lebenswelt sind nun einmal keine Rivalen mit einer überlegenen Prägekraft gewesen. Daher lässt sich auch die vordringende Verbürgerlichung der Arbeiterklassen als Aufstieg und Ausweitung der Lebenschancen nur positiv beurteilen.

Aber eins haben die kontinuierliche Expansion des Bürgertums und seine Ausstrahlungskraft bisher nicht herbeigeführt: eine fundamentale Auflösung der Ungleichheitsstrukturen, die weiterhin einem schwer schmelzbaren Metallkörper gleichen. Wenn nicht alle empirischen Indizien täuschen, ist dieser bürgerliche Aufschwung sogar zunehmend mit neuer Exklusivität, z. B. im oberen Wirtschaftsbürgertum, das heißt aber mit verschärfter Ungleichheit verbunden. Darüber können die in allen Klassen getragenen Armani-Jeans, Gucci-Schuhe und Rolex-Uhren – oder zumindest ihre Imitate – , die allen zugänglichen Discos und Ferienstrände, kann die ganze vielfältige Pluralität der Lebensstile nicht hinwegtäuschen.

Angesicht der anhaltenden Ausdehnung bürgerlicher Formationen auf die Gewinnung der «Neuen Mitte», der bürgerlichen Mitte zu setzen, ist nach alledem ein berechtigtes politisches Kalkül. Nirgendwo sonst lassen sich Mehrheiten gewinnen. Aber Soziale Ungleichheit wird durch die «Neue Mitte» noch keineswegs aus der Welt geschafft. Es bleibt daher die Aufgabe nüchterner sozialhistorischer und soziologischer Analysen, die Strukturen der Sozialen Ungleichheit auch und gerade in der neuen Bürgergesellschaft so klar wie möglich herauszuarbeiten, damit jedes Privileg unter Legitimationsdruck gestellt werden kann und die Gleichheitsideale einer modernen Demokratie als Fluchtpunkt der Gesellschaftspolitik verpflichtend erhalten bleiben, anstatt dem Zufall der Geburt geopfert zu werden. Verwirklicht werden können diese Ideale nie und nimmer vollständig, daran zu glauben wäre ein banaler Irrtum. Aber nur, wenn die «normative Kraft des Faktischen» in Gestalt des Geburtszufalls normativ infrage gestellt wird, lässt sich die tendenzielle Gleichheit der Ausgangschancen weiter anvisieren.

Je mehr der Aberglaube der neuen «konservativen Revolution» des Neoliberalismus zur Vergottung des Marktes führt, desto eindeutiger tritt hervor: Der Markt als ingeniöse soziale Erfindung leistet erstaunlich viel, eins aber nicht: das Gefälle jener Sozialen Ungleichheit, die er selber durch die Marktmechanismen unablässig hervorbringt, von sich aus abzumildern. Dazu bedarf es zielstrebiger Korrekturen, wenn man nicht eine auf längere Sicht gefährliche Polarisierung der Gesellschaft in Kauf nehmen will. Das deutsche Bürgertum nach 1945 ein Phönix aus der Asche? Ja, aber seine Marktgesellschaft hat die Probleme der Sozialen Ungleichheit nicht zum Schweigen gebracht. Das rechtfertigt es, den Imperativ einer aktiven Gesellschaftspolitik weiter zu verteidigen.

10. Preußen: Nostalgie oder Nekrophilie?

Der irrlichternde Vorschlag eines brandenburgischen Sozialministers, das künftige Berlin-Brandenburg auf Preußen umzutaufen, mag allenfalls dazu geeignet sein, einen winzigen Augenblick lang von den wirklichen Problemen des Landes abzulenken: vom Jagoda-Syndrom, vom Arbeitslosenskandal, vom Airbus-Flop, vom Zerstörungswerk des neuen Hochschulgesetzes ... Zu mehr taugt er aber nicht. Denn realhistorisch und symbolisch ist es abwegig, mehr als ein halbes Jahrhundert nach dem Ende des Zweiten Weltkriegs Preußen als politischen Begriff, der doch nimmer eine artifizielle Virginität genießen kann, wiederaufzuwerten. Leichen widersetzen sich der Wiederbelebung, und jede Form der politischen Nekrophilie ist abartig.

Für das kulturelle Erbe des untergegangenen Staates ist die Stiftung Preußischer Kulturbesitz der anerkannte Erbschaftsverwalter. Für das historische Urteil müssen aber an erster Stelle Historiker gerade stehen. Ein wenig filigranes Zuckerwerk à la Illies oder ein forscher Zuruf aus Hohenzollernmund führen nicht einmal in das Vorfeld der strittigen Fragen.

Die historische Bilanzierung der Vorzüge und Nachteile preußischer Geschichte scheint zunächst ein ambivalentes Urteil zu erzwingen. In Stichworten: Seit dem Großen Kurfürsten beruht der brandenburgisch-preußische Machtgewinn auf einem unbändigen Expansionsdrang, sich im Alten Reich und in Europa als ernstzunehmender Staat, schließlich als Großmacht zu etablieren. Militär, Verwaltung, Steuerbehörden werden im Dienst dieses Ziels entwickelt, selbst die Sozialstruktur wird ihm nach Kräften angepasst. Das trägt von vornherein ein Moment der Überanstrengung, der Verbissenheit in die Ausdehnung preußischer Herrschaft, nährt aber auch die Überzeugung, unter Einsatz aller Kräfte, mit fanatischem Willen, in ständigem Vabanquespiel letztlich siegen zu können – eine fatale Erfolgstradition, die später ein Fanatiker des Willens aus dem Wiener Asozialenmilieu, von stürmischem Beifall getragen, ausbeuten kann.

Dem preußischen Adel nimmt der Fürstenstaat seine Autonomie, er behält aber in einem denkwürdigen Herrschaftskompromiss nicht nur die Herrenstellung auf dem flachen Land. Vielmehr gewinnt er die mit dem Ethos der Pflichterfüllung verkleidete lukrative Pfründe des Militärdienstes und des Staatsapparates hinzu. In diesem Dreieck verteidigt er seine Privilegien bis 1918, auch noch einmal 1933, gegen den Anprall der Kräfte der Demokratisierung und Parlamentarisierung. Keine europäische Adelsformation außer den polnischen Edelleuten hat sich als politisch derart lernunfähig erwiesen wie die preußische – sie ist das krasse Gegenbild zur pragmatischen Umstellungsbereitschaft der englischen Aristokratie und Gentry.

Die preußische Bürokratie regiert oft tüchtig, doch halten die bayrische Oberbeamtenschaft, die französische Verwaltung, der englische Civil Service einem Vergleich mühelos stand. Der Mythos von der unparteiischen effizienten Bürokratie verdrängt, wie tief sie das Obrigkeitsdenken und die Untertanengesinnung eingeschliffen hat. Mit dem preußischen Militär verbindet sich unverändert zu Recht die Kritik am preußischen Militarismus. Preußen sei ein Heer, spottete im ausgehenden 18.Jahrhundert der Graf Mirabeau, das sich einen Staat zugelegt habe. Die exklusive gesellschaftliche Sonderstellung des Offizierkorps, namentlich nach Bismarcks Einigungskriegen, präjudiziert das politische Denken. Ist der preußische Leutnant ein Halbgott, wer will da dem politischen Aberwitz des Schlieffenplans widersprechen? Auch der neue Militarismus der nach dem Ersten Weltkrieg unter Nutzung restlos aller gesellschaftlichen Ressourcen den zweiten totalen Krieg gewinnen will, ist ein Ergebnis des pathologischen Lernens vornehmlich preußischer Offiziere, ehe es der «Führer» der Hitler-Bewegung in enger Affinität zu ihren Planspielen aufgriff. Der preußische Protestantismus wird durch die verhängnisvolle Rolle des Fürsten als Summepiscopus zu einer Staatskirche, die durch ihre Heilsfunktionäre die gottgegebene Obrigkeit überhöhen, das Bündnis von Thron und Altar als Dauerkartell feiern lässt. Vom calvinistischen Widerstandsrecht keine Spur, wie das der tiefe Einbruch der mehrheitsfähigen national-protestantischen «Deutschen Christen» in die Amtskirche 1933 und 1934 demonstriert.

Das Gegengewicht: Bis heute verkörpert die Reformpolitik der höheren Beamtenschaft, durchgesetzt in zwei Wellen, von 1807 bis 1820 und noch einmal von 1867 bis 1877, eine imponierende Leistung, von der das Selbstbewusstsein des Beamtenstaats bis 1918 zehrt. Preußen nimmt auch den Begriff des Kulturstaats ernst: Früh steht es mit Schottland und Neuengland an der Spitze der Alphabetisierung. Die legendäre Reformuniversität wird zum weltweit akzeptierten Modell der modernen Hochschule ausgebaut. Alle Wissenschaften werden großzügig in einem Maß gefördert, das zwar den Umfang des Militärbudgets nicht von Ferne erreicht, von dem sich Frau Bulmahn aber noch immer eine dicke Scheibe abschneiden könnte. Hinzu kommt nach mörderischen Religionskriegen die Toleranz im Konfessionsstreit, obwohl die «Peuplierung» des Landes mit Andersgläubigen (modisch gesprochen: die Gewinnung von wertvollem Humankapital) wohl wichtiger ist. Der gebotene Spannungsausgleich im Inneren eines multikonfessionellen Staates bleibt imponierend genug. Auch die Industrieförderung kann sich sehen lassen, die Blockadepolitik durch Agrarinteressen misslingt. Erst recht ist die Sozialpolitik seit den 1880er Jahren ein Erfolgsbeispiel. Ihr Paternalismus will zunächst aus sozialdemokratischen Arbeitern zufriedene Staatsrentner machen, entdeckt aber dabei das weltweit durchsetzungsfähige Prinzip staatlicher Daseinsvorsorge und Sicherheitsgewähr. Kein Wunder mithin, dass Preußen-Deutschland vor 1914 für viele als zukunftsfähiges westliches Land gilt, wenn es denn endlich die politischen Reformen nicht länger aufschiebt.

Was aber überwiegt: Gewinn oder Belastung? Die Zweideutigkeit des Phänomens Preußen bleibt bestehen, doch die Entscheidung fällt in der Arena der politischen Herrschaft. Unfähig zur Demokratisierung, liegt Preußen als Hegemonialstaat des Kaiserreichs bis 1918 wie erstarrt da. (Schon wegen dieser Unfähigkeit sollte eine selbstbewusste Republik das Berliner Schloss nicht restaurieren.) Bei der Verteidigung ihrer Privilegien geht die Machtelite im Juli 1914 sehenden Auges das Risiko des Großen Krieges ein, als sie Wien grünes Licht zum Losschlagen gegen Serbien gibt. Der Preis: ein vierjähriger Weltkrieg, in mancher Hinsicht der Hexenkessel, in dem alles Elend Europas in der Folgezeit entsteht. Erst Niederlage und Revolution durchbrechen die preußische Verkrustung. Aber um die verhasste Republik in einen autoritären Staat zurückzuverwandeln, intrigieren die preußischen Machteliten 1932/1933 erfolgreich, um das Charisma des «Großen Trommlers» für sich auszunutzen. So beginnt der Abstieg in die Despotie, die auf preußischen Traditionen des Obrigkeitsdenkens, der Gehorsamsbereitschaft, des autoritären Politikstils und vor allem der Vergottung des Militärs zurückgreift.

Hätte ein mittelgroßer Staat ohne die preußische Militärtradition fünfeinhalb Jahre lang gegen die ganze Welt Krieg führen können? Zugegeben, Tote und Traditionen können sich gegen spätere Ausnutzung nicht wehren. Aber oft geht es um die Aktivität aufgrund einer durchaus noch lebendigen Tradition, und die Wehrlosigkeit des Preußenerbes nach 1933 ist kein Zufall. Zu oft wirkt sich die innere Affinität zu Zielen der Diktatur aus.

Die Opposition gegen Hitler ist nobel, doch das bis heute schmerzende Hauptproblem der Deutschen bleibt ihre Führertreue bis zum Mai 1945. Dass in einem Heer von 18 Millionen auch einige adlige preußische Offiziere sich schließlich zum aktiven Widerstand bereit finden, verdient allen Respekt. Aber in der Regel entschließen sie sich erst dazu, als nach dem Ende ihrer Großreichsträume der Krieg auch ihr Preußen mit Zerstörung bedroht. Sie kommt 1945, unaufhaltsam, nicht erst 1947.

Zu den unschätzbar vorteilhaften Startbedingungen der Bundesrepublik gehört, dass Preußen nirgendwo mehr Pate steht: keine Adelslobby und kein ostelbischer Konservatismus mehr, kein Militärnimbus und kein Sonderweg mehr zwischen Westen und Osten, endgültig diskreditiert das Vabanquespiel um neue Größe. Die Befreiung von Preußen hat die Entwicklung der Bundesrepublik erst ermöglicht. Das gilt es, gegen jede Nostalgiewelle, die ein mit extremen Kosten gescheitertes Experiment aufwerten will, zu verteidigen.

Und was die Wirkung nach außen angeht, besteht seit 1990, wie nach 1871, eine Hauptaufgabe deutscher Politik darin, das Achtzig-Millionen-Land in der Mitte Europas für alle Nachbarn erträglich zu halten. Dazu gehört auch eine kluge symbolische Politik, die diese Nachbarn nicht mit einer neurotischen Preußenrenaissance beglückt, deren Gewinn nicht zu erkennen ist. Wie einseitig, ja verzerrt dort auch manche Vorstellung von Preußen sein mag, bleibt doch die Skepsis im Kern nur zu verständlich und daher zu respektieren. Das kulturelle Erbe Preußens sollte unbefangen gepflegt werden. Jeder Pole und Franzose wird das verstehen. Im allgemeinen aber gilt, dass politische Nekrophilie die Berührung mit Leichengift in sich trägt.

11. Der deutsche «Sonderweg»

Die seit den 1940er Jahren anhaltende Debatte über einen deutschen «Sonderweg» in die Moderne bis hin zum «Zivilisationsbruch» seit 1933 kann als der Versuch einer intensiven «Selbstverständigung» verstanden werden[1]. Ihr geht es darum, die dunkelsten Probleme der eigenen Vergangenheit einer argumentativen Klärung entgegenzuführen. Zugleich ist diese Debatte aber auch in die konstitutiven ideellen Grundlagen der Bundesrepublik eingesenkt, die sich von diesem antiwestlichen «Sonderweg» dezidiert abgewandt und an seine Stelle ein emphatisches Bekenntnis zur «Westbindung» gesetzt hat. Diese Doppelnatur von wissenschaftlicher, zugleich aber durch und durch politischer Diskussion ist es, die der «Sonderweg»-Problematik bis heute ihre eigentümliche Spannung verleiht.

Am Anfang steht die Vorstellung von einem positiven Sonderweg, der von 1871 bis 1945 das Deutsche Reich im Vergleich mit den «westlichen Demokratien» als weit überlegen hinstellte. Denn die leistungsfähige Bürokratie, die effiziente Militärmacht, die starke Monarchie, die staatliche Sozialpolitik, das Bildungssystem – das schien die Überlegenheit der deutschen Staats- und Gesellschaftsverfassung zu demonstrieren. Darin trat eine Arroganz zutage, die durch die «Ideen von 1914» und im Verlauf des Ersten Weltkriegs nachhaltig verstärkt wurde, ehe sie die Rassedoktrin des «Dritten Reiches» zu einem welthistorischen Unikat überhöhte. Die radikale Umwertung zu einem negativen «Sonderweg» ging aus den Erfahrungen mit dem Nationalsozialismus hervor. Denn die Schlüsselfrage seit 1933 lautet: Warum hat Deutschland als einziges westliches Industrie- und Kulturland einen Radikalfaschismus mit seinen mörderischen Konsequenzen des Genozids und Vernichtungskrieges hervorgebracht? Diese Frage trieb nach den USA emigrierte deutsche Historiker und Sozialwissenschaftler seit den frühen 40er Jahren um. In ihren Diskussionen schälte sich die Denkfigur von einem weithin geglückten westlichen Modernisierungspfad heraus, der als normativer Maßstab diente, um den fatal abweichenden deutschen «Sonderweg» pointiert herauszuarbeiten. Unter den Bedingungen der Zeit wurde die «Normalität» des westlichen Übergangs in die Moderne idealisiert. Doch im Prinzip wurde ein nur komparativ zu lösendes Problem richtig abgesteckt.

Auf der Suche nach deutschen Sonderbedingungen, die den Nationalsozialismus ermöglicht hatten, lenkten diese Experten die Aufmerksamkeit auf ein Bündel von historisch wirkungsmächtigen Faktoren, die zusammengenommen eine verhängnisvolle Konstellation geschaffen hätten: Da gab es seit dem ausgehenden 18. Jahrhundert, vollends dann seit 1914 ein deutsches «Sonderbewußtsein», das auf die Unterscheidung vom «Westen» statt auf die Gemeinsamkeiten axiomatischen Wert legte. Da blieb eine «bürgerliche Revolution» aus, wie sie angeblich die «klassischen» Revolutionsländer England, Nordamerika und Frankreich erlebt hatten. Dadurch wurde auch der Liberalismus irreparabel geschwächt. Auf der anderen Seite blieben die traditionellen Machteliten im Adel, im Heer, in der Bürokratie so stark und selbstbewußt, daß sie die Parlamentarisierung und die Demokratisierung des politischen Lebens blockieren konnten. Während die sozialökonomische Modernisierung voranschritt, erzeugte die Bremswirkung dieses Überhangs ein so gefährliches Spannungsverhältnis, daß unter den neuen Bedingungen des verlorenen Weltkrieges und der Weltwirtschaftskrise seit 1929 der Weg in die diktatoriale Regierungsform als akzeptable Krisenlösung erschien.

Diese Interpretation eröffnete einen Zugang zur neueren deutschen Geschichte, der seit den 1950er Jahren eine selbstkritische Auseinandersetzung mit ihr außerordentlich gefördert hat. Nicht mehr die Folgen der Französischen Revolution oder der ominösen «Massengesellschaft», nicht mehr allein der Rassenantisemitismus oder der in die heile preußische Welt importierte Österreicher aus Braunau wurden für den Weg in den Abgrund verantwortlich gemacht. Vielmehr ging es jetzt um ein Geflecht von strukturellen Bedingungen, die eine fehlgesteuerte Gesamtentwicklung bewirkt hatten. An dieser Problematik hat sich eine breitgefächerte Forschung abgearbeitet, um den Durchsetzungsbedingungen des nationalsozialistischen Regimes genauer auf die Spur zu kommen.

Diese Auseinandersetzung befand sich in einem engen Kommunikationszusammenhang mit wachsenden Segmenten der westdeutschen Öffentlichkeit und des politischen Systems. Denn beiden lag nach dem Holocaust und Vernichtungskrieg ebenfalls an einer überzeugenden, wissenschaftlich fundierten Klärung der jüngsten deutschen Vergangenheit. Diesem symbiotischen Verhältnis verdankte die Forschung zum «Sonderweg» viel von ihrer öffentlichen Akzeptanz. Ihre Ergebnisse flossen deshalb auch in den informellen Grundkonsens der Bundesrepublik ein, die im wachen Bewusstsein der eigenen Vorgeschichte die zweite Chance einer neuen Republikgründung in vorbehaltloser Bindung an den Westen nutzen konnte.

Es entspricht den Pendelschlägen großer Kontroversen, dass sich seit den 1980er Jahren zunehmend, und keineswegs nur in der Bundesrepublik, Kritik an der «Sonderweg»-Interpretation regte. Außer der «schwarzen» Kontinuitätslinie auf 1933 hin gebe es auch, so der grundsätzliche Einwand, helle Linien, die zur Weimarer und Bonner Republik führten. Der westliche «Normalweg» sei ein Produkt realitätsferner Verklärung. Der Einfluss des Adels und Militärs wurde zurückgestutzt, der Liberalismus und das Bürgertum dagegen, das keiner «Feudalisierung» erlegen, sondern der Hegemon einer gesamtgesellschaftlichen Verbürgerlichung gewesen sei, wurden aufgewertet. Anstelle langlebiger Bedingungen wurde die Krisensituation des deutschen Industriekapitalismus insbesondere seit 1929 für entscheidend erklärt. Entpathologisierung wurde die Parole dieses Revisionismus.

Seine Bemühungen liefen im Grunde auf eine Nivellierung der Unterschiede zwischen den westlichen Ländern, auf die Betonung der gemeineuropäischen, ja gemeinwestlichen Erfahrungen hinaus. Sie trugen aber nicht wesentlich zur Klärung der brennenden Ausgangsfrage bei, wo jene Unterschiede zu lokalisieren seien, die allein in Deutschland den keineswegs gemeinwestlichen Nationalsozialismus ermöglicht hatten.

Bis heute hat sich deshalb eine mittlerweile sorgfältig differenzierte Variante der «Sonderweg»-Interpretation behauptet. 1933 und die Folgen – das bleibt eine national- und universalhistorisch legitimierbare, weiterhin erklärungsbedürftige Zäsur. Noch immer bewährt sich die modernisierungstheoretische Denkfigur von einem explosiven Spannungsverhältnis zwischen traditionalem Erbe und mächtigen sozialökonomischen und politischen Antriebskräften. So sehr manche Vorstellung von deutschen «Eigentümlichkeiten» inzwischen in Frage gestellt worden ist, bleibt doch ein Geflecht von sozialstrukturellen und vor allem politischen Sonderbedingungen bestehen, die ihre dramatische Wirkung erst seit der zweiten Hälfte des 19. Jahrhunderts entfaltet haben.

Der deutsche Nationalstaat wurde sehr spät durch drei riskante Einigungskriege geschaffen. Die innere Nationbildung konnte, genau genommen, erst seit 1871 vorankommen und erzeugte einen aggressiven, expansionistischen Nationalismus. Mit der Niederlage der 1848er Revolution und dem Erfolg in den Integrationskriegen zwischen 1864 und 1871 verband sich eine immense Aufwertung des Militärs, die wiederum den neuen durchdringenden Sozialmilitarismus erst ermöglichte, auch des Adels, der noch einmal fünfzig Jahre seine Führungsposition verteidigen konnte, und der Bürokratie, welche die «Herrschaft im Alltag» (M. Weber) praktizierte. Das Bürgertum dagegen konnte seine Zielutopie von einer «Bürgerlichen Gesellschaft» unter bürgerlicher Herrschaft nicht rundum verwirklichen; es blieb vielmehr im Reich und in den Bundesstaaten von der Regierungsgewalt ausgeschlossen und behielt nur die Domäne der Stadtpolitik.

Der Liberalismus wurde durch den Ausgang der Revolution und den «Verfassungskonflikt», durch seine strukturpolitische Niederlage der Reichsverfassung und als Folge der konservativen «Wende» von 1878/79 derart geschwächt, dass er seine politikgestaltende Kraft weithin einbüßte. Nirgendwo sonst in Europa geriet er auch so zwischen die Mühlsteine von demokratischem Wahlrecht, Arbeiterbewegung und «Kanzlerdiktatur». Und diese Arbeiterbewegung verlor durch die vielleicht allzu frühe sozialdemokratische Parteigründung die Chance einer sozialliberalen Koalition mit dem Liberalismus, ehe sie sich sowohl unter dem Dach der marxistischen Kampf- und Weltdeutungsideologie als auch unter dem Druck einer feindlichen Umwelt in einem eigenen sozialmoralischen Milieu einigelte – und damit auch isolierte. Entscheidend für den deutschen «Sonderweg» wurde aber das politische Herrschaftssystem. Denn nur in Deutschland, als einzigem westlichen Land, setzte sich mit der Reichsgründung zwanzig Jahre lang eine «charismatische Herrschaft» (M. Weber) in der Gestalt des Bismarckregimes durch. Die Sonderstellung der Kanzlerpersönlichkeit hat nicht nur in der formativen Phase eines soeben geschaffenen Staates die Grundelemente der Politischen Kultur geprägt. Vielmehr hat sie auch auf lange Sicht eine verhängnisvolle Anfälligkeit für überdimensionierte Führungsfiguren geschaffen: von Ludendorff über den «Ersatzkaiser» Hindenburg bis hin zum neuen Charismatiker, dem «zweiten Bismarck» seit 1933.

Diese Phänomene waren mit wirtschaftlichen und wissenschaftlichen Spitzenleistungen durchaus vereinbar. Sie haben aber die politische Kollektivmentalität verformt und die Chancen liberaler und demokratischer Politik, damit auch die Problembewältigung in gesellschaftlicher Eigenverantwortung rigoros reduziert und die plebiszitäre Akklamation des «Führers» strukturell ermöglicht. Die wenigen glücklichen Jahre der Weimarer Republik können das «Sonderweg»-Argument nicht entkräften. Erst der aberwitzige Preis für den «Deutschen Weg» in die Moderne hat ihm jede Attraktivität genommen. Mit der erfolgreichen Westintegration der Bundesrepublik hat die «Sonderweg»-Debatte ihren ursprünglichen Stachel verloren, manche ihrer Kontroversen verblassen. Sobald aber «Bankengold», Zwangsarbeiterfrage und «Arisierung» jüdischer Unternehmen die Frage nach dem Verlauf der «deutschen Katastrophe» erneut aufwerfen, bewährt sich die «Sonderweg»-Interpretation als schlüssige Erklärung des Irrwegs, der zum Nationalsozialismus geführt hat.

12. Nationalismus und Nationalstaat heute

Es gab einmal eine Zeit, da verkörperten die Nation und der Nationalstaat, diese beiden folgenreichen Erfindungen des Nationalismus, eine helle, menschenfreundliche Utopie. Was machte sie so attraktiv, dass fast zwei Jahrhunderte lang ihre Faszination angehalten hat? Als in den «klassischen» Revolutionen des Westens, in der Englischen, der Amerikanischen und der Französischen Revolution, die alte Ordnung und ihre Rechtfertigung durch das Gottesgnadentum der Fürsten und das traditionsgeheiligte Ständewesen zerfielen, gab das neue Ideensystem des Nationalismus eine, wie es schien, adäquate «Antwort» auf die «Herausforderung» der historischen Stunde. Es erhob die souveräne Nation zur neuen Legitimationsgrundlage eines wahrhaft modernen Gemeinwesens und seines Staates[1].

Dort, wo es sie noch nicht gebe, sollte er den monolithischen Block der homogenen Nation schaffen. Sie wurde, ganz auf der Linie des Vorgangs, den man heute als «Erfindung von Traditionen» bezeichnet, mit einer glorreichen «nationalen» Vergangenheit und der historischen Mission für eine nicht minder verheißungsvolle Zukunft ausgestattet. Nach dem Modell der altisraelitischen Religion galt sie als eine neuartige Verkörperung des «auserwählten Volkes», ihre Heimat als das «gelobte Land».

Mit der Realgeschichte hatte diese Geschichtstheologie denkbar wenig zu tun. Aber die schöpferische Kraft des Nationalismus besteht darin, dass er immer wieder imstande ist, wie Ernest Gellner in epigrammatischer Kürze konstatiert hat, sich seine Nation zu schaffen. Die umgekehrte Deutung, dass die Nation ihren Nationalismus hervorbringe, stellt den tatsächlichen Vorgang auf den Kopf.

Die Nation wiederum finde, hieß es im frühen Nationalismus seit der zweiten Hälfte des 18. Jahrhunderts, seiner eigentlichen Entstehungszeit als durch und durch modernes Phänomen der Politischen Neuzeit, ihr angemessenes Gehäuse nur in dem neuen Staatstypus des Nationalstaats. Er trat mit einem doppelten Versprechen in die Welt. Zum einen verhieß er das friedliche Zusammenleben aller Nationsgenossen und Nationsgenossinnen, die endlich – ungestört durch monarchischen Ehrgeiz und adlige Ranküne – in der vom Verfassungsstaat gegen Übergriffe geschützten Arena der Wirtschaft ihren privaten Lebenszielen ungestört nachgehen konnten. Zum anderen versprach er die friedliche Koexistenz aller Nationalstaaten, da fortab die Quelle allen Streits, der ewige Kampf der Fürsten um Prestige und Einfluss, entfalle.

Nachdem in den 1640er Jahren mit dem revolutionären England, in den 1780er Jahren mit der «First New Nation», der Union der amerikanischen Staaten, und in den 1790er Jahren mit der französischen Republik die ersten Nationalstaaten die historische Bühne betreten hatten, ging von ihrer Existenz und ihrem programmatischen Anspruch eine weit ausstrahlende Wirkung aus, die es vorher, entgegen den Legenden der großen Nationalhistoriker des 19. Jahrhunderts, in der Geschichte so nicht gegeben hatte. Sie wirkten, in der Sprache Alexander Gerschenkrons, wie «Pionierländer», welche die «Nachzügler» dazu anhielten, ihre «Relative Rückständigkeit» durch die Imitation der großen Vorbilder möglichst schnell zu überwinden.

Innerhalb einer Zeitspanne von nur drei Generationen setzte sich die neue nationalstaatliche Ordnung nicht nur in ganz Europa, sondern auch in Lateinamerika durch, ehe sie in der ersten Hälfte des 20. Jahrhunderts sogar in Asien, in Afrika und in der pazifischen Welt triumphierte. Beweist dieser globale Expansionsvorgang, wie man oft hören kann, dass die frühen Nationalbewegungen ihren Anspruch zu Recht erhoben hätten, mit der Nation und ihrem Nationalstaat realitätsangemessene Bauformen nicht nur für ihre Gegenwart, sondern auch für alle Zukunft gefunden zu haben?

Da der Nationalismus sehr früh eine Allianz mit dem Liberalismus, alsbald auch mit der Demokratie einging, waren einige seiner Leitideen den maroden Ordnungsprinzipien der Fürstenherrschaft und der ständischen Ungleichheit, denen er mit neuen Legitimationsideen begegnete, unstreitig weit überlegen. Man braucht hier nur an seine Zielvision einer Gesellschaft gleichberechtigter, von allen ständischen Schranken befreiter Nationsgenossen zu denken; an die Erfindung der Rechtsfiktion der Volkssouveränität, sprich: des Konsenses der Nation als Rechtfertigung aller politischen Entscheidungen; an den gezügelten, alle Teilnehmer fördernden friedlichen Wettbewerb der Nationalstaaten. Außerdem befriedigte der Nationalismus tiefgelagerte sozialpsychische Bedürfnisse nach der Anerkennung und Geltungsmacht des Herrschaftsverbandes, dem der einzelne angehört. So gesehen kann der Siegeszug des Nationalismus und seines Nationalstaats nicht überraschen. Beide wirkten auf lange Sicht dahin, multinationale Reiche aufzulösen, staatlich zersplitterte, aber vermeintlich national homogene Regionen zusammenzufügen; lateinamerikanischen Provinzen der iberischen Expansionsmächte, asiatischen Großreichen und afrikanischen Kolonialgebieten eine neue Legitimationsgrundlage und Existenzberechtigung zu verschaffen.

Alle politischen und gesellschaftlichen Entwicklungsprozesse und institutionellen Lösungen müssen sich freilich zu gegebener Zeit einer Kosten-Nutzen-Abwägung stellen. Blickt man heute aus der Vogelperspektive auf den Nationalismus und den Nationalstaat, ist die historische Bilanz schlechterdings verheerend. Der universalistische Geltungsanspruch der nationalistischen Utopie hat bei ihrer konkreten Verwirklichung dazu geführt, dass nationale Homogenität durch den Nationalstaat mit ungeheuerlicher Rigidität durchgesetzt worden ist. Fremdnationale wurden nicht nur diskriminiert, sondern mit staatlichen Zwangsmitteln gewaltsam zu integrieren versucht – sogar vertrieben oder erschlagen. Die letzte Konsequenz dieses Homogenisierungswahns ist jene «ethnische Flurbereinigung» – wie die SS-Ideologen seit dem Herbst 1939 sagten –, die bereits seit dem Ersten Weltkrieg zur millionenfachen Deportation und zum millionenfachen Mord geführt hat und heutzutage, als «ethnische Säuberung» sprachkosmetisch verkleidet, in den neuen Balkankriegen und in der Kaukasusregion noch immer dahin führt.

Zugegeben, die verführerische Idee von der «vollendeten», der völlig homogenen Nation hat sich in wenigen Ländern, wo ältere Herrschaftsverbände ihre Untertanengesellschaft schon im Territorialstaat des Absolutismus vereinheitlicht hatten, zeitweilig als akzeptabel erwiesen, obwohl Korsen und Bretonen in Frankreich diesem Urteil ebenso empört widersprechen würden wie Basken in Spanien oder Schotten, Iren und Waliser in Großbritannien. In der Mehrzahl der Staaten mit ethnischen und kulturellen Mischungsgebieten hat sich der homogenisierungsbesessene Nationalstaat als Fiasko erwiesen. Nur zu häufig ist dort, wie Ernest Gellner, der große Nationalismusforscher, unlängst kühl konstatiert hat, die «ethnische Säuberung» die offenbar unvermeidbare Konsequenz der Übertragung eines falschen Ideals gewesen.

Wie Nationalismus und Nationalstaat den inneren Unfrieden durch ihre Exklusionspraxis verewigt haben, so haben sie auch in den internationalen Beziehungen blutige Konflikte zum Dauerproblem gemacht – sei es den nationalen Einigungskrieg, den nahezu alle Nationalbewegungen bei der Entstehung ihres Nationalstaates geführt haben, da diese nur extrem selten aus friedlichen Staatsbildungsprozessen hervorgegangen sind, oder sei es den alsbald zum Kampf um die nationale Existenz hochstilisierten Krieg zwischen Nationalstaaten. In zwei totalen Weltkriegen sind hochgerüstete Nationalstaaten, vorangetrieben durch ihren radikalisierten Nationalismus, aufeinander geprallt. In schier zahllosen zwischenstaatlichen Kriegen ist das frühliberale Ideal der friedlichen Koexistenz aller Nationen ad absurdum geführt worden. Blickt man mithin auf seine Innenpolitik wie seine Außenpolitik zurück, hat der Nationalstaat eine ebenso tiefe wie breite Blutspur in der Geschichte der Neuzeit hinterlassen.

Wenn der Nationalstaat dennoch verteidigt wird, geschieht das häufig mit dem Hinweis auf den erfolgreichen Verfassungs-, Rechts- und Sozialstaat der Moderne. Diese Etappen des inneren Staatsbildungsprozesses sind jedoch keineswegs notwendig an den Typus des Nationalstaats gebunden. Dass die Befürworter des Nationalstaats die unstrittigen Leistungen des Verfassungs-, Rechts- und Sozialstaats schlankweg für ihn in Anspruch nehmen, ändert nichts an dem Tatbestand, dass aus historischen und systematischen Gründen diese Lernprozesse dem Nationalstaat nicht als genuine Leistungen naiv gutgeschrieben werden können. Zweifellos profitiert aber das Ansehen des Nationalstaats von diesen Innovationen, die im öffentlichen Bewusstsein eng mit ihm verkoppelt sind.

Wenn nun die inneren und äußeren Organisationsprinzipien des Nationalismus und des Nationalstaats auch im «kurzen» 20. Jahrhundert seit 1914 derart eklatant versagt haben, gewinnt zum ersten die Kritik an ihren dogmatischen Ansprüchen, zum Zweiten die Frage nach anderen, überlegenen Organisationsprinzipien eine erhöhte Dringlichkeit. Die manifesten Nationalitätenkonflikte von Ostmitteleuropa bis zur Kaukasusregion, vom Balkan bis zu den sog. Regionalbewegungen in Westeuropa lassen daran keinen ernsthaften Zweifel zu.

Jeder Antwort wirkt zunächst einmal das Bleigewicht einer zweihundertjährigen nationalstaatlichen Tradition und jener nationalen Denkformen entgegen, die diese Lebenswelt für ein «natürliches» Produkt halten oder in ihr die Vollendung tiefverwurzelter historischer Prozesse, keineswegs aber die klar datierbare und kühl analysierbare «Erfindung von Traditionen» sehen. Gerade Historiker leben nicht in einem Wolkenkuckucksheim, in dem man an schnellen Wandel glaubt. Doch die Gegenargumente verdienen jede Aufwertung.

Die demokratische Staatsbürgergesellschaft ist Legitimationsquelle genug, sie bedarf nicht der fatalen Legitimationsfiktion der souveränen Nation. Die Funktionstüchtigkeit des Verfassungs- und Sozialstaats vermag Krisen abzufangen. Des Appells an die «nationale Gemeinschaft» bedarf es dazu nicht. Der Verfassungs-, Rechts- und Sozialstaat kann auf die fatale Chimäre verzichten, dass er für seine Glaubwürdigkeit und Funktionstüchtigkeit der homogenen Nation als seines unumgänglichen Substrats bedürfe.

Unstrittig ist: Ungeachtet der Tatsache, dass Vorlagen der Brüsseler Kommission inzwischen sechzig Prozent der Rechtsmaterie des Berliner Bundestags ausmachen, gewähren doch primär die bestehenden Staaten ihren Bürgern Rechtssicherheit, politische Partizipation und soziale Sicherheit. Das wird auch auf absehbare Zeit so bleiben. Welcher Gewerkschaftler hierzulande würde z. B. in Abwesenheit einer europäischen Sozialcharta auf die Vorzüge des deutschen Sozialstaats freiwillig verzichten wollen? Auf der anderen Seite kann die EU als Staatenföderation nur dann innen- und außenpolitisch handlungsfähig werden, den Gewinn einer koordinierten europäischen Politik verkörpern, wenn die Nationalstaaten in ihr nicht aufgewertet werden, sondern allmählich den Status historischer Regionen mit autonomen Selbstverwaltungsrechten gewinnen.

Das Demokratiedefizit der EU, das vorerst dem demokratischen Partizipationsgedanken diametral entgegensteht, könnte offenbar nur durch die Machtsteigerung des Europaparlaments und seine Mitspracherechte bei einer gemeineuropäischen Regierungsbildung und der Entwicklung einer gemeinsamen Verfassung behoben werden. Das haben Bundespräsident Rau, Außenminister Fischer und Bundeskanzler Schröder unlängst zu recht betont. In historischer Perspektive dehnen Parlamente ihren Kompetenzbereich gewöhnlich aufgrund eines Sieges in Budgetkonflikten aus. Vermutlich ist auch für Straßburg die Finanzpolitik, wie die Opposition gegen die Vergeudungspraxis der korrupten Santer-Kommission gelehrt hat, der pragmatisch aussichtsreichste Hebel. Solche Erfolge beheben freilich noch nicht das demokratietheoretische Dilemma, wie Dieter Grimm betont hat, dass es nämlich noch keine europäische Diskursgemeinschaft als politisch handlungsfähiges, Legitimation spendendes Subjekt gibt, welches als Souverän das Parlament und eine parlamentarische Regierung mit dem üblichen Legitimatätstitel ausstatten könnte.

Aber: Bayern, Masuren, Hamburger bildeten 1871 auch noch kein einiges Volk. Vielmehr bestand die Bevölkerung des neuen kleindeutschen Nationalstaats aus kulturell, sozial, politisch, konfessionell außerordentlich heterogenen Elementen. Erst im Prozess der inneren Nationsbildung seit 1871 formte sich langsam eine gewisse politische Homogenität heraus. Ebenso krass waren die regionalen Unterschiede im jungen italienischen Nationalstaat. Kurzum: Der historische Rückblick ermuntert dazu, europäischen Wählern demnächst denselben Vertrauensvorschuss einzuräumen, der deutschen Reichstagswählern seit 1871 eingeräumt wurde.

Die prinzipielle Infragestellung der Utopie des Nationalismus trifft natürlich auf zahlreiche Barrieren: auf den etatistischen Zentralismus der französischen Tradition etwa, auf das Selbstbewusstsein des englischen insularen Sonderwegs, auf den Nationalstolz in Osteuropa, der die Bolschewisierung verhindert hat. Doch die Erfahrungen mit der Bundesrepublik lehren: Nachdem die Exzesse des deutschen Radikalnationalismus und der NS-Vernichtungspolitik den klassischen Nationalismus ad absurdum geführt hatten, erwies sich die Bundesrepublik als ein moderner Staat – der erste, der den Deutschen geglückt zu sein scheint –, der allmählich jene Legitimationsbasis gewann, die auf der Leistungsfähigkeit des Verfassungs- und Rechtsstaats, des Sozialstaats und der Wachstumsmaschine beruhte. Der Berufung auf die souveräne Nation bedarf er nicht mehr. Zugleich erwies sich der auf tief verankerten historischen Traditionen beruhende Föderalismus als Lehrstück für die Dezentralisierung von Macht und die Bildung von Autonomiebezirken. Aus dieser Erfahrung kann man lernen – und woraus, wenn nicht aus historischen Erfahrungen, können Gesellschaften überhaupt lernen? –, dass man in einem modernen Gemeinwesen durchaus ohne Nationalismus und Nationalstaat leben kann.

Hier liegt selbstverständlich der Vorwurf nahe, dass damit ein typisch deutsches Argument zugunsten eines neuen «Sonderwegs» verfochten werde. Arrogante Heilsgewissheit liegt mir fern, aber Generationserfahrungen soll man auch nicht einfach beiseite schieben. Deshalb bleiben einige Argumente zu bedenken.

1. Wenn die Organisationsprinzipien des Nationalismus und Nationalstaats an ihrer Aufgabe, den inneren und äußeren Frieden der Nationen zu gewährleisten, so eklatant versagt haben, gewinnt ein moderner föderativer Staat wie die Bundesrepublik, die bisher ohne die nationalistische Ersatzreligion und ohne den Glauben an die Notwendigkeit des Nationalstaats ausgekommen ist, schon einen exemplarischen Charakter. Zumindest wirkt sie als Stachel gegen die naive Orthodoxie der Apologeten des Nationalismus.

2. Wenn wir am Ziel der politischen Einheit Europas in der EU festhalten, lässt sich das auf lange Sicht nicht mit der lockeren Kooperation herkömmlicher Nationalstaaten auf ihrer nationalideologischen Grundlage erreichen. Eine lebensfähige europäische Föderation muss akzeptieren lernen, dass zum einen das Projekt des Nationalismus nach einer zweihundertjährigen Erprobungszeit im Kern gescheitert ist. Zum anderen aber stellt das Zusammenleben föderativ verbundener historischer Regionen mit Autonomierechten, eigener Sprache und fortbestehenden soziokulturellen Traditionen eine aussichtsreichere Lösung dar.

3. Abgesehen von den katastrophalen Erfahrungen der Deutschen

insbesondere mit ihrem Radikalnationalismus im 20. Jahrhundert und abgesehen auch von den drängenden Problemen der europäischen Einigungspolitik gibt es internationale Transformationsprozesse, die den herkömmlichen Nationalstaat von Grund auf in Frage stellen. Die seit der zweiten Hälfte des 19. Jahrhunderts anlaufende Globalisierung, unter der wir das Zusammenwachsen der Erde zu einem einzigen politischen und wirtschaftlichen Kraftfeld verstehen, ist durch die Computerrevolution der letzten Jahrzehnte in einem bis dahin unvorstellbaren Maße beschleunigt worden. Die neue Größenordnung dieses Vorgangs wertet den vergleichsweise kleinen Nationalstaat drastisch ab, privilegiert aber große Einheiten wie zur Zeit vor allem die USA. Will man der Globalisierung mit ihren gnadenlosen Finanzmärkten, auf denen riesige Kapitalströme anonymer Großinvestoren ganze Volkswirtschaften zertrümmern können, nicht widerstandslos erliegen, muss man handlungsfähige, große politische Einheiten schaffen, die wie eine politische Union Europas steuernd eingreifen können. Nicht die kleinen Nationalstaaten, sondern nur eine solche Union kann die kulturelle Vielfalt Europas und seine eigentliche politische Errungenschaft im 20. Jahrhundert: den funktionstüchtigen Sozialstaat, gegen die zerstörerischen Einflüsse der Globalisierung und der dogmatischen Neoliberalen verteidigen. Schon das genuine Eigeninteresse der europäischen Staaten – und künftigen Regionen! – gebietet mithin einen supranationalen Zusammenschluss zur Verteidigung ihrer politischen und kulturellen Eigenarten. In diesem Zugang liegt auch die eigentliche innere Berechtigung für die drängende Argumentation der bundesdeutschen Troika Rau-Schröder-Fischer, eine gemeineuropäische Verfassung endlich als Ziel anzuvisieren.

Eine vergleichbare Argumentation ergibt sich aus dem Wirken der multinationalen, weltweit operierenden Großunternehmen. Sie setzen sich souverän über alle nationalen Grenzen und Gesetze hinweg, solange sie nur ihrem Eigeninteresse an Gewinnmaximierung und Steuerminimierung folgen können. Wie die Feudalherrn des Mittelalters regieren sie, unabhängig von jeder Staatsgewalt, ihre wirtschaftlichen Imperien. Jeder Anlauf, sie einem international verbindlichen Regelwerk zu unterwerfen, ist bisher gescheitert. Die einzelnen Nationalstaaten besitzen gegenüber diesen anonymen Großkorporationen nicht von ferne die erforderliche Durchsetzungsfähigkeit. Die Weltorganisation der Vereinten Nationen hat sich bisher als unfähig erwiesen, dieses Problem einer Lösung näher zu führen. Eine europäische Staatenunion könnte dagegen Kontrollmechanismen entwickeln, die auch der egoistische Protagonist des freien Welthandels, die USA, mit dem Finanzimperialismus des derzeit mächtigsten Staates, nicht ignorieren könnten.

Kurzum, außer den spezifisch deutschen und europäischen Bedingungen ist auch ein Imperativ der internationalen ökonomischen Modernisierung am Werk, der die Überwindung des Nationalstaats und allemal den Verzicht auf die Integrations- und Mobilisierungsideologie des Nationalismus fordert.

Auf jeden Fall aber gilt eins: Wegen der mörderischen und deshalb eine historische Zäsur verlangenden Defizite des Nationalismus und seines Nationalstaats ist endlich eine intensive Diskussion in einer möglichst breiten Öffentlichkeit, hierzulande und europaweit, geboten. Denn wir können nicht weiter so tun, als ob die gescheiterten Verheißungen des Nationalismus und seines Nationalstaats noch immer eine attraktive Zukunft eröffneten.

In dieser Diskussion müsste auch geklärt werden, wie diejenigen, die dem Nationalismus skeptisch gegenüberstehen, sich alternative, überlegene Organisationsprinzipien des innergesellschaftlichen und des staatlichen Zusammenlebens vorstellen. Hierzu nur einige Überlegungen, welche die Debatte weitertreiben könnten.

In der kritischen Öffentlichkeit muss der Fetisch des souveränen, zentralistischen Nationalstaates als Non plus ultra der Staatenordnung pointiert in Frage gestellt werden. Erst wenn das gelingt, gewinnt die Politik Spielräume zum Handeln, das sonst an orthodoxen Vorurteilen abprallt. Verteidigt werden muss sodann die Überlegenheit einer föderalistischen Lösung, auch und gerade für multinationale Staaten, da sie die Dezentralisierung von Macht mit Autonomierechten für nationale Minderheiten verbindet.

Dabei geht es zum einen um regionale Autonomie für Minderheiten auf dem Territorium der Mehrheit (mithin für Basken, Schotten, Tschetschenen usw.), einschließlich der gebührenden Selbstverwaltungsrechte. Zum anderen geht es um die rechtlich sanktionierte kulturelle Autonomie, also um das Recht, die eigene Sprache im Gottesdienst, Schulwesen, Amtsverkehr usw. gebrauchen zu dürfen. Das erzwingt die kostspielige Institutionalisierung von Mehrsprachigkeit – sie ist aber ungleich preiswerter als der offene Konflikt mit seinen materiellen und sozialen Kosten. Allgemein sollte gelten, dass die Anerkennung solcher Autonomierechte, der Grund- und Menschenrechte in einer funktionsfähigen Demokratie mit Gewaltenteilung das zivile Zusammenleben namentlich in multinationalen Staaten weit eher zu gewährleisten vermag als der zentralistische Nationalstaat, der seinen Minderheiten im Grenzfall mit «ethnischer Säuberung» begegnet, um das Ideal der homogenen Nation zu verwirklichen.

Zu den diskussionsbedürftigen Einwänden gehört auch die Kritik am längst dogmatisch erstarrten Selbstbestimmungsrecht der Nationen, das aus der Übertragung des aufklärerischen Selbstbestimmungsrechts der Individuen auf Kollektive entstanden und seit 1917 von Wilson und Lenin in die internationale Politik als sakrosanktes Prinzip eingeführt worden ist. Unumgänglich scheint die – in der praktischen Politik außerordentlich schwer zu bestimmende – Fixierung einer Schwelle zu sein, unterhalb derer der Aufstieg einer nationalen Minderheit zur souveränen Nation nicht mehr automatisch erfolgt. Denn ohne eine solche Schwelle entsteht eine Vielzahl lebensunfähiger, aber militanter Zwergstaaten, die alsbald zu internationalen Versorgungs- und Krisenfällen werden. Man denke nur an die Basken und die Korsen, das Kosovo und die Kaukasusregion oder an die zahlreichen Minderheitsbewegungen in Indonesien.

Auch bei der Erörterung dieser heiklen Frage gilt die Voraussetzung, dass der Nationalismus als Integrationsidee im Inneren und als Bauprinzip von Staaten erst einmal kritisch abgewertet werden muss. An seine Stelle sind aber in den meisten westlichen Staaten schon seit geraumer Zeit neue Ressourcen der Legitimation getreten: die Funktionstüchtigkeit des Verfassungs-, Rechts- und Sozialstaats sowie einer ökologisch gezähmten Wachstumsmaschine. Sie gewährleisten die Freiheits- und Gleichheitsrechte, die Rechtssicherheit und soziale Sicherheit. Faktisch hat diese Programmatik die Verheißungen des Nationalismus schon ersetzt. Man muss sich das nur endlich offen eingestehen und ebenso offen diskutieren wie die anderen Gesichtspunkte, welche die vermeintlich naturgegebene, tatsächlich aber erst in den letzten zweihundert Jahren mühsam durchgesetzte Überlegenheit des Nationalismus und seines gefährlichsten Produkts: des Nationalstaats, in Frage stellen.

Vom «Aufbruch in die Moderne» zu sprechen, verlangt, streng genommen, den schillernden Begriff der Moderne ganz so zu klären, wie die unterstellte Beschleunigung des Entwicklungstempos, das in einen «Aufbruch» übergeht. Für beides braucht man eigentlich eine leistungsfähige und erklärungskräftige Modernisierungstheorie. Nun sind aber alle einflussreichen Modernisierungstheorien – keineswegs nur die meist ziemlich naiven amerikanischen Varianten der 1950/60er Jahre – auf die Identifizierung, die Analyse und die Erklärung jenes langlebigen Transformationsprozesses hin angelegt, der den einzigartigen Weg des Okzidents in die moderne Welt ermöglicht hat. Über lange Zeiträume hinweg wirksame, hochspezifische Bedingungen stehen im Mittelpunkt der Überlegungen von profilierten Repräsentanten dieser Theorie wie Adam Smith, Karl Marx und insbesondere Max Weber.

Alle diese Evolutionstheorien dessen, was man früher Europäisierung, Verwestlichung oder gar Zivilisierung genannt hat, sind daher ausdrücklich nicht dafür geeignet, mit den Begriffen ihrer Kategorienwelt eine kurze Zeitspanne zu erfassen, geht es ihnen doch, noch einmal, um lang anhaltende Einflüsse und langlebige Konstellationen. Das erschwert die Beschäftigung mit den vorgegebenen drei Jahrzehnten von 1860 bis 1890, wie es etwa auch – eine noch längst nicht abgeschlossene Debatte – schwierig ist, die zwölf Jahre des «Dritten Reiches» unter modernisierungstheoretischen Gesichtspunkten überzeugend zu charakterisieren.

Man kann deshalb auch nicht, wie es der Historischen Modernisierungstheorie entspräche, die lange Reihe der Schlüsselphänomene, die auf die Erfassung dieser westlichen Dynamik ausgerichtet sind, jeweils durchgehen. Zum Beispiel den Wandel der Wirtschaftsverfassung: von der Agrar-, zur Industrie- und dann zur Kosumgesellschaft; die Verkehrsrevolution von der Eisenbahn bis zum Jet; den Wandel der Sozialstruktur: von den Ständen zu den marktbedingten Klassen; die Urbanisierung und Entagrarisierung; die Bildungsexpansion; die Kommunikationsverdichtung; die Wissenschaftsrevolution; die Säkularisierung der Weltbilder und des Alltags; die Emanzipationsbewegungen der Arbeiter, Frauen, Minderheiten; der Wandel der politischen Systeme im Staatsbildungsprozess usw.

Trotz der methodischen Schwierigkeiten ist es aber nicht illegitim, selbst einen schmalen Ausschnitt aus dem Transformationsprozess, den wir Modernisierung nennen, herauszugreifen, um den sich verändernden Stellenwert etwa der Landstreitkräfte, der Marine, der Natur des Krieges und der ideellen Entwürfe künftiger Konflikte im Kontext eines in vielen Dimensionen tatsächlich beschleunigten Modernisierungsprozesses zu bestimmen. Dabei kann es hier nur um die Entwicklung in einigen fortgeschrittenen westlichen Gesellschaften gehen, die vom sozialökonomischen Evolutionsstand vergleichbar sind, sich aber im Hinblick auf ihre politischen Systeme und kulturellen Traditionen, ihre Weltbilder und Mentalitäten unterscheiden.

So setzen etwa die Industrialisierung und die Technifizierung des Krieges mit dem amerikanischen Bürgerkrieg ein, nicht früher und nicht später. Die neuenglischen Waffenfabriken arbeiten bereits mit normierter Massenfertigung, fast fließbandartig. Der Nachschub für die riesigen Armeen der Nordstaaten wird wegen des Vorsprungs im Eisenbahnbau mit Zügen, die im Durchschnitt schon 90 bis 100 Stundenkilometer fahren, an die Front gebracht, während die Südstaaten auf wenige überlastete Strecken, daher überwiegend auf altertümliche Planwagen angewiesen bleiben. Moltkes Ausnutzung des mitteleuropäischen Eisenbahnnetzes schließt, diese Erfahrungen verarbeitend, unmittelbar daran an; in Schlieffens Aufmarschplänen wird dieser Umgang mit dem Transportwesen perfektioniert.

Der Übergang zum modernen Schlachtflottenbau wird innerhalb ein und desselben Jahrzehnts von so unterschiedlichen Staaten wie zuerst England und den USA, dann Deutschland und Japan vollzogen – von Staaten also mit unterschiedlicher politischer Verfassung und unterschiedlichem sozialökonomischen Entwicklungsniveau.

Häufiger aber trifft man auf länderspezifische, traditionsabhängige, wandlungsresistente Zustände und Entwicklungen der Streitkräfte: in Preußen-Deutschland etwa auf die Privilegierung des Heeres, in den USA auf die einseitige Bevorzugung der Kavallerie zur Eroberung und Pazifizierung des Westens, in England auf den absoluten Vorrang der Flotte und die Delegierung aller Landoperationen an das Söldnerheer der hochmobilen «Indian Army», deren Sikh- und Gurka-Einheiten Kolonialkriege in aller Welt ausfechten – von Abessinien und Südafrika bis nach China.

Auch die Entwicklung der preußisch-deutschen Streitkräfte bestätigt zunächst einmal den Primat machtpolitischer Entscheidungen im verschärften Konkurrenzkampf des europäischen Staatensystems, nicht aber eine irgendwie geartete Priorität der Industrialisierung oder des Konjunkturverlaufs. Der altpreußische Militarismus hatte auf einer eigentümlichen Sozialordnung beruht, in welcher der Landjunker gleichzeitig als Gutsbesitzer, Gerichtsherr und Offizier seinen Gutsbauern als abhängigen Arbeitskräften und Rekruten oder Soldaten gegenüberstand. Dieser Nexus wurde durch die Reformära nur kurz unterbrochen, denn nach 1815 wurden Tausende von bürgerlichen Offizieren sogleich wieder geschasst, ostelbische Adlige im Offizierkorps und, ungeachtet der allgemeinen Wehrpflicht, auch die ostelbischen Insten mit einer spezifischen Subordinationsmentalität im Heer bevorzugt. Ein halbes Jahrhundert lang, von 1815 bis 1861 – ein merkwürdig unerforschter Zeitraum –, wurde der Heeresetat im preußischen Militärstaat strikt auf Sparflamme gehalten, da die Berliner Politik die Schuldentilgung, sogar auf Kosten der militärischen Stärke und Effizienz, ernst nahm.

Erst der Bürgerkrieg des Revolutionsjahres hat das Heer als entscheidungsbringenden Retter des Ancien Régime über Nacht wieder aufgewertet. Vollends mit der folgenreichen Heeresreform seit Beginn der 1860er Jahre konnte dann jene Expansion eingeleitet werden, ohne welche die drei Einigungskriege der 60er Jahre schwerlich hätten gewonnen werden können.

Moltke war zwar 1858 Chef des preußischen Generalstabs geworden, erhielt aber wegen des eifersüchtigen Widerstands des Kriegsministeriums und des Militärkabinetts erst im Sommer 1866 die Erlaubnis, im Kriegsfall die Truppen ohne Mitwirkung des Kriegsministers direkt instruieren und dirigieren zu dürfen. Trotz seiner exakten Planung des Feldzuges gegen Österreich, welche die neuen Eisenbahnverbindungen souverän ausnutzte, stand die Konfrontation bei Königgrätz am Spätnachmittag auf des Messers Schneide, da die Heeresgruppe Friedrich Karl verspätet eintraf, dann aber, auch für den österreichischen Bedenkenträger Benedek, den Ausschlag gab. Bis dahin war die Schlacht durchaus offen, in mancher Hinsicht eher für die Preußen ungünstig verlaufen, da die österreichische Artillerie, angeblich auch das österreichische Infantriegewehr überlegen waren. Wäre die verspätete preußische Heeresgruppe völlig stecken geblieben – dies als nützliche kontrafaktische Überlegung –, hätte Moltke die Schlacht durchaus verlieren können. Bismarck hätte, wie er selber sagte, zurücktreten oder sogar, so sein melodramatischer Kommentar, den Weg zum Schafott antreten müssen. Österreich hätte dann in seinem Sinn die deutsche Frage lösen können, unstreitig anders, als das Preußen 1871 tat. Das deutschsprachige Mitteleuropa wäre jedenfalls politisch völlig anders organisiert worden. Sein enormer Industrialisierungsvorsprung hätte Preußen genauso wenig genutzt wie sein riesiger Vorsprung in der Verkehrsrevolution, in allen Wissenschaftsdisziplinen, im Bildungs- und Universitätssystem, in der traditionellen Landwirtschaft. Seine sozialökonomische Modernität auf vielen Gebieten bot mithin keineswegs die sichere Gewähr für den Schlachtsieg unter, wie Clausewitz wieder bestätigt wurde, den kontingenten Bedingungen von unerwarteten «Friktionen». Doch Moltkes Eisenbahnkalkül ging auf. Hellsichtig prognostizierte er sofort, dass Deutschland künftig nur «durch Gewalt gegen Frankreich zu einigen» sei.

Als es, von Bismarck außerordentlich zielstrebig – wie in Josef Beckers dreibändiger Quellendokumentation endlich geklärt worden ist – über die spanische Thronkanditatur eines Hohenzollernprinzen vorbereitet, zum Krieg gegen die größte europäische Militärmacht kam, bewährte sich Moltkes Planungsbesessenheit erneut; die blutigen Verluste in den erfolgreich bestandenen Anfangsschlachten entschwanden bald aus dem historischen Gedächtnis. Mit dem Partisanenkrieg im Winter 1870/71 kündigte sich jedoch eine neuartige, durchaus moderne Kriegsform an, welche die preußischen Berufsmilitärs ebenso ratlos machte wie Napoleons Kommandeure im spanischen Guerillakrieg 60 Jahre zuvor. Zum Erschrecken, ja manchmal zum Entsetzen der preußischen Stabsoffiziere im Hauptquartier vor Paris befürwortete der amerikanische Militärattaché, der Bürgerkriegsgeneral Sheridan, eine erbarmungslose Methode: Man solle doch, empfahl er, das nächste Dorf, in dessen Nähe Partisanen operiert hätten, vor ein Peloton stellen, das bringe die Freischärler zur Räson. Dem Ratschlag wollte damals noch keiner folgen. Erst im Sommer 1914 wurde gegen belgische Franctireurs mit einer Härte vorgegangen, wie John Horne soeben exakt gezeigt hat, welche die Partisanenbekämpfung im Krieg gegen die Sowjetunion in der Befehlssprache und Ausführung vorwegnahm.

Moltke zog freilich eine denkwürdige Konsequenz aus den Erfahrungen des erfolglosen Winterkriegs und des Frankreichfeldzugs überhaupt. Beim nächsten Duell zwischen Deutschland und Frankreich – wie jedermann rechnete er geradezu selbstverständlich mit dem Anlauf zur Revision des letzten verlorenen Krieges – müsse man, lautete sie, einen «Exterminationskrieg» führen. Das war Moltkes frühe Vision des totalen Krieges, in ihrer Radikalität vielleicht doch schon von Darwins Bestseller, der neuen Bibel des europäischen und amerikanischen Bürgertums, beeinflusst. Bis zum totalen Krieg sollte es in Europa aber noch 45 Jahre dauern.

Zwei Entwicklungen nur sind hier aus der Folgezeit noch hervorzuheben. In einem intrigenreichen Dschungelkrieg zwischen Generalstab, Kriegsministerium und Militärkabinett setzte Moltke 1883 endlich das begehrte Recht des Immediatvortrags beim Monarchen ohne Anwesenheit des Kriegsministers durch. Damit gewann der Generalstabschef mit seinen Experten ein Maß der Verselbständigung, dessen fatale Folgen zutage traten, als der Schlieffenplan, fern von allen politischen Entscheidungsgremien, die Gesamtpolitik des Reiches fatal festlegte.

Selbst der abwägende Moltke befürwortete 1887 angesichts der Unvermeidbarkeit des Zweifrontenkrieges den Präventivkrieg gegen Russland, um das Reich durch die Ausschaltung eines mächtigen Gegners von diesem Doppeldruck zu entlasten. Wegen des innerrussischen Schwächezustandes sei, glaubte er, der «Augenblick zum Losschlagen ein günstiger». Bismarck widersetzte sich mit Erfolg dem Abenteuer dieses Winterfeldzugs, vor allem aber der krassen Missachtung der Clausewitzschen Leitvorstellung vom Primat der Politik. Doch seit 1890 dominierte dann das rein militärische Effizienzdenken über jede politische Planung.

Schlieffens Ziel war es, den künftigen Krieg (von dem jedermann wie von einem Naturereignis fest ausging) durch optimale technokratische Vorausplanung zu einem klar überschaubaren Unternehmen mit sicheren Siegeschancen zu machen. Das lag durchaus auf der Linie des modernen technischen Denkens, die Beherrschung komplexer Prozesse zu optimieren. Dennoch blieb Schlieffens Plan, auch in der letzten Variante, mit dem rechten Flügel, der sieben- bis achtmal so stark wie der linke sein sollte, innerhalb von sechs Wochen durch das neutrale Belgien nach Nordfrankreich vorzustoßen, das französische Heer einzukesseln und ihm ein neues Cannae zu bereiten, ein unseriöses Wunderrezept. Drei missachtete Probleme stellten das vermeintliche Erfolgspatent von vornherein in Frage.

1. Das deutsche Heer und sein legendärer rechter Flügel waren für die effektive Ausführung des Planes nie stark genug. Mindestens zwei volle Armeekorps fehlten, die wegen der innenpolitischen Blockade einer nochmals gesteigerten Heeresrüstung nie aufgestellt wurden. Der Schlieffenplan basierte daher auf einem utopischen Wunderglauben, Moltke hatte bei all seinen Feldzügen stets für quantitative Überlegenheit gesorgt.

2. Der Irrglaube an eine einzige Entscheidungsschlacht im Westen ignorierte die Ressourcen der französischen Großmacht, den Partisanenkrieg des Winters 1870/71 und die Bedrohlichkeit des gewaltigen russischen Militärpotentials.

3. Die eklatante Verletzung der belgischen Neutralität erzwang den englischen Kriegseintritt, die Intervention eines britischen Expeditionskorps und die Eröffnung einer dritten Front zur See.

Im Kern ist die Institutionalisierung einer Planungseinheit in Gestalt des Generalstabs eine durchaus moderne Ausdifferenzierung von Funktionen im Zeitalter der Massenheere von Großstaaten. Die dadurch gesteigerten Kriegsrisiken sollten durch Vorausplanung möglichst entschärft werden. Insofern hat der preußisch-deutsche Generalstab nicht zufällig weltweit als Vorbild gedient. Auch wo er es zunächst nicht tat, wie in den USA, gab es dort doch eine streng geheim gehaltene Planungsabteilung im Marineministerium, die z. B. seit 1895 den Krieg gegen Spanien exakt vorbereitet hat.

Dennoch bleibt die unleugbare und keineswegs eindeutig moderne Prävalenz des militärischen Effizienzdenkens in Berlin erklärungsbedürftig, da sie in derart reiner Form anderswo damals nicht zu finden ist. Sie lässt sich nicht aus der ominösen Mittellage oder aus anderen geopolitischen Sachzwängen ableiten. Vielmehr entsprang sie einer spezifischen Traditionsbildung, die ein handlungsleitendes Weltbild stützte.

Nach einer jahrzehntelangen Abschwungphase des Militärs und der das Offizierkorps tragenden Sozialformation, des ostelbischen Adels, kam es wider Erwarten zu einer ungeheuren Aufwertung des Militärs. Den Auftakt bildete die Revolutionsbekämpfung, dann folgten die drei erfolgreichen Einigungskriege der 1860er Jahre. Das adlige Offizierkorps stieg sprungartig an die Spitze der Prestigepyramide empor, militärische Titel und Kleidungsstücke, militärische

Werte und Normen, militärische Verhaltensweisen und Denkgewohnheiten gewannen eine erstaunliche Dominanz als Vorbild der zivilen Gesellschaft. Dieser Respektvorschuss, kein immanenter Sachzwang, ebnete die Bahn für den Sieg des militärischen Ressortdenkens, dessen Experten sich siegessicher als Meisterdenker empfanden. Seit 1890 kapitulierte die Reichspolitik vor den vermeintlich vorrangigen militärischen Imperativen. Sie verriet die Priorität politischer Entscheidungen. Der Schlieffenplan wurde, wie gesagt, kein einziges Mal in der Reichsleitung diskutiert, obwohl er über das Schicksal von 60 Millionen Reichsdeutschen entschied. Bethmann Hollwegs Rechtfertigung fiel durchaus typisch aus: «Unmöglich konnte sich der militärische Laie anmaßen», verteidigte er sich, «militärische Notwendigkeiten zu beurteilen.»

Die Entscheidungskompetenz der Militärexperten wurde durch die soziale Homogenität des Offizierkorps zementiert, da sie einen gemeinsamen Denkhabitus erzeugte und auf Dauer gewährleistete. Die Erhaltung des Adelsmonopols wurde zielstrebig verfolgt. Moltke verwarf 1861 eine flexiblere Personalpolitik mit dem schneidenden Urteil, bürgerlichen Offizieraspiranten fehle die rechte Gesinnung. General v. Schweinitz sah 1870 die Grenze preußischer Macht dort, wo «das Junkermaterial zur Besetzung der Offizierstellen aufhört». Bismarck stimmte zu: «Das darf ich nicht sagen, aber ich habe danach gehandelt». Waldersee forderte 1877, den «Kastengeist» des adligen «Offizierstandes» zu verstärken, da der Kampf der «Besitzlosen» gegen die «Besitzenden» herannahe. Schlieffen verteidigte 1900 die aristokratische Exklusivität ganz so wie 1903 Kriegsminister v. Einem, der «demokratische» Elemente, sprich ein wenig liberal angehauchte Bürgerliche, aus dem Offizierkorps partout fernhalten wollte. Und Kriegsminister v. Heeringen opponierte während der großen Aufrüstungsdebatte von 1913 nicht minder pointiert gegen eine weitere Heeresexpansion, da sie wegen der Aufnahme von Bürgerlichen notwendig mit der «Demokratisierung» des Offizierkorps verbunden sei. Auch wegen dieser rigorosen Personalpolitik kam es nicht zu den neuen Armeekorps, die der Schlieffenplan zwingend voraussetzte.

Wenn man zur spezifisch modernen Veränderung der Sozialstruktur auch die soziale Aufstiegsmobilität ungeachtet der individuellen Herkunft zählt, gab es im äußerlich durchaus modern wirkenden Militärapparat des preußisch-deutschen Staates eine traditionalistische Besitzstandwahrung und Exklusivitätsverteidigung, die interessenpolitisch verständlich, aber rückwärts gewandt und effizienzmindernd war. Der Typus des bürgerlichen Militärtechnokraten à la Ludendorff und Groener, dem die Zukunft gehören sollte, wirkte da als exotischer Außenseiter. Modernisierungstheoretisch trifft man hier auf ein nachgerade klassisches Spannungsverhältnis, das die deutsche Geschichte spätestens seit den 1840er Jahren durchzieht: Das ist die Spannung zwischen einer überaus modernen industriellen, technischen, teilweise auch sozialstrukturellen Entwicklung und den Beharrungskräften im politischen System sowie in der Phalanx der sozialen Privilegienbesitzer. An der gescheiterten Spannungsmeisterung ist das Kaiserreich schließlich 1918 zerbrochen. Am Militär kann man seit der Heeresreform der 1860er Jahre die tiefe Ambivalenz und ungelöste Dichotomie von Modernität und Traditionsverteidigung vorzüglich verfolgen.

Übrigens tauchte auch die schwarze Seite der Moderne, wie sie im totalen Krieg zutage treten sollte, bereits vor der zweiten Hälfte des Ersten Weltkriegs auf – wie Hannah Arendt frühzeitig und scharfsichtig erkannt hat: in den erbarmungslos geführten Kolonialkriegen der westlichen Imperialmächte. Diese neue Natur des Krieges wurde enthüllt in Napiers Maschinengewehrkrieg gegen abessinische Speerwerfer, in den jeden Unterschied zwischen Kombattanten und Zivilbevölkerung missachtenden spanischen, dann englischen Konzentrationslagern für Zivilisten, aber auch 1904/07 im deutschen Kolonialkrieg gegen die aufbegehrenden Hereros in Südwestafrika. Indem er sich über jede völker- und kriegsrechtliche Einhegung militärischer Gewalt hinwegsetzte, befahl der Oberkommandierende der deutschen Schutztruppe einen «Kampf ohne Friedensmöglichkeit» bis hin zur «Vernichtung» der Aufständischen zu führen. Mehr als die Hälfte des Hererostammes wurde getötet, zum Teil durch die Vertreibung in die wasserlose Omaheke-Wüste, zum Teil durch die Deportation und anschließende Dezimierung in Gefangenenlagern. Danach herrschte, mit mehr als 50 000 Toten und 600 Millionen Goldmark erkauft, die «Ruhe und Ordnung» des Friedhofs. Dreieinhalb Jahrzehnte später regierte dieselbe Maxime im Vernichtungskrieg gegen die Sowjetunion.

Die moderne Flottenpolitik hat zur ersten voll ausgebildeten Rüstungsspirale des 20. Jahrhunderts geführt, und wenn sie auch erst in den 1890er Jahren einsetzte, ist doch ein kurzer Ausblick geboten. Eine Schlüsselerfahrung hat offenbar der von Marineexperten sorgfältig beobachtete japanisch-chinesische Krieg von 1894/95 gespielt. Panzerschiffen, wie sie die weit überlegene Flotte des seit den Meiji-Reformen der 60er Jahre rapide modernisierenden Inselreichs besaß, gehörte, wie es schien, die Zukunft im Seegefecht und bei der Bombardierung von Häfen und Küstenstädten. Tirpitz hat als Beobachter vor Ort das Vordringen des westlichen und japanischen Imperialismus in Ostasien genau beobachtet und aus dieser Erfahrung seine Konsequenzen gezogen. Die amerikanische Marineleitung fühlte sich sogar rundum bestätigt, da sie bereits früh die Weichen umgestellt und einen mehrjährigen Vorsprung gewonnen hatte. Aus dem unzweideutig ausgesprochenen Doppelmotiv der Abwehr bedrohlicher europäischer Konkurrenten in der Westlichen Hemisphäre und der Abschirmung des eigenen Überseeimperialismus hatte 1890, dem Annus mirabilis des amerikanischen Flottenbaus, der «Naval Policy Poard» den Bau einer großen Schlachtflotte gefordert. Der Kongress bewilligte sogleich zwei Panzerkreuzer. Kapitän A.T. Mahan vom «Naval War College», der unumstrittene Prophet des neuen Navalismus und einflussreiche Berater der neuenglisch-republikanischen Politikerelite, lieferte mit seiner programmatischen Schrift «The Influence of Sea Power upon History» die legitimierende Deutung der historischen Notwendigkeit dieses Bauprogramms der künftigen Weltmacht. Tirpitz verehrte diese «Marinebibel», nach Wilhelms II. Urteil die «Pflichtlektüre» jedes deutschen Seeoffiziers.

Der effektivste Marineminister in der Epoche zwischen Bürgerkriegsende und Weltkriegsausbruch, Benjamin Tracy, unterstützte ebenfalls 1890 in seinem ersten Jahresbericht den Bau einer Schlachtflotte anstelle der veralteten Kreuzer. Die Panzerschiffe wurden seither zügig gebaut, sodass sie die imperialistische Intervention in Chile, Brasilien, Venezuela und der Karibik unterstützen konnten, ehe Deweys Pazifikgeschwader unmittelbar nach dem Beginn des spanisch-amerikanischen Kriegs die aus Holzschiffen bestehende spanische Schwadron bei Manila zusammenschoss. Nur wenige nahmen in Europa zur Kenntnis, dass die «White Fleet», die schneeweiß gestrichene Schlachtflotte Theodore Roosevelts, bereits zur zweitstärksten Panzerschiffarmada der Welt aufgestiegen war.

Tirpitz wurde 1897 zum Staatssekretär des Reichsmarineamts, also zum Reichsmarineminister, ernannt. Er vollzog ebenfalls unverzüglich den Übergang von der Kreuzer- zur Schlachtschiffflotte, denn das 1. Flottengesetz von 1898 sah bereits zwei Geschwader mit je acht Schlachtschiffen vor. Diese Flotte sollte zwei Funktionen erfüllen:

1. den Kampfauftrag gegen England; zuerst ging es um Abschreckung, deretwegen sie so stark werden sollte, dass die «Home Fleet» sie nicht überwinden konnte; alsbald aber ging es um den Vorstoß zur maritimen Spitzenstellung und die Herausforderung der englischen Flotte zum entscheidenden Duell.

2. Innenpolitisch sollte die Flotte zur Identifikation mit der deutschen Weltmacht führen und das innere Machtgefüge stabilisieren. Tirpitz ging 1895 explizit davon aus, dass der integrierende Prestigefundus von 1870/71 aufgezehrt sei und eine «vaterländische Sammlungsparole» ein neues Ziel aufpflanzen müsse. Das Reich brauche ein Gegengewicht gegen «unfruchtbare sozialpolitische Utopien», wie sie von der Linken propagiert würden. Der Flottenbau biete daher ein «starkes Palliativ gegen gebildete und ungebildete Sozialdemokraten».

Tirpitz verschärfte das Bautempo: Die 1. Novelle von 1900 sah bereits vier Geschwader mit 32 Schlachtschiffen, die 2. Novelle von 1906 den Übergang zum Bau von jährlich vier «Dreadnoughts» vor, einer Imitation der englischen Antwort auf die deutsche Seerüstung. Das waren neue Superpanzerschiffe mit 25 000 BRT, einem Fahrttempo von 28 Seemeilen und 38 cm-Geschützen. Obwohl bis 1913 nur 14 von ihnen gebaut wurden, verschlangen sie 60 Prozent des deutschen Rüstungsetats. Mit erhöhtem Tempo zog England dennoch auf ein Verhältnis von 3:2 davon.

Mit dieser modernen Waffengattung ist die deutsche Rüstungspolitik in jeder Hinsicht gescheitert. Ihre Schlachtflotte trieb England unwiderruflich auf die Gegenseite, mit dem britischen Bautempo konnte die kaiserliche Marine nicht mithalten, im Krieg vermochte sie die englische Blockade nicht aufzubrechen und den einzigen Schlagabtausch nicht zu gewinnen. Innenpolitisch vertiefte sie trotz des bizarren bürgerlichen Flottenenthusiasmus die Spaltung der Nation und entzog aberwitzige Summen der Förderung produktiver Aufgaben im Bildungssystem, in der Infrastruktur und Sozialpolitik. Für die von Tirpitz und der Reichsleitung erhoffte Integration mit dem modernsten aller Mittel erwies sie sich als rundum kontraproduktiv.

An das Ende unserer Zeitspanne fällt die überzeugende Kritik an der Illusion, künftig gebe es nur noch kurze Kriege, die man daher den Militärs völlig überlassen solle; die modische Offensiv-Doktrin hat diese Vorstellung unterstützt. Kurz vor seinem Tod (1890) hat der ältere Moltke als 90jähriger Reichstagsabgeordneter auf dem Forum des Parlaments diesem Irrglauben mit großem Ernst und zum Erstaunen der anwesenden Militärs und der Honoratioren auf der Regierungsbank widersprochen. Wegen des riesigen Potentials und der Millionenheere, die in einem künftigen Krieg zwischen den Großmächten in Bewegung gesetzt würden, könne es «jetzt nur noch den Volkskrieg» geben, prophezeite er, «seine Dauer und sein Ende sind nicht abzusehen, es kann ein Siebenjähriger, es kann ein Dreißigjähriger werden».

Noch drastischer hatte ein Militärexperte wie Friedrich Engels schon 1887 seine klarsichtige Prognose gestellt, dass «kein anderer Krieg für Preußen-Deutschland mehr möglich» sei, «als ein Weltkrieg ... von einer bisher nie gekannten Ausdehnung und Heftigkeit. Acht bis zehn Millionen Soldaten werden sich untereinander abwürgen». Und die absehbaren Folgen: «Die Verwüstungen des Dreißigjährigen Krieges zusammengedrängt in drei bis vier Jahre und über den ganzen Kontinent verbreitet; Hungersnot, Seuchen, allgemeine ... Verwilderung der Heere wie der Volksmassen; rettungslose Verwirrung unseres künstlichen Getriebes in Handel, Industrie und Kredit, endend im allgemeinen Bankrott; Zusammenbruch der alten Staaten ... derart, dass die Kronen zu Dutzenden über das Straßenpflaster rollen und niemand sich findet, der sie aufhebt; also absolute Unmöglichkeit, vorherzusagen, wie das alles enden und wer als Sieger aus dem Kampf hervorgehen wird.» Im Grunde hatte Moltke mit seiner Skepsis Recht, was die Dauer dieses künftigen Weltkrieges angeht. Begann nicht 1914, wie Raymond Aron als Erster die inzwischen geläufige Formel geprägt hat, der neue, der «zweite Dreißigjährige Krieg», der erst 1945 enden sollte?

Die gewaltigen Heere und Flotten wirkten auf viele Zeitgenossen in Europa und jenseits des Atlantiks bis 1914 als das Non plus Ultra waffentechnischer Modernität. Die Spannung dagegen zwischen Tradition und Moderne, die innerhalb dieser Waffengattungen anhielt und ihre stromlinienförmige Modernität von innen her infrage stellte, sahen nur wenig wache Kritiker. Und noch weniger Beobachter sprachen die Konsequenz dieser modernen Aufrüstung war-

nend aus: den im Prinzip unkalkulierbaren, langjährigen, verlust-
reichen Weltkrieg von hochbewaffneten Großmächten, die sich auf
dem Gipfel der westlichen Zivilisation wähnten. Modernisierungstheoretisch lehrt daher die Rüstungspolitik seit den 1860er Jahren
auch den offenbar unauflöslichen Nexus zwischen technischer Moderne und dem Absturz in die Barbarei.

14. Das 20. Jahrhundert wird Geschichte

Wie gewinnt man eine vergleichende Perspektive auf das Europa
des 20. Jahrhunderts? Notwendig ist dafür der Blick aus der Vogelperspektive, und unvermeidbar ist ein klarer Eurozentrismus, der
sich auch in den analytischen Kategorien durchsetzt. Denn auf jeden Fall muss das rein additive Verfahren vermieden werden, mit
dessen Hilfe Ausschnitte aus den einzelnen Nationalgeschichten
umstandslos aneinandergereiht werden in der naiven Annahme,
dass dadurch eine gemeineuropäische Geschichte entsteht[1]. Für die
Analyse der modernen europäischen Geschichte besitzen wir solche
leistungsfähigen Kategorien, wobei insbesondere die Begriffswelt
Max Webers mit ihren generalisierbaren Kategorien zur Verfügung
steht.

Was die unvermeidbare Frage nach der Periodisierung angeht,
optiere ich für das «kurze» 20. Jahrhundert von 1914 bis 1991. Warum empfiehlt es sich, von dieser zeitlichen Eingrenzung, die Eric
Hobsbawm in seinem «Zeitalter der Extreme» popularisiert hat,
auszugehen? Der erste Wendepunkt ist deshalb legitimierbar, weil
der Erste Weltkrieg nicht nur das traditionelle europäische Staaten-
system, sondern auch das soziale und allgemeine politische Ordnungsgefüge, das im «langen» 19. Jahrhundert von 1789 bis 1914
vorgeherrscht hatte, von Grund auf zerstörte. Eine fatale Ausnahme
bildete der weiter andauernde Nationalismus zusammen mit den
fortbestehenden oder neugeschaffenen Nationalstaaten. Der Erste
Weltkrieg schuf auch die entscheidenden Vorbedingungen für die
beiden Konterrevolutionen gegen den Einfluss der «Doppelrevolu-
tion», mithin gegen die politischen und die industriellen Revolutionen, die dem Westen seit dem ausgehenden 18. Jahrhundert ein
neues Gepräge gegeben hatten. Gemeint sind hier die kommunistische und die faschistische Konterrevolution, die sich beide den

Organisationsprinzipien der westlichen, der liberalen, demokratischen, kapitalistischen Welt bis 1945 oder sogar bis 1991 entgegenstemmten. Eines der irritierenden Probleme, die durch diesen Zusammenhang aufgeworfen werden, ist die unleugbare Tatsache, dass Kommunismus und Faschismus genuine Produkte des europäischen Modernisierungsprozesses sind, also keineswegs als gefährlicher Import aus der weiten Welt verstanden werden können, wie das Mark Mazower unlängst in seinem brillanten Buch über den «Dunklen Kontinent» noch einmal gezeigt hat[2]. Die Natur dieser beiden Konterrevolutionen schließt daher eine ausschließlich positive Interpretation der europäischen Moderne im «kurzen» 20. Jahrhundert aus.

Was die zweite Zäsur angeht, zerfiel 1991 nicht allein die Sowjetunion, vielmehr das Reich Peters des Großen, das rund 270 Jahre existiert und den Lauf der russischen wie der europäischen Geschichte mit bestimmt hatte. Für den Westen bedeutete es das Ende der kommunistischen Konterrevolution in Europa, damit das Ende der tödlichen Rivalität zweier opponierender soziopolitischer Systeme. Eines der bemerkenswertesten Ergebnisse von 1991 ist seither der auffällige Trend hin zu einer strukturellen Homogenität, der sich das neue Europa annähert. Es scheint eine allgemeine Akzeptanz der demokratischen Regierungsform, des Parlamentarismus, der Republik als zeitgemäßem politischen System, nicht zuletzt der Marktwirtschaft vorzuherrschen. Vor allem gibt es eine erstaunliche Renaissance der Zielutopie der «Bürgerlichen Gesellschaft», die jetzt unter dem alten Namen der «Zivilgesellschaft» ihre Wiederauferstehung feiert. Außerdem scheint das beschleunigte Tempo der Globalisierung in ihren unterschiedlichen Formen die Zäsur in den frühen 1990er Jahren zu bestätigen.

Mit dieser Entscheidung für das «kurze» 20. Jahrhundert sollen keineswegs verschiedene andere Kontinuitätstrends abgestritten werden: der Kapitalismus etwa expandiert weiter, der Einfluss des Nationalismus hält an, die Natur des modernen Krieges hat sich nicht zum Besseren verändert. Aber aufs Ganze gesehen besitzen 1914 und 1991 ein hohes Maß an Plausibilität als Abgrenzungskriterien.

Um eine allzu enge nationalhistorische Perspektive zu vermeiden, sollen vier Dimensionen der europäischen Gesellschaften im 20. Jahrhundert mit dem Ziel knapp erörtert werden, eine zunächst amorph wirkende Epoche zu strukturieren. Im Mittelpunkt stehen:

die politischen Ordnungssysteme, die wirtschaftliche Entwicklung, die Sozialstruktur und die «Weltbilder», um Max Webers Begriff aufzunehmen. Selbstverständlich gibt es noch andere wichtige Dimensionen: die Hierarchie der Geschlechterbeziehungen etwa, die Entwicklung der Nationalstaaten, der Fortschritt der Wissenschaft, der Einfluss der Religion. Aber der Zugriff auf die genannten vier Dimensionen soll hier genügen.

1. Das Grundproblem der politischen Entwicklung Europas im «kurzen» 20. Jahrhundert war der anhaltende Konflikt zwischen Demokratie und Diktatur, nicht etwa der klassische Antagonismus zwischen der Linken und der Rechten. Im Zentrum stand die Verteidigung der institutionellen Matrix der Demokratie oder der Angriff auf sie: Es ging um freigewählte Repräsentativkörperschaften, das Prinzip «one man – one vote», den regulären Wechsel der Regierungen, das Prinzip der Mehrheitsentscheidung, die unzensierte öffentliche Meinung. Unter dem Anprall dieses Konflikts gewannen die vertrauten Probleme demokratisch organisierter Staaten eine neue Dringlichkeit. Wie elastisch war ihre Adaptionskapazität? Wie veränderte sich die Arena der Öffentlichkeit? Erwies sich die Integration durch politische Partizipation und Repräsentation als hinreichender politischer Mechanismus? Am wichtigsten: Wie ausgeprägt war die Lernfähigkeit der Demokratien, um ihre eigenen Fehler auf friedlichem Wege zu korrigieren und im Vergleich mit dem Vorgehen der Diktaturen überlegene Lösungen anzubieten?

Die Diktaturen wiederum, gleich ob kommunistische oder faschistische, besaßen gemeinsame Charakteristika, die der demokratischen Matrix im scharfen Kontrast gegenüberstanden: eine autokratische Führung, eine Staatspartei, die Praxis des Staatsterrorismus, wie sie vor allem von der Geheimpolizei in der Welt der Lager praktiziert wurde, autoritäre Eliten, eine strangulierte Öffentlichkeit unter dem manipulatorischen Einfluss der Parteipropaganda, die Instrumentalisierung des Öffentlichen Rechts und des Privatrechts, den Anspruch auf Legitimation durch pseudodemokratische oder elitär-hierarchische Prozeduren, die Nutzung von Ideologien als Mittel der Integration anstelle der demokratischen Teilhabe, die Verachtung aller humanistischen und christlichen Werte Europas, ja schlechterdings all seiner normativen Tradition, eine nur gering entwickelte Anpassungs- und Lernfähigkeit, um mit neuen Problemen fertig zu werden.

Man sollte auch andere Eigenarten der europäischen Gesellschaften ins Auge fassen, etwa den Aufstieg des Rechtsstaats, die «rule of law», damit die Institutionalisierung eines neuen Staats- und Privatrechts. Selbstredend gibt es in Europa unterschiedliche Rechtssphären: den Rechtskreis des englischen «Common Law», den Rechtskreis der kontinentaleuropäischen Kodifikationen auf der Grundlage des römischen Rechtes, dazu den slawischen Rechtskreis. Eine neue Rechtssphäre taucht erst seit den 1950er Jahren mit dem Europarecht auf, das die «Europäische Gemeinschaft», jetzt die «Europäische Union», rechtlich zu vereinheitlichen sucht.

Alle diese Rechtssysteme tendieren dahin, die Sozialstruktur auf geradezu fundamentale Weise zu beeinflussen. Man denke nur an den Code Napoleon, das preußische «Allgemeine Landrecht», das österreichische Zivilgesetzbuch, das «Bürgerliche Gesetzbuch» des Deutschen Reiches. Die faktische Zerstörung des überkommenen Rechtssystems in der Sowjetunion und im «Dritten Reich» erwies sich als fatal für zahllose Individuen, für die Substanz der Menschenrechte, für die intermediären politischen Institutionen, für die Kontrolle der Exekutive. Einige der Probleme, die mit einer komparativen Analyse der Rechtssysteme verbunden sind, lauten: Was sind die konkreten sozialen und politischen Konsequenzen der etablierten Rechtsordnungen? Wie verändert sich die Kontrollfunktion der Rechtssysteme als Transmittoren sozialer Normen, wenn sie von diktatorischen Regimen manipuliert werden?

Der Aufstieg des modernen Sozialstaats ist ebenfalls ein Bestandteil der Entwicklungsgeschichte des modernen europäischen Staates, denn der Sozialstaat gründet auf dem demokratischen Recht der politischen Teilhabe. Es gibt einen gemeineuropäischen Trend weg von der individuellen Unterstützung im Notfall hin zu einem allgemeinen Rechtstitel, der regelmäßige Unterstützung durch städtische oder staatliche Behörden verbrieft, sodass trotz der Externalisierung der sozialen Kosten, die durch die Disparitäten des kapitalistischen Wachstumsprozesses geschaffen werden, ein Anspruch auf Gleichbehandlung verfochten werden kann. Dieser Sozialstaat (im Englischen der «Welfare State») ist das Ergebnis von schwierigen Lernprozessen in den westlichen Gesellschaften, die mit dem Anprall gefährlicher ökonomischer, sozialer und politischer Probleme im Verlauf des modernen wirtschaftlichen Wachstumsprozesses umzugehen haben. In einer solchen Perspektive repräsentiert der Sozialstaat einen eindrucksvollen Kompromiss zwischen den Imperativen des Privatkapitalismus und den Anforderungen des Gemeinwohls. Bestimmte Kernstücke bleiben durchaus Zentren des privaten Einflusses, etwa die Eigentumsrechte, die Investitionsentscheidungen, die Gewinnverteilung. Der Sozialstaat bietet dann jedoch seinen Beistand bei der Lösung akuter Probleme an, er reguliert und verbessert die Rahmenbedingungen des Wachstums, er hilft bei der Ebnung des Wachstumspfades, der ständig dem Einfluss der Konjunkturfluktuationen unterliegt. Denn trotz aller Intervention bleiben sie das Grundgesetz der kapitalistischen Entwicklung.

Im allgemeinen muss sich der Sozialstaat eines gravierenden Distributionsproblems annehmen, da die normative Idee der politischen Gleichheit involviert ist. Zum zweiten hat er es mit einem Verfassungsproblem zu tun, denn er muss die Balance der Interessen neu bestimmen, zum Beispiel in jener autonomen Sphäre, in der industrielle «Pressure Groups» und Gewerkschaften um einen Kompromiss in der Tarifpolitik ringen. Unstreitig gibt es mehrere europäische Lösungen, die dem grundsätzlichen Problem begegnen wollen: Es besteht darin, dass die Marktwirtschaft aufgrund der Dominanz des Marktes als allgemeines, nicht nur als ökonomisches Organisationsprinzip auch Marktgesellschaften hervorbringt, die wiederum eine neuartige soziale Ungleichheit schaffen. Sie kann zu gefährlichen Spannungen führen, gegen die der Sozialstaat seine interventionistische Politik praktiziert, um die Spannungsmeisterung anzustreben. Beide Diktaturen bemühten sich übrigens sehr darum, an die Stelle des demokratischen Sozialstaats eine erzwungene Homogenisierung, etwa in der Gestalt der nationalsozialistischen «Volksgemeinschaft», zu setzen, scheiterten damit aber kläglich.

2. Das Hauptmerkmal der wirtschaftlichen Entwicklung ist natürlich die beständige Entfaltung des kapitalistischen Wachstumsprozesses, der allmählich auch die Sphären der Gesellschaft, Politik und Kultur durchdringt. Die staatlich dirigierte Planwirtschaft der Sowjetunion und ihrer Satelliten verkörperte einen Anlauf, die Disparitäten der Konjunkturzyklen zu vermeiden und das gesamte ökonomische System in ein staatskontrolliertes Unternehmen zu verwandeln. Wegen dieser Herausforderung für den westlichen Kapitalismus kann man siebzig Jahre lang einen bitteren Konflikt zwi-

schen Marktrationalität und vermeintlicher Planrationalität beobachten.

Insbesondere nach der «Großen Depression», der dritten Weltwirtschaftskrise seit 1929 – eine der wesentlichen Ursachen für den Aufstieg der Hitler-Bewegung zu einer radikalnationalistischen Massenbewegung –, schien die Planwirtschaft eine gesündere ökonomische und politische Entwicklung zu gewährleisten. Die Illusionen verdampften jedoch spätestens nach 1945 während des großen Zusammenstoßes zwischen der westlichen Marktwirtschaft und der Planwirtschaft der Sowjetunion. Die Vereinigten Staaten und bald auch die «Europäische Wirtschaftsgemeinschaft» waren imstande, gewaltige Produktivitätsfortschritte und Wachstumsraten zu generieren, und fünfzig Jahre später leben in der «Europäischen Union» 350 Millionen Kunden, welche den verheißungsvollsten westlichen Markt verkörpern – nach der bevorstehenden Osterweiterung werden es bald 450 Millionen sein. Dagegen hat die staatskommunistische Politik der Planwirtschaft und Autarkie, ihr Verzicht auf jedwede Marktrationalität und ihre strukturelle Unfähigkeit, eine flexible Lernkapazität hervorzubringen, zu ihrem vollständigen Scheitern geführt.

Der Sieg des Westens im «Kalten Krieg» wirft jedoch zahlreiche neue Probleme und soziale Kosten auf. Hier sollen nur zwei von ihnen erwähnt werden. Der hohe Preis, den wir für eine rapide ökonomische Modernisierung zu zahlen haben, tritt in den gefährlichen Umweltproblemen zutage. Das westliche Wachstumsmodell kann daher in seiner derzeitigen Form nicht ständig weiter exportiert werden, weil dieser Export eine globale Katastrophe heraufführen könnte. Eine halbe Milliarde zusätzlicher Autos in China, eine halbe Milliarde in Indien können einen ökologischen Kollaps auslösen. Und zum zweiten: Wie kann ein mächtiger «Turbokapitalismus», um Edward Luttwaks einleuchtenden Begriff zu verwenden, ohne den Druck kommunistischer Systeme und ohne die Forderungen kraftvoller Linksparteien gezähmt werden? Der Neoliberalismus, der doch tatsächlich weit eher eine neue «konservative Revolution» verkörpert, ist bisher außerstande, eine überlegene Alternative zur größten Leistung der politischen Kultur Europas im 20. Jahrhundert: zum Sozialstaat, auch nur ansatzweise zu entwickeln. Die nächste westliche oder gar weltweite Depression wird die Nützlichkeit seiner Arrangements erneut demonstrieren.

3. Die prinzipielle Konstellation im Bereich der Sozialhierarchie ist klar erkennbar: Marktwirtschaften schaffen Marktgesellschaften. Ist der Markt erst einmal das wichtigste Verteilungszentrum der Wirtschaft geworden, tendiert er offenbar unaufhaltsam dahin, die gesamte Gesellschaft in all ihren unterschiedlichen Dimensionen zu durchdringen. So wird etwa die Verteilung der Lebenschancen und Lebensrisiken dem Arbeitsmarkt übertragen. Dadurch werden neue Sozialformationen geschaffen, die Max Weber treffend «marktbedingte Klassen» genannt hat. Der Aufstieg dieser marktabhängigen Erwerbs-, Besitz- und Berufsklassen seit dem 19. Jahrhundert ist ein gemeineuropäischer Trend, der neuartige soziale Beziehungen stiftet.

Fast überall gibt es erbitterte Konflikte zwischen diesen neuen und den alten Sozialformationen. England und Deutschland verkörpern zwei geradezu klassische Fälle. Auf lange Sicht setzten sich jedoch die neuen «marktbedingten Klassen» überall im System der sozialen Ungleichheit durch, bis um 1930 dieser Prozess in Europa abgeschlossen ist. Die beispiellose Prosperitätsphase zwischen 1950 und 1975 führte dann auch überall zu einer Erosion des überkommenen proletarischen Milieus. Der Lebensstil wurde auf eine bis dahin unbekannte Art und Weise pluralisiert und individualisiert.

Offensichtlich gibt es eine neue soziopolitische Mentalität, die dahin tendiert, die restriktiven Bedingungen der gegenwärtigen Klassengesellschaften (im Weberschen Sinn) herunterzuspielen. Offensichtlich erzeugt auch der Erfolg des Sozialstaats seine eigene Unterstützung für diesen Auffassungswandel. Dennoch bleibt es ein realistischer Ansatz, Arbeitsmärkte und die Verwertung individueller Leistungsqualifikationen auf ihnen als höchst bedeutsame Zentren der Distribution von Lebenschancen und Lebensrisiken weiterhin anzuerkennen. Offensichtlich kann man nicht Ja zur liberalen Marktwirtschaft sagen, ohne eines ihrer machtvollsten Ergebnisse, die Marktgesellschaft mit ihren «marktbedingten Klassen», ebenfalls anzuerkennen.

Wie sehr haben sich jedoch die Grenzen zwischen den diversen «marktabhängigen Klassen» seit der Mitte des 20. Jahrhunderts verflüssigt? Sind die «feinen Unterschiede», wie Pierre Bourdieu sie genannt hat, inzwischen wichtiger bei der Fixierung sozialer Grenzlinien als die Unterschiede der Verfügung über Eigentumsrechte oder der Ausschluss von ihnen?

Östlich der Elbe konnte man mehr als vierzig Jahre lang die Zerstörung der «marktbedingten Klassen» durch die kommunistischen Regime beobachten. Ihre Alternative bestand aus einer Hierarchie staatlich geschaffener und regulierter Sozialformationen, deren neue Ordnung sich als dysfunktional für die Rekrutierung von Eliten, für deren Rotation, für die Förderung leistungsfähiger Professionen und für die Eliminierung sozialer Spannungen erwies. In einer vergleichenden Perspektive sollten wir allerdings nicht nur auf die Antriebskräfte blicken, die «marktbedingte Klassen» oder auch andere Sozialformationen erzeugen, sondern ebenfalls auf die legitimierenden Ideen schauen, auf ihren Einfluss auf die soziale Realität und auch ihre politischen Effekte, zum Beispiel auf die langlebigen Wirkungen des europäischen Sozialstaats und der ihn begleitenden, stützenden, fordernden Doktrin im Vergleich mit dem Staatskommunismus und Faschismus.

4. Die «Weltbilder» meinen eine Kristallisation religiöser und kultureller Ideen, die beanspruchen, die Welt angemessen zu interpretieren und dann das menschliche Verhalten durch Normen und Werte zu steuern, die während der verschiedenen Sozialisationsprozesse internalisiert werden. Hier soll nur auf die Persistenz eines besonders einflussreichen «Weltbildes», des Nationalismus, hingewiesen werden. Denn der Nationalismus hat alle politischen Regime des «kurzen» 20. Jahrhunderts überlebt, nachdem er sie weitreichend geprägt hat – mithin auch alle Umbruchsituationen wie 1914, 1917, 1933, 1945, 1991.

Die erstaunliche Flexibilität des Nationalismus, seine Fähigkeit, wesentliche Leitideen immer wieder aufs Neue zu definieren und seine Forderungen zu radikalisieren, kurzum: seine chamäleongleiche Natur ist durch die moderne Nationalismusforschung seit den frühen 1980er Jahren mehrfach zu Recht betont worden. Die Ergebnisse dieser Forschung zerstören die Illusion, dass der Nationalismus schnell aufgegeben oder vertrieben werden kann. Haben aber nicht trotzdem die Organisationsprinzipien des Nationalismus – und ich betone das, weil die meisten Historiker ihre Probleme immer noch im Kontext der verschiedenen Nationalgeschichten konzeptualisieren – überall kläglich versagt, wohin immer wir auch blicken?

Zu Beginn versprach der liberale Nationalismus eine friedliche Koexistenz aller Nationsgenossen, wenn sie erst einmal die monarchischen und aristokratischen Regime abgeschüttelt hätten. Statt einer Verwirklichung dieser menschenfreundlichen Utopie stellte sich heraus, dass der erfolgreiche Nationalismus in der Regel überall eine abstoßende Praxis der Exklusion einführte, neue innere Spannungen auslöste und förderte. Auch im Hinblick auf das System der Nationalstaaten versprach der frühe liberale Nationalismus ein friedliches Zusammenwirken. Stattdessen kam es zu einer endlosen Serie von Kriegen zwischen konkurrierenden Nationalstaaten; vielleicht wird sie weiter anhalten. Empirisch lässt sich bisher nur eins eindeutig nachweisen: dass allein demokratisch organisierte Nationalstaaten fähig sind, Kriege von sich aus zu vermeiden.

Überdies scheinen Nationalstaaten nur dann eine Zeitlang erträglich zu funktionieren, wenn sie auf der historischen Basis ethnischer Verbände mit zahlreichen gemeinsamen Traditionen, einschließlich erfolgreicher Staatsbildungsprozesse, beruhen. Aber selbst in diesen Fällen kann man sogenannte regionale, faktisch aber nationalistische Bewegungen beobachten, die den Anspruch auf die verwirklichte nationale Homogenität prinzipiell leugnen, man denke nur an Schottland, Wales, Korsika, das Baskenland. Für multinationale, polyzentrische Gesellschaften ohne einen solchen Kernbestand an Traditionen ethnischer Verbände scheinen der Transfernationalismus und der Nationalstaat völlig inadäquate Ordnungen heraufzuführen, die unablässig Spannungen bis zum Bürgerkrieg erzeugen.

Die unleugbaren Leistungen des modernen Staates: die Durchsetzung des Rechtsstaats, der Umbau zum Verfassungsstaat, die Unterstützung des wirtschaftlichen Wachstums und des öffentlichen Bildungssystems, der Übergang zum Sozialstaat – sie hängen keineswegs von der spezifischen Organisationsform des modernen Nationalstaats ab. Anstatt daher den Nationalismus hinzunehmen und den Nationalstaat für das Non plus ultra der Geschichte zu halten, obwohl er erst eine zweihundertjährige Entwicklungsgeschichte besitzt, sollten wir daher weit skeptischer sein und nach Alternativen suchen.

Die Garantie der Menschenrechte, verbunden mit der kulturellen und regionalen Autonomie kleiner politischer Einheiten innerhalb demokratischer Staaten, ist ungleich attraktiver als das überkommene, seit 1917 von Wilson und Lenin gleichzeitig geforderte «Recht der Nationen auf Selbstbestimmung», das im Grenzfall dazu führt, dass kleine Minderheiten, ob Basken oder Tschetschenen, einen eigenen souveränen Nationalstaat verlangen, der wegen seiner Existenzunfähigkeit alsbald zum internationalen Versorgungsfall wird und neue Probleme heraufbeschwört. Geboten ist daher eine Diskussion über Schwellen, unterhalb derer der Nationalstaat eine Fehlkonstruktion ist, die durch Autonomiebezirke in föderativen Staatensystemen ersetzt werden könnte.

Wir werden als Zeitgenossen beobachten können, ob die «Europäische Union» auf längere Sicht als eine Staatenförderation operieren kann, in der die ehemaligen Nationalstaaten auf den Status derzeitiger Regionen innerhalb der Mitgliedsländer reduziert werden können. Wenn ein solcher Umbau der «Europäischen Union» erfolgreich wäre, würden sich freilich auch wesentliche Kategorien des historischen Denkens über das «kurze» 20. Jahrhundert sehr schnell ändern, in dem der Nationalismus eine derart verhängnisvolle Rolle gespielt hat.

III.

15. Identität: Unheimliche Hochkonjunktur eines «Plastikworts»

Der Befund trifft ins Schwarze: In den letzten drei, vier Jahrzehnten ist Identität zu einem universell verwendeten Begriff geworden. Individuelle Identität, nationale Identität, Unternehmensidentität, postsowjetische Identität, feministische Identität, «Bayern Münchens» Identität – offenbar gibt es kein Hindernis, das Identität nicht überwinden, keine Charakterisierung, in die Identität nicht auch noch triumphierend eindringen könnte. Die in der Tat irritierende Hochkonjunktur dieses Begriffs, der ursprünglich aus der philosophischen Logik, neuerdings aus der Psychologie des Adoleszenzalters stammt, hat ihn zu einem amorphen, allzeit verwendungsfähigen Passepartout-Wort, zu einem von Uwe Pörksens fabulösen «Plastikwörtern» degenerieren lassen.

Daran irritiert Lutz Niethammer in seinem Buch vor allem zweierlei[1]. Zum einen teilt er das vitale Interesse aller Wissenschaft an präzisen, unmissverständlich definierten Begriffen. Von dieser Eindeutigkeit ist Identität heutzutage weit entfernt. In der Logik meint Identität: A = A, mithin hundertprozentige Übereinstimmung, keineswegs tendenzielle Wesensähnlichkeit. Davon kann bei der Allerweltsvokabel Identität heute, da sie oft nur hinreichende Gleichheit suggerieren möchte, keine Rede sein. Ebenso hat sie sich aus der Verankerung in der Psychologie des Jugendalters, wo Identität weiterhin ihren guten Sinn behauptet, gelöst und driftet in Windeseile aus einem neuen Kontext widerstandslos in den anderen.

Zum anderen aber und wohl an erster Stelle bei einem solchen «political animal» wie Niethammer geht es dem Autor um die politischen Implikationen dieser «unheimlichen Konjunktur». Wird Identität im logischen Sinn des A muss restlos gleich A sein wortwörtlich genommen, kann Identitätspolitik im Nu zu Mord und Totschlag führen, etwa in Milosevics serbischer Identitätspolitik gegen Kroaten, Bosnier und Albaner, im Konflikt zwischen Tutsi und

Hutu um Ruandas Identität, im Streit um die zypriotische oder sudanesische Identität – vielleicht auch demnächst, wenn der fragile Kompromiss über eine Doppelidentität zerbrechen sollte, in der Auseinandersetzung um eine schwarze Identität Südafrikas.

Selbst wenn man der Meinung ist, dass in all diesen Bürgerkriegen auch noch andere Motivkomplexe eine wesentliche Rolle spielen und der Verfasser in seinem Pessimismus dem Identitätsbegriff allzu schnell eine zwangsläufig zerstörerische Wirkung zumisst, sollte man doch seine Bedenken gegen das semantische Gefahrenpotential ernst nehmen. Ist erst das Reich der Vorstellung revolutioniert, hat Hegel zu bedenken gegeben, hält die Wirklichkeit nicht lange stand. Ist erst der Sprachhaushalt mit explosiven Begriffen wie kollektive Identität gefüllt, könnte man mit Niethammer heute sagen, ist es zur Aktion nur ein kleiner Schritt – Hitlers Schlüsselbegriff der arischen Rassereinheit, anfangs als wirres Ideengebräu abgetan, lässt grüßen.

Wenn Niethammer in der Identitätsmode ein universalgeschichtlich derart brennendes Problem der Gegenwart und erst recht der Zukunft sieht, wird die Neugier darauf geweckt, wie er die Genealogie und dann die verblüffende Erfolgsgeschichte des Begriffs angeht. Entstanden ist bei diesem Unternehmen ein heterogener Text von rund 680 Seiten, dessen erste zwei Drittel sieben Essays über einflussreiche Begriffsspender einnehmen. Sie verkörpern ein buntes Ensemble von illustren Persönlichkeiten, die nicht jeder sogleich in dieser Ahnengalerie vermuten würde. Sie reicht von Carl Schmitt über Georg Lukács, Carl Gustav Jung, Sigmund Freud, Maurice Halbwachs, Aldous Huxley bis hin zu Erik Erikson, der eigentümlicherweise in einem Exkurs traktiert wird. Auf durchschnittlich jeweils 50 Seiten gelingen Niethammers souveräner Interpretationskraft ungewöhnlich aufschlussreiche Porträts, die zudem imponierende philologische Meisterstücke darstellen, da sie abgelegene Texte mit sensibler Eindringlichkeit erneut zum Sprechen bringen. Zugleich lässt die sorgfältig berücksichtigte Lebensgeschichte dieser Männer ihre Begriffskreationen in neuem Licht erscheinen.

Auch wer bisher geglaubt haben mag, zumindest über einige dieser Gewährsleute schon Bescheid zu wissen, wird doch immer wieder durch Niethammers subtile Quellenanalyse und begriffsgeschichtliche Spurensuche eines Besseren belehrt. Dass Lukács z. B. als großbürgerlicher Millionärssohn, karrieregieriger Heidelberger Habilitand Max Webers und dann blutrünstiger kommunistischer

Kommissar des ungarischen Bela-Kun-Regimes seither Probleme mit dem Verständnis seiner eigenen Identität hatte, Probleme, die durch das folgende Schwanken zwischen serviler Anpassung an den Stalinismus und unorthodoxer Denkarbeit nicht gerade gemindert wurden – wen wundert es? Aber wie hier der intellektuelle Werdegang und eine kurvenreiche Lebensgeschichte mit der qualvollen Suche nach einer stabilen Identität verknüpft werden, ist ebenso eindrucksvoll wie die Analyse der verschlungenen Entwicklungspfade C. G. Jungs, erst recht der Gedankenwelt und der historischen Kontextabhängigkeit des jüdischen Außenseiters Freud, der zum weltweit anerkannten Haupt einer neuen Therapieschule aufstieg, die es oft genug mit der gefährdeten psychischen Identität von Kranken zu tun hat.

Gegen die fatal grassierende Schmitt-Renaissance empfiehlt sich die Lektüre von Niethammers schneidend kühlem Eröffnungsessay. Schmitts Forderung etwa nach der Identität von «ethnischem und politischem Volk» erzwang bekanntlich die Liquidation des Fremden als «Feind». Konkret hieß das für den bis zum Tod unbelehrbaren Antisemiten die «Ausmerzung» aller Juden. Wer in die Abgründe von Schmitts gefeierter politischer Theorie blicken will, braucht an dieser Stelle nur seine Identitätslehre zu verfolgen.

Kurzum: 410 Seiten belebenden Lesevergnügens. Doch waren es wirklich die von diesen Gewährsmännern stammenden unterschiedlichen Identitätsbegriffe, welche die Konjunktur seit den 1960er Jahren ausgelöst haben? Vermögen sie sogar den Anstieg dieser Welle befriedigend zu erklären? Da werden sogleich Zweifel wach, und tatsächlich trennt eine tiefe Zäsur diese biographischen Kabinettstücke vom letzten Drittel des Buches. Dort fasst Niethammer im Zeitraffer die Karriere seines Intimfeindes nach dem Ersten Weltkrieg, dann in der Folgezeit des Zweiten Weltkriegs zusammen, ehe er in einem letzten Teil die aktuelle Debatte der letzten Jahre in Amerika und in der Bundesrepublik, oft wiederum in Gestalt kurzer, komprimierter biographischer Essays, vorführt. So wird man etwa in diesem Zusammenhang über so unterschiedlich das Identitätsproblem erörternde Figuren wie Francis Fukuyama, Samuel Huntington, Zygmunt Baumann, Ulrich Beck, Jürgen Habermas, Luisa Passerini, Peter Koslowski, Peter Sloterdijk, Arnulf Baring, Daniela Dahn, Friedrich Dieckmann informiert. Eine, um es vorsichtig zu sagen, ein wenig willkürlich wirkende Auswahl, die freilich erneut in den Genuss einer nicht selten scharfsinnigen, ja geistvollen Interpretation des Verfassers kommt. Immerhin wird die Macht der Diffusionswelle, mit der Identität aus Amerika auch in die deutsche Sprachwelt eingedrungen ist, deutlicher als zuvor.

Am Ende freilich verblüfft Niethammers sprachtherapeutischer Damm, den er gegen die Sintflut des «Plastikworts» errichten will. Wenn wir uns nur wieder, statt endlos Identität vorzugaukeln, von «uns», vom «wir» größerer Verbände, von «unseren» Interessen uns zu sprechen angewöhnten, stünde eine erste Besserung in Aussicht: wiedergewonnene Konkretheit und Realitätsnähe, endlich gehörige Distanz gegenüber einem Wort, das einen mörderischen Feindbegriff zu speichern vermag. Selbst wenn man von der Skepsis in meiner politischen Generation gegenüber dem Vorschlag absieht, sich umstandslos für die Wir-Sprache wieder anwerben zu lassen (im Stil der wilhelminisch geprägten Historiker etwa: Als wir im August 1914 in den Verteidigungskrieg ziehen mussten und unsere Truppen zuerst siegreich nach Westen marschierten...), wird man diesem verblüffenden Vorschlag eines durch und durch politisch denkenden Neuzeithistorikers doch mit einer gehörigen Portion Skepsis begegnen.

Wichtig aber sind einige Lücken und Grenzen dieses Buches, das mit so langem Atem, auf so vielen Seiten, mit mühsam gebändigtem Engagement und imponierender Sachkunde, dazu stets in einer differenzierten, elastischen, unverwechselbaren Sprache daherkommt. Denn trotz aller Mühe wirkt es gedanklich und kompositorisch noch unausgegoren.

1. Dass Gedanken und Begriffe durch tausend unterirdische Gänge wandern können, ehe sie ihre Wirksamkeit entfalten, ist nicht nur dem Ideenhistoriker vertraut. Niethammer teilt auch nicht den Horror der postmodernen Gaukler, welche die mühsame Aufgabe der Wirkungsgeschichte verteufeln. Aber es bleibt doch unleugbar ein Bruch zwischen dem Bündel funkelnder Essays einerseits, wo die «heimlichen Quellen», sprich: die Fernwirkungen der verschiedenartigsten Identitätsbegriffe freigelegt werden sollen, und dem in den 1960er Jahren aus ganz anderen Gründen anschwellenden Trend des neuen Modeworts andererseits. Der unverzüglich riesenhaft anschwellenden Zahl amerikanischer Protagonisten der Identität – in allen Humanwissenschaften, im politischen Alltagsgeschäft, in der allgemeinen Öffentlichkeit – ist kein Rekurs auf Schmitt,

Lukács oder Halbwachs nachzuweisen. Die allermeisten werden diese Vorläufer nicht einmal gekannt haben und von der spezifisch europäischen, eng eingegrenzten Identitätsdiskussion im ersten Drittel des 20. Jahrhunderts haben wahrscheinlich überhaupt nur einige Emigranten eine Vorstellung in die transatlantische Welt mitgebracht. Insofern schweben zwei Drittel des Textes ohne den zwingenden Nachweis einer kausalen Verbindung im Vorfeld des eigentlichen Konjunkturaufschwungs von Identität.

2. Die Initialzündung für die amerikanische Begriffsinflation scheint mir immer noch von Erik Eriksons zahlreichen, alsbald verblüffend einflussreichen Identitätsstudien ausgegangen zu sein. Die Überzeugungskraft seiner Veröffentlichungen, seine leicht zugängliche, aber wissenschaftlich eingekleidete Argumentation, das Gewicht seiner Sachkunde und sein steil anwachsendes Prestige, die Aura des Freudianismus im anhebenden Zeitalter der «Shrinks» – all diese Faktoren wurden dadurch noch einmal gewaltig verstärkt, dass die Harvard University, wo Erikson damals wirkte, seit langem als Multiplikator, als großer Umschlagplatz für neue Ideen fungiert, wo Wissenschaftler und Journalisten des ganzen Landes während ihrer unablässigen Suche nach Innovationen begierig die neueste «Trendiness» ausspähen. Nun hat Niethammer Erikson einen überaus lesenswerten, kenntnisreichen, neue Perspektiven eröffnenden Essay gewidmet, ihn aber anstatt diese Schlüsselfigur im letzten Drittel des Buches in den zeitgeschichtlichen Kontext seit den 1960er Jahren einzuordnen, nach vorn in einen Exkurs ausgelagert, sodass die extrem hohe Wirkung Eriksons auf die Blitzkarriere des Identitätsbegriffs nicht recht zur Geltung kommt.

Auch wenn man Erikson und der Ideenbörse von Harvard einen dynamischen Beschleunigungseffekt zurechnet, ist damit doch noch längst nicht befriedigend geklärt, welche allgemeinen gesellschaftlichen Rahmenbedingungen überhaupt die Voraussetzung dafür bildeten, dass die Expansion des Identitätsbegriffs wie ein Steppenbrand voraneilen konnte. Dieser fördernde Kontext, der längst eine historische Analyse verdient hätte, kann hier nicht einmal skizziert werden. Daher nur soviel: Offensichtlich ist von Eriksons eindringlich formulierter Lehre, dass stabile Identität nur durch die erfolgreiche Bewältigung schwieriger Identitätskrisen gewonnen werden könne, eine doppelte Attraktion ausgegangen. Zum einen fand diese Lehre in einem Einwanderungsland mit außerordentlich heterogenen kulturellen Traditionen, die im Sozialisationsprozess krisenhaft miteinander rivalisieren, eine unmittelbare Resonanz des Verstehens, und das auch deshalb, weil in einer hochmobilen, urbanisierten, multiethnischen Gesellschaft wie der amerikanischen die Ausbildung einer stabilen Identität, die sich nicht mehr an den gewissermaßen orthodoxen Idealtypus des innengeleiteten, weißen, protestantischen Neuengländers ausrichtet, längst zu einem Dauerproblem geworden war.

Zum anderen erwies sich mit verblüffender Geschwindigkeit, dass der Identitätsbegriff ohne Rücksicht auf seine ursprüngliche wissenschaftliche Heimat nahezu beliebig generalisiert werden konnte, und das gleiche galt für die optimistische Sequenz des neuen «per aspera ad astra»: aus schwierigen Anfängen durch den Kampf der Identitätskrisen zum Licht der Stabilität. Die Ökonomen entdeckten die «corporate identity», die Politikwissenschaftler das Ringen der jungen Entwicklungsländer um ihre Identität, die Emanzipationsbewegungen der Frauen und der farbigen Bürger ihre je eigene Identitätswürde – die Adoption des Identitätsbegriffs nahm so schnell kein Ende, bis er sich auch im Feuilleton und politischen Nachrichtenteil wie selbstverständlich einnistete. Offenbar muss es einen Kairos des Identitätsbegriffs gegeben haben, denn über Nacht kam er als Allzweckwaffe den unterschiedlichsten Bedürfnissen entgegen, so dass er sich auf unendlich vielen Sprachfeldern etablieren konnte.

3. Wo wird die spannungsreiche Sozialisationsproblematik, die ursprünglich zur Geburt des Identitätsbegriffs geführt hat, vom Autor unbefangen gewürdigt? In der Forschung und Therapie hat es sich ja doch bewährt, den Aufbau der sozialkulturellen Persönlichkeit des Individuums als Identitätsbildung zu verstehen. Sie bedarf der Stabilität, um psychische Gesundheit zu gewährleisten. Sie benötigt aber auch Flexibilität, um neue Problemlagen realitätsnah verarbeiten zu können. Wegen dieses Erfolgs lag es nahe, den Identitätsbegriff der Individualpsychologie auf jene Kristallisation von Ähnlichkeiten oder sogar Gemeinsamkeiten zu übertragen, die in modernen Nationalstaaten durch Sozialisationsagenturen wie Schule und Universität, Kriegerverein und Presse, Feste und symbolische Rituale erzeugt werden. Die ältere Forschung nannte das Ergebnis «Nationalcharakter», heute spricht man eher von nationalem Habitus oder nationaler Mentalität. Aber auch der Transfer des Identi-

tätsbegriffs in das Umfeld solcher gesamtgesellschaftlichen Prägungsprozesse, mithin die Verwendung als «kollektive Identität», ist legitimierbar, und die Identitätskrisen erschließen jetzt aufs Neue Probleme im Verlauf der neuzeitlichen Nationsbildung. Insofern ist Habermas' Frage, ob und wie komplexe westliche, durchweg nationalstaatlich verfasste Gesellschaften eine angemessene, flexible, wirklichkeitsadäquate kollektive Identität ausbilden können, noch längst nicht befriedigend geklärt, geschweige denn abgetan, zumal die neuere Nationalismusforschung über die zahlreichen Irrwege und fatalen Auswirkungen fehlgesteuerter kollektiver Identitätsbildung hinreichend aufgeklärt hat. Führt eine differenzierte Identitätssprache nicht weiter als der offensive Appell zum Begriffsverzicht?

4. Einem evidenten Gewinn der neueren Identitätsdiskussion scheint sich Niethammer überdies zu verschließen. Wie die ältere soziologische Rollentheorie den Pluralismus der Rollen, die der einzelne in der Regel zu spielen hat, bereits herausgearbeitet hatte, insistiert jetzt auch die neue Theoriesprache auf den gleichzeitigen Pluralismus der Identitäten, auf der «multiple identity». In ein und derselben Person werden die Identitäten des Rheinländers, des Preußen, des Ehemanns, des Vaters, des Katholiken, des Vereinsmitglieds, des Deutschen aufgebaut und je nach den Kontextanforderungen aktiviert. So gesehen gibt es eine friedliche Koexistenz, aber auch einen offenen Wettbewerb der Identitäten. Die Anerkennung dieses Pluralismus erklärt, warum etwa der deutsche Nationalismus keineswegs eine regelmäßig, geschweige denn absolut dominierende Identität geprägt hat.

Vielmehr konnte ein katholischer Bauer, der sowohl durch Nationalismus und Konfession als auch durch sein ländliches Milieu geformt war, im August 1914 vor einen «Entscheidungskonflikt» (hier hybrider Augustnationalismus, dort Abneigung gegen Preußen und Sorgen um die Ernte) gestellt werden, bei dem er sich durchaus für die Höherrangigkeit seiner ländlichen Lebenswelt entscheiden mochte. Auf dieser Linie hat die Nationalismusforschung gezeigt, wie regionale, konfessionelle, klassenspezifische und nationale Identitäten in einem Individuum gespeichert werden, in Widerstreit geraten (wie in der Opposition des bayrischen Rekruten gegen den preußischen Krieg seit 1914) oder Koalitionen eingehen (wie zwischen Kulturprotestantismus, Bildungsbürgertum und Nationalismus). Auf jeden Fall wird damit der ehemals monolithisch wirkende Block des nationalgesinnten Deutschen (oder Franzosen oder Amerikaners), der angeblich nur eine einzige, eben seine nationale Identität besaß, radikal in Frage gestellt und faktisch aufgelöst. Diese Flexibilisierung hat das Tor zu einer realistischen Interpretation geöffnet.

5. Überdies unterschätzt Niethammer wegen seiner fundamentalkritischen Einstellung die in mancher Hinsicht befreiende Wirkung des verallgemeinerten Identitätsbegriffs, wie man das bei der Beobachtung der ausufernden amerikanischen Debatte wahrnehmen konnte. Anstatt weiter vom Zusammenprall «Afrikanischer Amerikaner» mit Asiaten, Latinos oder Weißen zu sprechen, konnte man eine gewisse Distanz gewinnen, in dem jetzt Identitäten zum Kampf um ihr Eigenrecht antraten, das dann im nächsten Gang für die Kontrahenten mit Statusaufwertung und Privilegiengewinn verbunden war.

Die ältere europäische Rede von Nationalitätenkonflikten hat sich in der multikulturellen, aber dem Selbstverständnis nach nie multinationalen amerikanischen Gesellschaft nicht durchsetzen können. Während in Europa die politische und rechtliche Einhegung von gefährlichen Nationalitätenkonflikten diskutiert wurde (und weiterhin erörtert werden muss), wurde in Amerika die Integration einer multiethnischen Gesellschaft der wohltätigen Wirkung der republikanischen Institutionen und des Verfassungspatriotismus, den zivilgesellschaftlichen Normen und der einheitlichen Sprache anvertraut. Vielleicht bildet das neue Sprachspiel mit seiner emphatischen Überhöhung von Identitäten mit ihrer je eigenen unverwechselbaren Würde die Chance, die Konstruktion des friedlichen Zusammenlebens in verbesserten institutionalisierten Formen und respektvoller als zuvor in Angriff zu nehmen. So sehen es viele Amerikaner. Jedenfalls ist die Hoffnung auf diese Wirkung spürbar vorhanden und nicht nur die Angst davor, dass die neue Identitätspolitik auf der Linie von Niethammers Pessimismus zu einer Radikalisierung der Auseinandersetzungen führen könnte, weil für jede Konfliktpartei nur mehr letzte Güter, höchste Wertprioritäten auf dem Spiel stehen, die keine Kompromisse zulassen.

6. Wenn jemand eine so tiefsitzende Aversion gegen eine unkontrollierbare Begriffsinflation und gegen das mörderische Potential von Identitätspolitik hegt – und wer würde, noch einmal, solchen

Motiven den Respekt versagen? – der müsste eigentlich angestrengt nach überlegenen Alternativen suchen, die zuerst wissenschaftlich befriedigen, eine größere Trennschärfe und Erklärungskraft besitzen, vielleicht dann auch, Clio volente, im öffentlichen Sprachgebrauch den Identitätstrend zurückdämmen. Die «Wir»-Sprache kann eine solche Alternative ernsthaft nicht sein. Wohl aber hätte Niethammer zum Nutz und Frommen des Lesers andere Optionen abwägen können.

So könnte etwa die moderne Mentalitätsforschung, die sich von der einseitigen Fixierung ihrer französischen Entstehungsphase längst gelöst hat, einige Probleme der Identitätsdebatte vermutlich präziser erfassen. Oder das Habituskonzept Pierre Bourdieus, das seine Leistungsfähigkeit in der Klassen- und Nationalismusanalyse bereits bewiesen hat, könnte wahrscheinlich manche Frage befriedigender beantworten als der aufgeblähte Identitätsbegriff. Beide Theorien sind jedoch für die grenzenlose Verallgemeinerung, wie sie Identität erfahren hat, nicht geeignet. Sie verlören sofort ihre klaren Konturen und ihre Leistungsfähigkeit. Wohl aber wären sie für die überzeugendere Analyse mancher Probleme als wissenschaftliche Konkurrenz geeigneter. Es ist verwunderlich, dass Niethammer die Suche nach Alternativen, vielleicht auch etwas resigniert angesichts der Übermacht der Identitätswelle, so früh abbricht, obwohl seinem kritischen Engagement die Verteidigung tragfähiger anderer Optionen entsprochen hätte.

Lutz Niethammer hat ein provokatives Buch geschrieben. Ihn beschäftigen viele Probleme zur selben Zeit, sodass geradezu ein «embarras de richesse» entsteht. Manche Fragen werden höchst gelehrt, im Grunde für die «community of scholars», behandelt, andere wiederum im aufgelockerten Stil eher ironisch-polemisch für ein weiteres Publikum. Der erhofften politischen Wirkung steht der Umfang des kleines Wälzers vermutlich zunächst entgegen. Doch lebhafte Zustimmung und entschiedene Einwände vermag das neue Werk Niethammers allemal auszulösen. Seine Diagnose und seine Sorgen verdienen hierzulande endlich eine breitgefächerte Diskussion.

16. Der neue Ressentiment-Revisionismus

Wer es heutzutage unternimmt, eine Geschichte Deutschlands im 20. Jahrhundert zu schreiben, trifft auf eine lebhafte Konkurrenz. Unlängst haben etwa Heinrich August Winkler, Eberhard Jäckel, Holger Herwig, Christian v. Krockow und Michael Stürmer ihre Deutungen vorgelegt; zumindest Teile des letzten Jahrhunderts sind von Thomas Nipperdey, Wolfgang Mommsen, Volker Ullrich, Dieter Hertz-Eichenrode, Ernst Rudolf Huber u. a. behandelt worden, und in den jüngeren Darstellungen zur europäischen oder gar globalen Geschichte, von Eric Hobsbawm z. B., Gabriel Kolko, Mark Mazower und Dan Diner spielt Deutschland keine unerhebliche Rolle. Man muss daher schon seinen eigenen Weg gehen, um mit einem unorthodoxen, eine komplexe Verlaufsgeschichte überzeugender als bisher erfassenden Ansatz im Vergleich bestehen oder die Vorgänger sogar übertreffen zu können. Daher verblüfft es, dass sich der Berliner Historiker Henning Köhler in seiner «Jahrhundertgeschichte» Deutschlands für die konventionellste aller Möglichkeiten: für eine narrative, streng chronologisch orientierte Politikgeschichte, entschieden hat[1]. Da seine Interpretation auch keinem klaren Strukturierungskonzept folgt (wie etwa Winklers «langer Weg nach Westen»), sondern sich von einer durch politische Zäsuren markierten Epoche zur nächsten voranbewegt, ist das Projekt von Anfang an dem Einwand des methodischen Anachronismus ausgesetzt.

Diesen Autor treibt offensichtlich keine Neugier voran: Was die Wirtschaftsgeschichte, die Sozialgeschichte, die «neue Kulturgeschichte» ihm zu bieten haben, um komplizierte Probleme genauer identifizieren, erschließen und erklären zu helfen, kümmert ihn nicht. Aber auch seine Politikgeschichte beschränkt sich auf eine Höhenkammwanderung, kommt bar jeden analytischen Interesses daher, verzichtet mithin auf jede theoretisch geschärfte Begrifflichkeit und vermag daher auch keine Analyse mit attraktiver Erklärungskraft zu entwickeln. Als ob er den matten Gang seiner Erzählung gespürt hätte, sucht der Verfasser das Defizit durch eine geradezu cholerische Bekenntnisfreude beim Fällen schroffer Werturteile wettzumachen. Deshalb wechselt er öfters zwischen selbstzufrieden daherdümpelnder Berichterstattung und heftiger Belehrung vom hohen Kothurn des besserwissenden Praeceptor Germaniae. Nur selten lässt er sich bei einem kontroversen Sachverhalt die Chance entgehen, sein Fehlurteil zuzuspitzen. Insofern ist diese Geschichte Deutschlands «auf dem Weg zu sich selbst» trotz aller anderen Syntheseversuche tatsächlich das Unikat eines genuinen Lückenfüllers: Bisher hat es eine Darstellung mit einem derart unverhüllten Drang zum reaktionären Verdikt noch nicht gegeben.

Diese Eigenart lässt sich jeweils an einigen Beispielen aus den behandelten Epochen illustrieren. Die politische Struktur des Kaiserreichs als «halbkonstitutionell oder halbabsolutistisch zu denunzieren» gehe nicht an, behauptet der Verfasser, obwohl die parlamentsautonome Domäne des Militärs und die fehlende Parlamentarisierung diese Charakterisierung nicht wenigen Historikern geradezu aufgedrängt haben. Über die Parteien: den Aufstieg und Niedergang des Liberalismus, den Konservativismus, das katholische Zentrum vernimmt man nichts, nur die «staatsfeindliche Bewegung» der SPD, die man «heute … extremistisch» nennen würde, wird beklagt. Hätte man etwa das Sozialistengesetz bis 1914 verlängern sollen? Warum ist bloß die Sozialdemokratie von einer Vielzahl politischer Köpfe seit den 1890er Jahren als konstitutionelle Oppositionspartei par excellence betrachtet worden? Und warum hat selbst der konservative Reichskanzler v. Bethmann Hollweg geglaubt, eine vernünftige Politik könne er nur mit dieser Linken betreiben? Die Kritik an den Machteliten hält Köhler für verfehlt: Sie verkörpere nur den Erfolg alliierter und «sozialdemokratischer Propaganda mit Langzeitwirkung». Schon der Begriff der «Junkerherrschaft» sei «marxistisch getönt». Die Sprache großer Wissenschaftler: der Schmoller, Knapp, Meitzen, Mommsen, Weber, Sombart, Preuss ist dem Autor offenbar unbekannt. Natürlich sind dann auch die Agrarsubventionen für den ostelbischen Großgrundbesitz «unumgänglich». Die informelle sammlungspolitische Allianz zwischen Großwirtschaft und Großlandwirtschaft wird als «Fiktion» enthüllt. Überhaupt gab es, im Gegensatz zu dem, was Rathenau und andere kluge Zeitgenossen glaubwürdig konstatierten, im Kaiserreich kein «Establishment».

Dass die Heeresexpansion im Kriegsministerium, Militärkabinett und Generalstab mit elitärem Dünkel verfolgt wurde, weil dadurch «demokratische Elemente» in das homogene Offizierkorps eindringen könnten (soll heißen: bürgerlicher, vielleicht sogar liberal angehauchter Nachwuchs), hält Köhler für «absolut unglaubwürdig», obwohl diese gebremste Befürwortung der Aufrüstung in mehreren gedruckten Denkschriften längst nachzulesen ist. Im Hinblick auf die Julikrise 1914 hält er die These von der Berliner «Flucht in den Krieg», eine weithin als treffend akzeptierte Denkfigur zur Deutung der aggressiven Defensivhaltung, für schlichtweg «falsch». Nicht Deutschland war der Unruhestifter, der Wien für seinen Balkankrieg grünes Licht gab. Gefährlich revisionistisch gerierten sich vielmehr die beiden Großmächte Frankreich und Russland, seit 1892 in einer Allianz verbunden (die Einkreisungsfurcht war also nur zu berechtigt), die jenen Mechanismus geschaffen habe, der in Wahrheit den Weltkrieg auslöste. Von deutscher Schuld zu sprechen bezeuge nur borniert «Glaubensgewissheit», einen «stichhaltigen Nachweis» vermochte Köhler in der riesenhaft angeschwollenen Literatur mit einem diametral entgegengesetzten Urteil nicht zu finden.

Seit 15 Jahren wird immer differenzierter herausgearbeitet, dass der bildungsbürgerlichen Kriegseuphorie im August 1914 keineswegs die niedergeschlagene Stimmung in den Arbeitervierteln und der ländlichen Gesellschaft entsprach. Köhler findet es, von der neueren Nationalismusforschung völlig unberührt, schlechthin empörend, wie das hehre Augusterlebnis «degradiert» werde. Verantwortlich sind auch hierfür seine Lieblingsfeinde, die «Linksintellektuellen», denen die «nationale Geschlossenheit» nach dem Triumphzug des reichsdeutschen «Nationalgefühls» so unverständlich geblieben sei, dass sie es nur als «Chauvinismus» stigmatisieren konnten. Im Überfall auf das neutrale Belgien sieht Köhler eine militärisch «einmalige Leistung». Anstatt den Aberwitz der maßlosen deutschen Kriegsziele zu geißeln, findet er die Ursache der Auseinandersetzung über diesen Hyperexpansionismus erneut in dem Umstand, dass «die Linksintellektuellen ... in der deutschen Gesellschaft eine Sonderstellung» besetzt hätten, von der «seit 1945 wachsender Einfluss» ausging. Den innergesellschaftlichen Problemstau kann Köhler nicht erfassen, da er in der «Klassengesellschaft im Krieg» nur eine «marxistische Perspektive» sieht, und das ist für ihn allemal ein Verdammungsurteil, das die Probleme zudeckt. Am Januarstreik von 1918 ist ihm nur der «Terror von Streikaktivisten gegen Arbeitswillige» erwähnenswert. Wen überrascht es da noch, dass er in der «Volksgemeinschaft im Schützengraben» die «Alternative zum marxistischen Klassenkampfschema» entdeckt. Der Kritik an dem karthagischen Frieden, den Deutschland in Brest-Litowsk Russland aufzwang, hält Köhler entgegen, dass er kein «deutsches Unrecht an Russland zu erkennen» vermöge – immerhin verlor das Land ein Drittel seiner Bevölkerung, mehr als die Hälfte seiner Industrie, 90 % seiner Kohlengruben, ein Drittel seines Ackerbodens und Eisenbahnnetzes. Bei der überall von deutschen Truppen unterstützten Verselbständigung der Randgebiete zu Staaten war, Heureka, die «List der Vernunft» am Werk. Schließlich die Niederlage des Heeres gegen eine gewaltig überlegene Koalition? «Weitgehend ein Werk Ludendorffs». Ohne ihn also ein glorreicher Sieg?

Selbstverständlich brach auch im November 1918 keine deutsche Revolution aus, da es überhaupt keine «massiven politischen und sozialen Missstände und Blockierungen» gab, die als Initialzündung hätten fungieren können. Die «Umsturzbewegung» obsiegte nur wegen der militärischen Niederlage. Vergeblich der Nachweis eindringlicher Studien, wie weit auch das hochgestiegene innergesellschaftliche Konfliktniveau den Charakter der Revolution bestimmte. Dass mit den vielleicht unvermeidbaren Versäumnissen von 1918/19 auch eine «verhängnisvolle Weichenstellung» hin zu 1933 erfolgte, ist für Köhler eine «leere Behauptung». Auf Handlungsspielräumen in der Umbruchsituation 1918/19 zu insistieren, gilt ihm folgerichtig als «völlig deplaziert». Der Übergang zur Republik wurde freilich erschwert, z. B. durch die von «russischen Juden beherrschte Republik» in München. Vornehmlich aber durch den Kriegsschuldvorwurf mit seiner «Verletzung des Rechtsgefühls», die eine Kampagne gegen den Versailler Frieden zu Recht auslöste. Überhaupt lastet auf diesem Vertrag eine schwere Bürde: «er trennte Deutschland faktisch vom Westen». So leicht lässt sich historische Schuld verteilen.

Der Kapp-Putsch war offenbar eine bizarre Quisquilie, jedenfalls keine «fehlgeschlagene Gegenrevolution». Dagegen verkörperte der erfolgreiche gewerkschaftliche Aufruf zum Generalstreik gegen den Coup eine «ungesetzliche Aufforderung». Die Fusion der SPD mit der Rest-USPD führte zu einer «Weichenstellung, die zum Untergang der Weimarer Republik in erheblichem Maße beitrug». Und Kurt Sontheimers brillante Kritik am «antidemokratischen Denken» als Wegbereiter des «Dritten Reiches» erscheint hier als «früher Versuch politischer Korrektheit von politologischer Seite». Überhaupt schätzt Köhler die Konkurrenz der Politikwissenschaftler ganz und gar nicht. Karl Dietrich Brachers eminent einflussreiche Analyse der «Auflösung der Weimarer Republik» etwa, ein erster herausragender Anlauf, historisch-genetische und systematisch-strukturelle Analyse miteinander zu verbinden, steckt voll «inadäquater Begriffe», weiß Köhler, von denen wir «endlich Abschied nehmen» sollen, ohne eine überlegene Alternative zu erfahren. Und geradezu hasserfüllt klagt Köhler immer wieder Sebastian Haffner an, der sich gewiss manchmal vergaloppiert hat, etwa im Urteil über die SPD 1918 oder über Ulbricht, aber doch ein beneidenswert hellsichtiges, originelles, oft ins Schwarze treffendes historisches Urteil besaß. Wollte Köhler, nachdem er soeben mit seinen Vorwürfen gegen Haffners Erinnerungen rundum gescheitert ist, mit rechthaberischer Häme seiner Aversion noch einmal ungestört freien Lauf lassen?

Zu Brünings Kurs gab es, wen wundert's, keine Alternative. Anstelle der vielfach nachgewiesenen Besessenheit mit dem Reparationsproblem operiert Köhler mit einem verharmlosenden Primat der Innenpolitik. Dabei fällt kein Wort über eine so produktive Kontroverse, wie die von dem Münchner Wirtschaftshistoriker Knut Borchardt ausgelöste langjährige Debatte über die strukturellen Belastungen der Republik und Brünings Handlungsspielraum. Als die Diskussion begann, hat Köhler, umgangssprachlich gesagt, mit Schaum vor dem Mund Borchardt attackiert. Vergebens wartet man jetzt darauf, wie er die erhellenden Ergebnisse der Auseinandersetzung beurteilt und berücksichtigt. Eins aber weiß er mit seiner besten apodiktischen Pose: «Es gab keinen deutschen Sonderweg, der zum Jahr 1933 führt.» Sind es aber nicht höchst spezifische historische Bedingungen gewesen, die erklären helfen, warum Deutschland als einziges westliches Industrie- und Kulturland ein radikalfaschistisches Regime hervorgebracht und bis in den Untergang ertragen hat?

Und dann das «Dritte Reich»: Hilflos steht Köhler der charismatischen Führerherrschaft gegenüber, verwirft konkurrierende Deutungen des Nationalsozialismus aus einer 70jährigen Debatte und landet bei dem ungemein erhellenden Satz, dass dieser «primär die Diktatur Hitlers» war. Strukturgeschichtliche Erklärungsversuche wie die von Hans Mommsen bestätigen Köhler in seinem Urteil, dass «Strukturalismus generell etwas mit Unverständlichkeit zu tun hat». Die Polykratie der konkurrierenden Machtzentren konstituierte keinen Regimetypus, wie Köhler glauben machen möchte, sondern ein der charismatischen Herrschaft angemessenes Ensemble von führerimmediaten Sonderstäben zur Umgehung der normorientierten Staatsverwaltung. Dass Hans Globke zu den Nürnberger Rassegesetzen einen unsäglich perfiden Kommentar geschrieben hat – selbstredend, wie es bei den Herrschaften stets heißt, um Schlimmeres zu verhüten –, scheint Köhler nicht zu irritieren. Vielmehr beklagt er die «unzähligen Verunglimpfungen», die der wackere Mann seit 1945 zu erleiden hatte, als er, ausgerechnet er, zur Spinne im Netzwerk von Adenauers Kanzleramt geworden war.

Den Tiefpunkt dessen, was Köhler vermutlich als Befreiungsschlag versteht, präsentiert das Kapitel über den Zweiten Weltkrieg. Der Ostkrieg, «Überfall» sei ohnehin unzutreffend, wurde, heißt es da, aus militärischem Kalkül, nicht aus ideologischen Motiven geführt. «Moralisch qualifizierende» Begriffe wie Versklavungs- und Vernichtungskrieg verfehlten die wahre Natur dieses Krieges, der auch kein Kampf um «Lebensraum» war. Wozu dann aber der «Generalplan Ost», demzufolge 45 Millionen Russen in die Taiga östlich des Urals evakuiert werden sollten, wobei eine Verlustquote von 30 Millionen Menschen einkalkuliert wurde? Warum die gewalttätige Germanisierungspolitik unter Himmlers Fittichen zwischen Reichsgrenze und Ostfront? Wozu die zielstrebige Judenvernichtung seit dem Juni 1941? Hitler werde gründlich missverstanden, werden wir gegen die Beweise eines Berges an einschlägiger Literatur belehrt, «wenn man Antimarxismus und Antisemitismus für dominierende Elemente seiner Politik» halte. Der Judenmord sei kein «Hauptziel Hitlers» im Krieg gegen die Sowjetunion gewesen – weder sei das «nachzuweisen» noch überhaupt «wahrscheinlich». Köhler genügen zwei Gründe: Hitler wollte angeblich die große Zahl von Juden im Osten nur «los sein», eine denkwürdige Formulierung über Abermillionen Ermordete, und dazu Rache nehmen für die angeblich von Juden verschuldete Niederlage von 1918. Wozu dann die seit dem Frühjahr 1941 angeordnete lückenlose Ermordung der russischen Juden? Wozu der europaweit, mit pedantischer Präzision organisierte Holocaust, der zwei Drittel der europäischen Judenheit das Leben kostete? Woher die Entscheidung, den Abtransport von Juden in die Vernichtungslager stets als Priorität durchzusetzen, obwohl die Wehrmacht in ihren permanenten Krisensituationen jeden Wagon dringend benötigte? Ein wenig Belesenheit (Longerich, Pohl, Benz) kann man da schon für zumutbar halten.

Die Unterstellung einer weit verbreiteten Kenntnis des Verbrechens (auf Millionen unter den 80 Millionen Reichsbewohnern kommt man ja schon) hält Köhler für «im Kern denunziatorisch», Vorwürfe gegen die NS-Generation wegen ihrer «Mitschuld und Mitwisserschaft» erklärt er kurz und bündig für «aggressives Ignorantentum». Die längst hinlänglich nachgewiesene ideologische Indoktrination der Wehrmachtsoldaten als Weltanschauungskämpfer? Eine Legende, weiß Köhler, denn es gab kein deutsches Pendant zur russischen «unermüdlichen Hasspropaganda». Wie kann man die Arbeiten von Messerschmidt, Wette, Streit u. a. so schnodderig übergehen? Und der Zusammenbruch 1945? Erleichterung über das Kriegsende, aber beileibe keine Befreiung, obwohl sich die Deutschen von ihrer Diktatur nicht selber hatten befreien können. Noch Weizsäckers Rede von 1985 wirft Köhler die verhasste Metapher vor.

Die alte Bundesrepublik durchmisst Köhler im Geschwindschritt, öfters sogar mit erquicklich positiver Zustimmung. Doch über den Lastenausgleich und die Wiedergutmachung – imponierende innen- und außenpolitische Integrationsleistungen – erfahren wir genauso wenig wie über die umstrittene Konjunkturperiode des «Wirtschaftswunders». An der Spiegel-Affäre reizt Köhler, dass die Linksintellektuellen erneut, Bösewicht Haffner mitten unter ihnen, «plötzlich in Erscheinung traten», wie sie wenig später auch aus der Kritik an Erhards Entwurf einer «formierten Gesellschaft» ihren «Nutzen» zogen. Für die 68er Bewegung opfert Köhler gleich zehn eng bedruckte Seiten. Das lädt zum Vergleich ein mit der gähnenden Leere, wo es um die Hyperinflation, die Weltwirtschaftskrise seit 1929, die Veränderung der Sozialhierarchie oder den Lastenausgleich hätte gehen können. Offenbar drängen sich hier die Spätleiden eines Autors nach vorn, der seit jenen bewegten Tagen an der FU tätig ist. Zur Charakterisierung Brandts fallen dem Autor die «Frauen- und Alkoholgeschichten» ein. Dagegen findet er, dass Kohls Geheimkontenwirtschaft zwar «nicht zu billigen», doch nur zu «verständlich» sei, da er sich «außerhalb der vom Parteiengesetz vorgegebenen Schranken finanzielle Bewegungsfreiheit verschaffte, um zu schneller Hilfe fähig zu sein». Überhaupt umgibt Kohl eine

Jubelrhetorik, die selbst alte Hasen im Bundespresseamt vor 1998 nur mit Neid erfüllen könnte. Kohls Abwahl besitzt daher «Züge von Tragik», nachdem der große Mann – gab's da nicht auch irgendwann noch eine ostdeutsche Bürgerbewegung, Gorbatschow und Genscher, Bush und Baker? – in der deutschen Geschichte eine «fundamentale Wende» herbeigeführt hat.

Köhlers Buch steht im Schatten seiner larmoyanten Klage, dass die Bundesrepublik ihn an das Kaiserreich erinnert: «kein innerer Frieden», stattdessen «ein hohes Maß an innerer Spaltung und Zerrissenheit». Dass die Bundesrepublik ein vergleichsweise konfliktarmer Teil des Westens ist, vermag ihn da nicht zu trösten, da «der Westen» ein «alliiertes Propagandaprodukt» und seither ein «ideologisch befrachteter», diskreditierter Begriff ist. In seinem ungestillten Ressentiment zieht sich der Autor auf die Position zurück, dass der deutsche Nationalstaat 1945 doch nicht an sein Ende gelangt sei, wie die ekligen Linksintellektuellen weiß machen wollten. Vielmehr bedürfe er nachhaltiger Stabilisierung durch aufrechten Zuspruch. Zur Entlastung von irritierenden, destabilisierenden Schuldgefühlen will offenbar auch Köhlers geschichtspolitische Intervention beitragen. Der Gewinn der letzten Jahrzehnte für die politische Kultur der Bundesrepublik: die Entscheidung für nüchterne Selbstkritik und damit für Zukunftsfähigkeit verdient, das ist die Konsequenz seiner Position, nur Abwehr und Verdammung. Wer soll bloß für diesen uralten Neurevisionismus zu Beginn des 21. Jahrhunderts gewonnen werden?

17. Sondertalent Hitler:
Zwischenbilanz einer Fernseh-Serie

Die Anlässe zu Halbjahrhundertfeiern nehmen kein Ende: Fünfzig Jahre nach dem Ende des Zweiten Weltkriegs, erst in Europa, dann in Asien. Fünfzig Jahre nach dem Abwurf der ersten Atombomben. Jetzt also noch einmal der «Führer», fünfzig Jahre nach seinem schmählichen Ende, im Medium des Fernsehens und das gleich in sechs Folgen des ZDF.

Führt diese neue Serie – rund zwanzig Jahre nach Joachim Fests ebenso umstrittenem wie aufschlussreichem Film – in dem Sinne weiter, dass wir das Phänomen Hitler, den gesellschaftlichen und politischen Kontext, seinen Aufstieg und sein Regime, sein und seiner Deutschen barbarisches Zerstörungswerk besser verstehen als zuvor? Hat der vergrößerte zeitliche Abstand das Urteil zu präzisieren geholfen? Sind vielleicht sogar neue Perspektiven auf den «zweiten Dreißigjährigen Krieg» in der ersten Hälfte des «kurzen 20. Jahrhunderts» zwischen 1914 und 1991 eröffnet worden?

Hitler als «Privatmann» am Beginn? Das war eine falsche Entscheidung, da man diese Geißel der Menschheit als einen Mensch mit seinen Stärken und Schwächen nicht präsentieren kann. Man muss es daher auch nicht zu tun versuchen. Denn als Mensch in seiner privaten Existenz ist dieser Hitler ein Nichts, eine Spottgeburt aus Dreck, niemals aus Feuer, wohl aber aus tiefstem Provinzialismus, aus unsäglicher Verklemmtheit, deshalb auch mit einem megalomanen Kompensationsbedürfnis auf die Erfüllung seiner Wunschvorstellungen drängend. Gar nichts besitzt er von einem Vollblutpolitiker und vollblütigen Menschen wie Bismarck oder Napoleon, wenn man sie denn bloß in diesem Medium vorführen könnte. Ganz und gar geht dieser Mann aus Braunau in seiner politischen Existenz auf.

Verfehlt ist überdies die «Human-Interest»-Taktik, durch Zeitzeugen ein Lichtlein auf Hitler werfen zu lassen. Da marschieren sie denn auf, die Achtzigjährigen: die Köchin, die Sekretärin, der Kammerdiener, der Sohn des Vertrauten – eine makabre Parade von Pseudoexperten, die wie selbstverständlich noch von ihrem «Führer» sprechen. Offenbar ist die Legende unausrottbar, dass ein lebendiger Zeuge mit seiner Schlüssellochperspektive dem präzisen Kommentar eines wirklichen Kenners, etwa eines der vier beratenden Historiker, überlegen, weil authentisch sei. Wohltuend unterbrochen wurde dieser gespensterhafte Auftritt durch den Rückblick einiger klugen Frauen, die über die Verführbarkeit der jungen Leute von damals ungleich gescheiter zu urteilen verstanden als die an ihre HJ-Zeit zurückdenkenden Männer.

Verführen – das konnte der aus dem Nichts auftauchende «böhmische Gefreite», den trotz der aberwitzigen Verluste an Führungspersonal, die das deutsche Heer im Weltkrieg hinzunehmen hatte, kein einziger Vorgesetzter auch nur für einen Unteroffizierlehrgang vorgeschlagen hatte, den aber ein Dutzend Jahre später Millionen als neuen Messias abgöttisch verehrten. Das Dilemma der visuellen Präsentation des Verführers taucht hier, wie zuvor in Fests Film, erneut auf. Wir hängen weithin von dem Filmmaterial ab, das von der NS-Propaganda zur Klärung und Überhöhung der übernatürlichen Kompetenz des «Führers» bereitgestellt worden ist. Deshalb sehen wir Hitler, *nolens volens*, aus genau jener Perspektive, aus der seine PR-Leute den neuen Heiland gesehen haben wollten. Davon geht ein teils direkter, teils sehr subtiler Sog aus, der die Wahrnehmung und das Urteil beeinflusst, daher unbedingt einer kräftigen Gegensteuerung bedarf, für die es in diesem Medium unterschiedliche Möglichkeiten gibt.

Dabei geht es nicht nur darum, die Suggestivkraft aufzulösen. Vielmehr muss auch der erquicklich direkten, aber verständnislosen Reaktion von Jüngeren heutzutage entgegengewirkt werden, die es nicht begreifen können, dass ihre Großeltern diesem «Brüllaffen» erliegen konnten. Da genügen dann nicht einige Stichworte wie Versailles, Inflation, Weltwirtschaftskrise. Der neuartige und Abertausende faszinierende Stil dieses Berufspolitikers kann doch gerade im Film dem Zuschauer erklärt werden, damit kontrolliertes Verstehen an die Stelle ratloser Ablehnung tritt. Eine verzerrte Tonwiedergabe, mehrfach bewusst eingesetzt, verstärkt nur den Eindruck des unverständlich Exotischen.

Im Grunde stößt man hier auf das Hauptproblem der ersten Folgen dieser Hitler-Serie, ein Problem, das auch an Fests Pionierfilm schon klar hervorgetreten ist. Zugegeben, Hitler soll im Mittelpunkt stehen, nicht die braune Diktatur als politisches System und als kriegführende Macht. Dennoch hängt alles davon ab, wie überzeugend der gesellschaftliche und politische Kontext, das Ensemble von Antriebskräften für den Aufstieg Hitlers und den Absturz in die Barbarei, kurzum: wie die konkrete historische Ermöglichung Hitlers im Medium des Films eingefangen werden kann. Geschieht das nicht auf eine überzeugende Weise, wirkt Hitler allzu leicht wie der Einbruch des Dämonischen (zumal noch aus Österreich importiert) in eine Welt, die zwar durch die anderthalb Jahrzehnte seit 1914 in Unordnung geraten war, aber eigentlich, so lautet häufig die Verteidigung, noch hinreichende Resistenzkraft gegenüber einer Diktatur besessen habe. Stattdessen muss doch immer wieder die spezifische Anfälligkeit der reichsdeutschen Gesellschaft für eine autoritäre Lösung der Krisen seit 1929, muss die historische Konstellation mit der Tiefendimension älterer und neuerer Traditionsbestände vorgestellt werden, welche die Hitler-Regierung von 1933, dann aber vor allem die totalitäre Diktatur bis 1945 realisierbar gemacht haben.

Eine Hitler-Biographie oder eine Darstellung der NS-Epoche kann diesem Anspruch mit tiefgestaffelten Argumenten ungleich besser gerecht werden als ein Film – auch wenn er insgesamt neun Stunden in Anspruch nimmt. Dennoch: Auf die Überzeugungskraft, auf die Glaubwürdigkeit, auf die nüchterne Erklärung der historischen Bedingungen, die Hitler und seine Bewegung emporgetragen und oben gehalten haben, kommt es auch in dem ganz anderen Medium des Films entscheidend an, wenn man denn an zeitgemäßer Aufklärung über die Schrecken dieser Vergangenheit mitwirken will.

Zum Beispiel: Es genügt nicht, mehrfach von der Verführbarkeit der Massen zu sprechen, ohne die Gründe klar auszuführen. Es genügt nicht, die Verherrlichung Hitlers anzuprangern, ohne die Technik der Stilisierung zum Übermenschen und die Gründe der Breitenwirkung genau zu nennen. Es genügt nicht, einen Blick auf die «Kraft-durch-Freude»-Unternehmen zu werfen, ohne die Faszination der «Volksgemeinschaft» zu erklären, die gewiss nur Lug und Trug war, aber tief eingefressene Klassenunterschiede endlich zu überwinden versprach.

Vermutlich hängen solche Fragen mit dem weiteren Problem zusammen, dass die Filmemacher keine klare Interpretation Hitlers und des Nationalsozialismus ihrer Serie zugrunde gelegt haben. Sie haben vier renommierte Zeithistoriker für die Beratung gewonnen, aber jeder von ihnen steht für eine andere Position im Streit der Wissenschaftler. Der neue Hitler-Film hätte aber eine große Chance geboten: In diesem wirksamen Medium nämlich, in Bild und Ton jene historische Konfiguration plausibel zu übersetzen, die in Deutschland als einzigem zivilisierten und hochindustrialisierten Land einen solchen «Radikalfaschismus» und das ganz spezifische politische Ordnungsgefüge der «charismatischen Herrschaft» Hitlers ermöglicht hat. Denn heute bietet «charismatische Herrschaft» im Sinne Max Webers die schlüssigste Interpretation, um dem unleugbaren politischen Sondertalent Hitlers und seiner fatalen Wirkung bis sage und schreibe zum April 1945, um dem NS-Regime und seiner Kriegspolitik nach innen und außen gerecht zu werden.

Fesselnd sind für den historisch interessierten Zeitgenossen die bisher gesendeten Teile des Hitler-Films allemal. Den Älteren wird beim heiserem Gebell der «Führer»-Stimme weiterhin ein Schauer über den Rücken herunterlaufen. Trotzdem: Es bleibt, wie es jetzt aussieht, die große Herausforderung bestehen, an Hitler, an die deutsche Gesellschaft und die von ihr mitgetragene Politik zwischen 1919 und 1945 mit einer solchen erklärungskräftigen Deutung heranzugehen und sie auf eine dem Film adäquate Weise für den Zuschauer zu übersetzen. Deshalb: Die Klappe fällt, ein neuer, überzeugender Hitler-Film kann unverdrossen in Angriff genommen werden.

18. Das Duell zwischen Sozialgeschichte und Kulturgeschichte

Vor einem Vierteljahrhundert hat eine leidenschaftliche Grundlagendiskussion der Historiker, vor allem in Amerika, Frankreich und England eingesetzt. Dort wird über eine «neue Kulturgeschichte» debattiert, die ihren Überlegenheitsanspruch gegenüber der Sozialgeschichte frühzeitig angemeldet hat. Seither wird darum gestritten, ob – pointiert gesagt – der Gesellschaftsbegriff der Sozialgeschichte durch den Kulturbegriff der «neuen Kulturgeschichte» ersetzt werden muss. Zu Beginn folgt daher an dieser Stelle ein kurzer Rückblick auf die Entstehung und den Anspruch der Sozialgeschichte, anschließend wird die Frage geprüft, ob die Sozialgeschichte erweiterungsfähig ist oder ob die neue «Historische Kulturwissenschaft» ihren Kairos erlebt[1].

In der westdeutschen Neuzeitgeschichte war in den 1950er/60er Jahren die Dominanz der Politikgeschichte noch ganz unbestritten. Auch die Ideengeschichte wirkte an vielen Universitäten fest etabliert. Beide Disziplinen waren, von wenigen rühmlichen Ausnahmen abgesehen, ziemlich starr fixiert auf die äußere und innere Staatsbildung von der Frühen Neuzeit bis in die Epoche der Nationalstaaten, auf die Ereignisgeschichte vor allem der als vorrangig betrachteten Außenpolitik, auf die Höhenkamm-Literatur der neueren europäischen Geistesgeschichte. Demgegenüber wirkte auf eine jüngere Generation die Geschichte von Wirtschaft und Gesellschaft einschließlich ihres Interdependenzverhältnisses zur Politik ungleich attraktiver. Die kontinuierliche Auseinandersetzung mit diesen Problemen war jedoch an den deutschen Universitäten seit dem

Untergang der «Jüngeren Historischen Schule der Nationalökonomie» abgerissen.

Die zuerst völkisch, dann nationalsozialistisch kontaminierte «Volksgeschichte» zwischen dem Ende des Ersten und des Zweiten Weltkriegs hatte nur sehr selektiv einige sozialhistorische Fragen aufgegriffen. Einige ihrer Exponenten, etwa Otto Brunner, Gunther Ipsen, Werner Conze und Theodor Schieder, verfolgten nach dem sprachkosmetischen Wechsel von der «Volksgeschichte» zur «Sozialgeschichte» ihre früheren, aber auch neue Interessen auf diesem Gebiet nach 1945 weiter, unterstützten jüngere Wissenschaftler und trugen zu einer institutionellen Anerkennung der Sozialgeschichte in der Bundesrepublik bei.

Die kräftige sozialgeschichtliche Strömung, die sich seit den 1960er Jahren ausdehnte, erhielt jedoch ihre entscheidenden Impulse durch das Werk von Max Weber und Karl Marx, insbesondere auch durch die Anregungen von Hans Rosenberg, die in vielen Fällen durch Gerhard A. Ritter weiter vermittelt wurden. Diese wissenschaftsgeschichtliche Klarstellung wird zum einen durch die Veröffentlichungen der neueren Sozialhistoriker, zum anderen durch den quantifizierbaren Vergleich ihrer wissenschaftlichen Herkunft unzweideutig bestätigt.

Für die Konkretisierung der Analyse genügte indes der Rückgriff auf Weber und Marx nicht. Vielmehr musste sich die Sozialgeschichte dafür den eher systematisch argumentierenden Nachbarwissenschaften zuwenden, die als Ideen-, Theorien- und Methodenspender in Frage kamen. Das waren die Soziologie, die Ökonomie und die Politikwissenschaft. Mit dieser Entscheidung waren jedoch erhebliche erkenntnistheoretische Probleme verknüpft.

Wie sollte, lautete die vordringliche Frage, vergangene Wirklichkeit überhaupt neu konzeptualisiert werden? Im Sinne von Max Webers «Objektivitäts»-Aufsatz ging es um ein typisches Problem des historischen Konstruktivismus. Bisher hatte für die Neuzeithistoriker der Staat meist als zentrale, vorgegeben Kategorie gegolten, an die sich andere Kategorien wie Krieg, Verfassungskonflikt, Parteienkampf ankristallisierten. Jetzt aber ging es unter dem Einfluss von Weber und Marx darum, «Wirtschaft» als ein dynamisches, institutionalisiertes Bewegungszentrum zu konstruieren, das die Entwicklung des Agrar-, Gewerbe- und Handelskapitalismus, zuletzt auch des Industriekapitalismus voranstieß.

«Gesellschaft» wurde in engster Verbindung mit der modernen Wirtschaft konzeptualisiert. Daher fühlte sich die neuere Sozialgeschichte bei den «marktbedingten Klassen» Max Webers, ob Besitz- oder Erwerbsklassen, am wohlsten. Der Gesellschaftsbegriff war flexibel genug, um auf Städte und ländliche Regionen, auf kleine Einzelstaaten und großräumige Nationalstaaten angewandt werden zu können.

«Politik» galt im Kern als interessengeleiteter Kampf um Macht und Herrschaft in einer Arena, die von restriktiven sozialen und ökonomischen Bedingungen so weitreichend determiniert wurde, dass man mit der Analyse dieses Bedingungsgeflechts – das war die ursprüngliche Annahme – Politik sogar zu erklären hoffte.

Methodisch ging es um das Bemühen, hermeneutisches Verstehen mit Erklären aus dem Fundus des theoretischen Gegenmaßwissens zu kombinieren. Auch das Erklären von Phänomenen, die nicht notwendig ihren Niederschlag in den Quellen gefunden hatten, diente selbstverständlich einem umfassenderen Verständnis historischer Probleme, als dies dem Historismus gelungen war. Gegenüber seinem verengten Individualitätsbegriff wurden jetzt überindividuelle Prozesse und Strukturen ins Feld geführt, denen eine hohe Erklärungskraft zugebilligt wurde.

Der theoretische und methodische Schwachpunkt der neueren Sozialgeschichte bestand von Anfang an darin, dass kulturelle Traditionen, «Weltbilder» und Sinnkonstruktionen, Religion, Weltdeutung und Perzeption der «Realität» durch die Akteure, Kollektivmentalität und Habitus in ihrer wirklichkeitsprägenden Kraft unterschätzt, im Forschungsprozess an den Rand gedrängt oder sogar völlig übergangen wurden. Ihre Bedeutung wurde zwar abstrakt konzediert, forschungspragmatisch aber lange Zeit zu sehr vernachlässigt.

Interessengeleitete Ideologien schienen ungleich besser zu dem sozialhistorischen Ansatz zu passen. Da man aber bei Max Weber hätte lernen können, das Handeln immer sinn- und deutungsgeleitetes Handeln ist, bedeutete die Vernachlässigung von Sinnkonstruktionen, «Weltbildern» und Wirklichkeitsdeutungen eine Halbierung der Weberschen Handlungstheorie. Mit anderen Worten, die doppelte Konstituierung der Realität: zum einen durch die sozialen, ökonomischen, politischen und kulturellen Bedingungen, zum anderen durch die Sinndeutung und Konstruktion von Wirklichkeit durch die Akteure selber, wurde nicht ernst genug genommen.

Die Entwicklung der Sozialgeschichte ist geraume Zeit durch die politische und geistige Großwetterlage begünstigt worden. Der Ausbau der Wirtschaft und Gesellschaft der Bundesrepublik demonstrierte die Bedeutung dieser Wirklichkeitsbereiche, insbesondere in jener Zeit, die Eric Hobsbawm das «Goldene Zeitalter» (1949–1973/75) des westlichen Aufstiegs nach dem Zweiten Weltkrieg genannt hat. Die politische Reformphase der späten 1960er und 70er Jahre verschaffte spürbaren Rückenwind. Das intellektuelle Klima unterstützte ein relativ optimistisches Fortschrittsdenken, deshalb auch die Attraktivität der Modernisierungstheorien zur Deutung langlebiger Evolutionsprozesse.

Es wäre kokett, auf die Leistungsbilanz der westdeutschen Sozialgeschichte ausführlicher einzugehen. Aber sie kann sich in der Forschung über Interessenverbände und Parteien, Unternehmen und Arbeiterschaft, Klassenbildung und Mobilität, Imperialismus und Rüstungspolitik, Liberalismus und Demokratie, nicht zuletzt über den Nationalsozialismus auch und gerade im Vergleich mit anderen Ansätzen und anderen Ländern durchaus sehen lassen.

Andererseits sind auffällige Lücken bestehen geblieben: Religion und Recht, Technik und Krieg, Internationale Beziehungen und Außenpolitik blieben an der Peripherie. Die Geschlechtergeschichte ist von feministischen Historikerinnen, nicht von der neueren Sozialgeschichte auf die Agenda gesetzt worden. Lange Jahre gab es in der Geschichte des Bürgertums, des Adels, der Bauern und Landarbeiter riesige Lücken. Auch die Zeit nach 1945 ist eklatant vernachlässigt worden. Der Sog der «Sonderweg»-These, die den «Zivilisationsbruch» zwischen 1933 und 1945 erklären wollte, hat unleugbar einen hohen Preis verlangt.

Der internationale Aufschwung und die Theoriedebatte der «Neuen Kulturgeschichte» griffen seit den 1980er Jahren auch auf die Bundesrepublik über. Sieht man von einigen Sonderbedingungen ab, lassen sich die wichtigsten allgemeinen Einflussfaktoren knapp zusammenfassen.

1. Die Enttäuschung über die Großtheorien von Marx, Weber, Luhmann, Parsons, welche die hochgespannten Erwartungen nicht erfüllt hatten, breitete sich aus. Damit hing auch der Widerstand gegen die Abstraktheit und vermeintliche «Kälte» der Prozess- und Strukturanalyse in einer Zeit zusammen, die «Betroffenheit» und «Befindlichkeit» zu ihren Kultworten erhob. Kontingenz-

erfahrungen wurden gegen die strukturelle Determination geltend gemacht.

2. Hinzu kam die Diskreditierung des optimistischen Fortschrittsglaubens durch die Umwelt- und Wachstumskrisen, die Staaten- und Bürgerkriege.

3. Mit derartigen Erfahrungen wuchs der Zweifel am Projekt der westlichen Modernisierung, der Aufklärung, ja der Überlegenheit der liberalen Demokratie überhaupt.

4. Lebensgeschichtlich geht von dem Multikulturalismus großer westlicher Gesellschaften ebenso eine Aufwertung von «Kultur» aus wie von der Erfahrung mit fundamentalistischen Protestbewegungen gegen eine beschleunigte Modernisierung nach westlichem Vorbild. Beiden Phänomenen könnte man von einem ausschließlich sozialökonomischen Ansatz her in der Tat nicht gerecht werden.

5. Anregungen der neueren Sprachphilosophie, insbesondere aber der strukturalistischen Sprachtheorie haben einige der Grundsteine für die «linguistische Wende», für die Privilegierung sprachlicher Ereignisse und Symbolgebilde gelegt – bis hin zu der inzwischen verblassten extremen Variante, wonach die gesamte historische Welt nur als ein Text zu verstehen sei.

6. Michel Foucaults Diskursanalyse, die ebenfalls von strukturalistischen Prämissen ausging, hat die «linguistische Wende» und die kulturwissenschaftliche Neuorientierung unterstützt. Freilich hat sich sein erstaunlicher Einfluss nur sehr selten auf die konkrete Arbeit von Historikern ausgewirkt, die sich dann auch eher auf ein deklamatorisches Lippenbekenntnis beschränkt haben.

7. Ein neuer Konstruktivismus, der über Max Webers neukantianische erkenntnistheoretische Position noch hinausgeht, hat im Anschluss an Alfred Schütz, Peter Berger und Thomas Luckmann, aber auch an andere Sozialtheoretiker und vor allem an einige Ethnologen die Reifizierung des historischen Gegenstandes aufgebrochen. An seine Stelle tritt die bewusste, methodisch kontrollierte Konstruktion historischer Probleme im Lichte der erkenntnisleitenden Interessen des Historikers.

8. Gegen die Strukturgeschichte überhaupt, besonders aber gegen den Strukturalismus in der modernen Sozial- und Gesellschaftsgeschichte wird die Weltdeutung und Aktionsfähigkeit des Individuums, wird die bislang angeblich sträflich vernachlässigte

«Agency» das folgenreiche Handeln historischer Akteure geltend gemacht, individuelle Erfahrungsgeschichte gewinnt so ihren unverwechselbaren Rang.

9. Gegen die Dominanz überindividueller Prozesse und Strukturen wird die Perzeption von Realität durch den Einzelnen und größere menschliche Verbände, seine verzerrte oder realitätsnahe Wirklichkeitserfassung, die in jedem Fall sein Denken und Handeln bestimmen, ins Feld geführt. Das Interesse daran, wie die Mächte «hinter dem Rücken» des Individuums von diesem selber verarbeitet werden, wird dem beanspruchten Durchsetzungsprimat anonymer Potenzen diametral entgegengesetzt.

10. Gegen die Bevorzugung der sozialökonomischen und politischen Konstellationen durch die Sozialgeschichte wird der Vorrang von kulturellen Sinnkonstruktionen und «Weltbildern», von Symbolen und Ritualen, wird die durch und durch kulturell geprägte Definition von «Wirklichkeit», wird überhaupt «Kultur» im Sinn eines dicht gewebten Netzes von Bedeutungsstrukturen, das den Einzelnen umfängt, mit allem Nachdruck verfochten.

11. Aus dem Widerstand gegen ein streng theoriegeleitetes Vorgehen, gegen den instrumentellen Einsatz von Theorien, gegen die strukturalistische Nivellierung individueller Erfahrung ist nicht zuletzt das Interesse an der Kulturanthropologie hervorgegangen. Ihr «weicherer» Ansatz, ihre Tiefenhermeneutik, ihr methodisches Raffinement bei dem Vorgehen, sich den inneren Bezirken einer fremden Kultur, etwa durch «dichte Beschreibung», zu nähern, übt eine anhaltende Anziehungskraft aus.

12. Im Vergleich mit solchen Veränderungen tritt die Bedeutung der unleugbar ebenfalls vorhandenen Profilierungswünsche neuer Wissenschaftlergenerationen, ihr Wunsch nach Karriereerleichterung durch schicke «Trendiness», ihr Kampf um akademische Ressourcen deutlich zurück. Das Wesentliche ist die grundsätzliche Herausforderung, nicht der Alltagskonflikt des akademischen Betriebs.

Man kann idealtypisch zwischen einem «tiefen» und einem «weiten» Kulturbegriff unterscheiden (T. Mergel). Die Verfechter des «tiefen» Kulturbegriffs wollen im Grunde die etablierten Gegenstandsbereiche und Forschungsperspektiven ergänzen durch die Analyse von Sinndeutungen und «Weltbildern», von Ritualen und Symbolen, von Sprachgebilden und individuellen Erfahrungen. Dafür schwebt ihnen eine Art von vertiefter Hermeneutik vor. Ihr Anspruch zielt auf komplementäre Vervollständigung, etwa der Weberschen oder Bourdieuschen Handlungstheorie, wenn sie um solche Dimensionen verkürzt worden war.

Ungleich radikaler ist der Anspruch der Verfechter des «weiten» Kulturbegriffs. Sie sind häufig von der Kulturanthropologie beeinflusst und wollen im Prinzip den Begriff der Gesamtgesellschaft durch den nicht minder umfassenden «Culture»-Begriff der Ethnologie ersetzen. Nicht selten erliegen sie dabei, trotz ihres Plädoyers für Mikrogeschichte, der vertrauten Illusion, Totalität erfassen zu können, anstatt sich ganz auf den Nachweis zu konzentrieren, wo denn der signifikante Gewinn eines derart anspruchsvoll erweiterten Kulturbegriffs im Vergleich mit einem Gesellschaftsbegriff liegen könnte, der dezidierter und bereitwilliger als zuvor die kulturelle Dimension mit einbezöge.

Diese Denkströmung besitzt drei weitere Eigenarten. Sie ist zutiefst skeptisch nicht nur gegenüber jedem Fortschrittsdenken, sondern sogar gegenüber jedem Evolutionsbegriff. Fortschritt – das ist für sie eine semantische Illusion. Eine Extremposition, die nicht wenige teilen, findet sich paradigmatisch in Duerrs Elias-Kritik, in der die Kulturen aller menschlichen Verbände gleich nahe zu Gott sind. Sie verzichtet viel zu oft auf die Frage nach dem «Warum» und auf eine klare Antwort, mithin auf die kausal-funktionale Ursachenforschung, auf die genetische Erklärung. Sie insistiert vielmehr auf der Vorrangigkeit des «Wie» und seiner beschreibbaren Verflechtungen. Sie neigt schließlich dazu, Kultur im Kern integrationistisch zu verstehen, Konflikte dagegen zu minimieren, sie auf jeden Fall nicht als Antriebskräfte des historischen Prozesses zu privilegieren. Das Ergebnis ist allzu leicht Statik, Harmonisierung, Ästhetisierung.

Wenn man die Berechtigung eines Teils der Kritik von Seiten der tief oder weit argumentierenden Kulturgeschichte anerkennt, stellt sich die Frage, wie die Sozialgeschichte ihre Defizite beheben kann.

Es scheint nicht weit genug zu führen, «Kultur» als bisher vernachlässigte Dimension in den behandelten Gegenstandsbereichen additiv hinzuzufügen. Das wird dem alles durchwachsenden, ubiquitären Charakter von Kultur nicht gerecht. Gesucht ist vielmehr eine Konstruktion der Probleme und der methodischen Ansätze, die von vornherein, etwa in Max Webers oder Pierre Bourdieus Sinn, der Omnipräsenz kultureller Prägungen und Potenzen adäquat zu sein verspricht. Dann erst gewönne die Sozialgeschichte den unabweisbar geforderten erweiterten analytischen Bezugsrahmen.

Manches könnte sie zu diesem Zweck vergleichsweise leicht lernen. An Max Webers «Religionssoziologie» kann sie sich unverändert schulen, wie man «Weltbilder» angemessen berücksichtigt. Von der neueren Kulturanthropologie kann sie sich belehren lassen, wie man sich an die Sinnkonstruktion und Weltdeutungen einer fremden Vergangenheit heranpirscht. Aus der Begriffsgeschichte, der Wissenssoziologie, der modernen Sprachanalyse könnte sie eingehender als zuvor entnehmen, wie die Sprache, die soziale Wirklichkeit stets mit konstituiert, genauer analysiert werden sollte.

Von Bourdieu kann sie lernen, wie man den Strukturbegriff neu und raffinierter zu fassen vermag. Zu oft ist ja Struktur als institutionelles Gefüge gefasst (was eine Teilwahrheit bleibt) oder als anonymes Gerüst verstanden worden, das etwa das generative Verhalten oder den Konjunkturrhythmus stabilisiert. Dagegen werden bei Bourdieu Strukturen durch den Habitus historischer Akteure geprägt, aufrechterhalten oder auch flexibel verändert. Denn der Habitus besitzt den dialektischen Doppelcharakter, dass er von der gesellschaftlichen Ordnung strukturiert wird und selber dann wieder strukturierend auf diese einwirkt.

Dagegen ist das Problem, wie man Prozesse angemessen zu konstruieren hat, im Grunde weiterhin eine noch offene Frage. Man kann nicht mehr unbefangen auf den technischen Fortschritt, die letztlich von Darwin inspirierte Evolutionslehre, die lokomotorischen Vorstellungen der neoklassischen Wachstumstheorie zurückgreifen. Am anregendsten für eine historisch und systematisch angemessene Modellierung von dynamischen Prozessen, durch die möglichst viel von ihrer Komplexität erfasst werden soll, scheint immer noch Max Webers brillanter Text letzter Hand zu sein, die «Vorbemerkung» zum ersten Band seiner «Religionssoziologie».

Von diesem Anspruch, möglichst viel von der Komplexität historischer Probleme zu erfassen, und von den vorliegenden Beweisen der Einlösung her bleibt die Sozialgeschichte der bisher erkennbaren «Neuen Kulturgeschichte» noch immer überlegen. Und sie bliebe das erst recht, wenn sie der Ubiquität von «Kultur» allmählich theoretisch und methodisch gerecht würde. Der Hauptgrund dafür, dass sich dieses Urteil vertreten lässt, liegt in folgendem Umstand begründet:

Alle theoretischen und methodischen Entscheidungen besitzen, auch wenn sie noch so umsichtig begründet werden, einen Exklusionscharakter. Die siegessichere neue Sozialgeschichte hat Probleme und Themenbereiche exkludiert, die «Neue Kulturgeschichte» tut genau dasselbe. Und zwar verfährt sie so mit zentralen Problemen der Sozialgeschichte. Die Bevölkerungsgeschichte etwa, das Regelwerk des generativen Wachstums oder Rückgangs, die Historische Demographie überhaupt, sind bisher – im Gegensatz zur Kulturanthropologie – für die «Neue Kulturgeschichte» noch nicht zum Thema geworden. Damit aber bleibt, wie Marx sagt, die Bevölkerung als die «Grundlage und das Subjekt des ganzen gesellschaftlichen Produktionsprozesses» im Abseits.

Die Wirtschaft als ein eigenes, längst rechtlich, politisch, sozialpsychisch tiefverankertes Institutionengefüge mit eigenen Entwicklungsrhythmen und einer eigenen mentalitäts- und verhaltensprägenden Kraft ist in der «Neuen Kulturgeschichte» völlig an den Rand gerückt. Nicht einmal die Diskursanalyse der Entscheidungsprozesse, etwa über den Aufbau und die Ausdehnung der neuzeitlichen Marktwirtschaft und der Marktgesellschaft oder über folgenreiche wirtschaftspolitische Entscheidungen, interessieren heute ihre Adepten.

Von den Problemen der sozialen Ungleichheit wird zur Zeit am ehesten die immer kulturell durchgeformte Ungleichheit der Geschlechter thematisiert. Hinzu kommt die Ungleichheit des Alters und der ethnischen Herkunft. Fraglos gibt es in dieser Hinsicht einen großen Nachholbedarf. Aber außerhalb der Geschlechterproblematik übt die unverändert klassische Triade von ungleicher ökonomischer Lage, ungleichem Zugang zu Macht- und Herrschaftschancen, ungleichem kulturellen Prestige noch immer wenig Attraktion auf die «neue Kulturgeschichte» aus.

Auch an der Politik interessiert sie nicht mehr die Analyse von Entscheidungsprozessen, der unablässige Kampf um Macht und Herrschaft. Vielmehr geht es hier primär um die symbolische Handhabung von Politik, überhaupt um Rituale und Symbole, um Feste und Zeremonien, um die politischen Implikationen der Geschlechterdefinitionen, um den Zwang der sprachlichen Konventionen und Diskursregeln. Aber zahlreiche brennende Probleme werden bestenfalls nur von der Seite her angestrahlt.

Außerdem scheint das, blickt man auf die kulturwissenschaftliche

Debatte der vergangenen zwanzig Jahre zurück, keine vorübergehende Mangelsituation zu sein. Die «Neue Kulturgeschichte» bezahlt ihre Abwendung von der Sozialgeschichte und ihre Hinwendung zu neuen Interessengebieten mit einem hohen Preis. Denn nach der rigorosen Exklusion von Wirtschaft, sozialer Ungleichheit und Politik im Sinne der neueren Sozialgeschichte wird es ihr ungleich schwerer fallen, diese Problemfelder wieder angemessen zu integrieren und mit innovativen Ergebnissen aufhorchen zu lassen, als der Sozialgeschichte vermutlich die Bewältigung ihrer Aufgabe fallen wird, mit ihrem wichtigsten Problem, der realitätsnahen Integration von «Kultur» voranzukommen.

Der Wettstreit zwischen Sozialgeschichte und Kulturgeschichte ist hier zu einer idealtypischen Dichotomie zugespitzt worden. In manchen Bereichen und in manchen abgeschlossenen Projekten gibt es aber auch schon eine Fusion, etwa in der neueren Bürgertums- und Nationalismusforschung. Diese Konvergenz stellt die Betonung des Duells in Frage. Es mag sein, dass die Zukunft in einer Integration der beiden Ansätze liegt.

Außerdem bestehen für beide Disziplinen noch zwei weitere Herausforderungen, die über die geschilderte Konkurrenz hinausgehen.

1. In dem Maße, in dem die westliche Welt und der Globus insgesamt zu einheitlichen Aktionsfeldern zusammenwachsen, steigt auch die Bedeutung des zielstrebig verfolgten Vergleichs. Die komparative Analyse hat daher in der Sozialgeschichte während der letzten Jahrzehnte ganz folgerichtig an Bedeutung gewonnen, sieht aber noch ein fast unübersehbar weites Aufgabenfeld vor sich. Um es weiter zu vermessen, müssen die Probleme der Methodik und der Empirie des Vergleichs intensiv weiter diskutiert werden. Die «Neue Kulturgeschichte» hält sich dagegen aus ihrem tiefsitzendem Respekt vor dem «historischen Individuum», aus einer geradezu historistischen Scheu vor der Verletzung der Individualität ihres jeweiligen Gegenstandes, auffällig vor dem Vergleich zurück.

2. Damit hängt zusammen, dass die transnationalen historischen Auswirkungen der politischen und wirtschaftlichen, technologischen und kulturellen Beziehungen sowohl von der Sozialgeschichte als auch von der «Neuen Kulturgeschichte» eklatant vernachlässigt worden sind. In den 1960er und 70er Jahren gab es einmal im Zeichen der Imperialismusforschung und der Analyse des Industriali-

sierungsprozesses mit Hilfe der Gerschenkronschen Kategorien der «Pionierländer» und der «relativen Rückständigkeit» der «Nachzügler» eine Debatte darüber. Sie ist trotz des Nord-Süd-Gefälles fast ganz zum Erliegen gekommen, lebt aber jetzt in der Debatte über die transnationalen Phänomene wieder auf.

Die Sozialgeschichte bleibt bisher überwiegend an den nationalhistorischen Kontext der politischen Neuzeit gebunden. Die «Neue Kulturgeschichte» greift zwar unbefangen die Anregungen und Methoden auf, welche etwa die Kulturanthropologie in der weiten Welt gewonnen hat, setzt sie jedoch noch nicht in komparative oder transnationale Studien um. Auf diesem Gebiet teilen beide Disziplinen die Dilemmata einer «relativen Rückständigkeit», während im Bereich der komparativen und transnationalen Analyse die Sozialgeschichte zwar noch keinen Boom ausgelöst hat, aber deutliche Vorzüge besitzt, die nicht zuletzt im Hinblick auf ihr schärfer ausgeprägtes Problembewusstsein zutage treten.

Noch besitzt im Vergleich mit der «Neuen Kulturgeschichte» die Sozialgeschichte hinsichtlich der vier Dimensionen der Bevölkerung, Wirtschaft, sozialen Ungleichheit und Politik einen klaren Vorsprung, den sie nicht zu verlieren braucht. Gelänge es ihr, die unabweisbaren Impulse aus der kulturwissenschaftlichen Debatte flexibel aufzunehmen und in ihr theoretisch-methodisches Arsenal zu integrieren, könnte sie ihren Vorsprung weiter verteidigen. Oder aber sie sollte möglichst viel davon bei einer Fusion der beiden Ansätze verteidigen.

19. Kursbuch der Beliebigkeit:
Das «Kompendium» der «Neuen Kulturgeschichte»

Der Streit um den Rang und die Erklärungskraft der Kulturgeschichte oder, allgemeiner gesagt, der Historischen Kulturwissenschaft, die noch immer in einem heftigen Clinch mit der theoriegeleiteten Sozialgeschichte, aber auch mit der konventionellen Politikgeschichte liegt, beschäftigt die internationale Geschichtswissenschaft seit fast drei Jahrzehnten. Wer sich für eine aus deutscher Perspektive geschriebene Einführung in die gegenwärtige Diskussion interessiert, kann jetzt zu dem handlichen «Kompendium Kulturgeschichte» der Braunschweiger Historikerin Ute Daniel greifen[1].

Dort wird ihm, in Gestalt von sechs nicht immer leicht erklimmbaren Wissensblöcken, ein Treppenaufgang angeboten, der ihn in einige wichtige Dimensionen der Kontroverse über den «State of the Art» hineinführt.

Unter dem Stichwort «Kulturwissenschaftliches Wissen» porträtieren zum einen Kurzessays eine Reihe von jenen intellektuellen Erzvätern, die – wie Friedrich Nietzsche, Georg Simmel, Max Weber, Ernst Cassirer, John Dewey (wirklich? Warum nicht eher Ernst Troeltsch und Aby Warburg?) – in der seit der vorletzten Jahrhundertwende geführten Grundsatzdebatte über eine «Kulturwissenschaft» als zumindest ebenbürtige Partnerin der Naturwissenschaft eine prominente Rolle gespielt haben. Zum andern werden von den Inspiratoren der letzten drei Jahrzehnte nur Hans-Georg Gadamer, Michel Foucault und Pierre Bourdieu (warum nicht Clifford Geertz, Jacques Derrida, Jean-François Lyotard, Ferdinand de Saussure?) im selben Stil gewürdigt, während Sachkomplexe wie «Postmoderne» und «Poststrukturalismus» als kulturwissenschaftliche Wissensspeicher beschrieben werden. Ein historiographischer Rückblick macht danach mit älteren Vorläufern der Kulturhistorie wie Jacob Burckhardt, Karl Lamprecht und Kurt Breysig bekannt, ehe als maßgebliche Anreger der derzeitigen Debatte erneut einige illustre Figuren wie Norbert Elias, Natalie Davis und Carlo Ginzburg, aber auch Strömungen wie die Mentalitätsgeschichte und Nachbarwissenschaften wie die Ethnologie (warum nicht die Sprachphilosophie und die Literaturwissenschaft?) skizziert werden.

Aus den Themenfeldern, wo die neue Kulturgeschichte als Impulsgeber bereits zu einem bemerkenswerten Bodengewinn geführt hat, greift die Verfasserin höchst selektiv wenige Bereiche heraus: Das sind die (längst untergegangene, von der Kulturgeschichte aufgesogene) Alltagsgeschichte, die (vielfältig schillernde) Historische Anthropologie, die (die eigens genannte Frauengeschichte doch umfassende) Geschlechtergeschichte, die (bisher eigentlich noch nirgendwo existierende) Generationengeschichte, die (unabhängig von der neuen Kulturgeschichte vor ihrem Aufschwung von Reinhart Koselleck initiierte) Begriffsgeschichte, die (chamäleonartige) Diskursgeschichte und die (grosso modo erfolgreiche) Wissenschaftsgeschichte. Warum aber nicht Spitzenreiter wie die neue Nationalismusforschung und die Körpergeschichte, die Festgeschichte und die Kulturgeschichte der Politik? Vornehmlich mit dem Blick auf bisher untersuchte historische Phänomene der Frühen Neuzeit wird dort über einige Entwicklungstrends und, ein Lob des Zettelkastens, zahlreiche Buchprojekte berichtet, die unter den wärmenden Strahlen des kulturhistorischen Solariums gediehen sind. Schließlich werden noch Schlüsselwörter der laufenden Diskussion, etwa Tatsache, Wahrheit, Verstehen, Historismus, Kontingenz, im aufgelockerten Stenogrammstil charakterisiert.

Ein derart weitgespanntes, fraglos ambitiöses Unternehmen gab es bisher, soweit ich zu sehen vermag, weder für deutsch- noch für englischsprachige Leser. Es demonstriert Sachkunde, Engagement, Überzeugungsstärke, die während einer langjährigen Beschäftigung mit diesen Fragen gewachsen sind. Darüber hinaus ist es nicht nur informativ, sondern auch in einem locker-zügigen Stil mit jener Verve geschrieben, die durch die Lust an teils erquicklich charmanter, teils aber auch aufgeregt schriller Polemik belebt wird. (Nichts gegen pointierte Urteile, die konventionelle Denkgewohnheiten aufbrechen sollen, aber bringt es tatsächlich Gewinn, Max Webers «Denkbewegung» als «intellektuellen Coitus interruptus» derart, sagen wir, zu verfremden? Suggeriert das Bild für diesen Verfechter des Partialwissens nicht die Möglichkeit des vollen Genusses: mithin der historischen «Wahrheit»? Und nähert sich der kulturhistorisch noch unerleuchtete Historiker im gemeinhin unerotischen Völkchen des Mehrheitslagers der Muse Clio wirklich «wie ein Mann, der nur auf das Eine aus ist, sie als das Andere zu penetrieren»?)

Trotzdem, im Allgemeinen ist ein weithin lesenswertes, außerdem im ziemlich erschwinglichen Taschenbuchformat zugängliches Handbuch entstanden. Unter historisch Interessierten wird es ebenso neugierige Leser finden wie vor allem unter den der neuen Lehre folgenden Adepten, die vermutlich nur die abschließende Prognose der hochgemut erwarteten, insgeheim auch wegen der gepriesenen Leistungskraft insinuierten Hegemonialstellung der neuen Leitwissenschaft vermissen werden.

Zugleich besitzt dieses Kompendium jedoch zahlreiche Schwachstellen und evidente Grenzen, die seinen Wert fatal einschränken. Nicht ganz absehen kann man zunächst vom Handwerklichen: der permanenten Überdidaktisierung mit dem Gestus des steil aufgerichteten Zeigefingers. Öfters werden z. B. Kurzreferate von sog.

Schlüsseltexten, etwa von LeRoy Ladurie, Joan Scott, Hans Medick u. a., präsentiert, da das Original lesefaulen Interessenten, in deren Runde man die Jünger der neuen Kulturgeschichte eigentlich kaum vermuten mag, gar nicht erst zugemutet werden soll. Ungleich wichtiger sind indes andere Defizite.

So lässt das offenherzige Plädoyer für die postmoderne Beliebigkeit, sei es im normativen oder im eher empirischen Bereich, keinen Zweifel an der Grundposition der Verfasserin aufkommen. Um Rankes Wort abzuwandeln: Alle Themen sind ihr offenbar gleich nahe zu Clio. Daher ist sie geradezu rigoros unwillig, jene Entscheidungskriterien abzuwägen, die es gestatten, eine Hierarchie der Probleme zu rechtfertigen. Die Loyalität, welche etwa die Mehrheit der Deutschen bis ins Frühjahr 1945 Hitler entgegengebracht hat, bleibt aber auch und gerade in kulturwissenschaftlicher Perspektive weiterhin erklärungsbedürftiger als der muntere Betrieb am Hoftheater eines Duodezfürsten; die nationale Habitusformierung ist ein wichtigerer Gegenstand als die kurzlebige Lehre von der Phrenologie. In der Nacht dieser Beliebigkeit werden alle Probleme gleich grau.

Zu einer solchen monochromen Tönung passt es dann auch, dass die Heroen der Kulturgeschichte und ihre Ideen fast durchweg in einem gleichmäßig durchgehaltenen, alle Dilemmata und Sackgassen übergehenden Duktus penetranten Wohlwollens kritiklos vorgeführt werden. Immer und immer wieder Dr. Oetkers Götterspeise für den kulturhistorischen Geschmack, nie und nimmer dagegen die unverzichtbare Kosten-Nutzen-Abwägung der Vorzüge und Grenzen, die mit jedem theoretischen Ansatz, mit jeder spezifischen Begrifflichkeit verbunden sind. Außerdem geht es in diesem Text durchweg nur um theoretische und methodische Vorstellungen, nie um überzeugend abgewogene Beispiele für den Gewinn aus ihrer Anwendung oder für ihre begrenzte Nützlichkeit. Aufs Ganze gesehen kommt mithin der Signalbegriff «Praxis» im Untertitel viel zu kurz.

Natürlich sollen auch die Kulturwissenschaftler ihre analytischen Messerchen scharf schleifen, aber schließlich kommt in einer empirischen Wissenschaft, sofern man an diesem axiomatischen Verständnis von Clios Disziplin festhält, alles darauf an, ob man innovative Fragen generieren, die Erörterung bisher ungelöster Probleme weitertreiben, sie umfassender und argumentativ überzeugender (dafür gibt es bewährte generalisierbare Kriterien) erklären und empirisch besser abstützen kann als zuvor. Der Ruf nach der Innovation um ihrer selbst willen bleibt ohne den Gegenstandsbezug ein hohler, folgenloser Appell. Dagegen zeigt sich die Pranke des Löwen (natürlich auch die der Löwin), wie man im 19. Jahrhundert über die akademischen Qualifikationsrituale gern sagte, erst dann, wenn ein Komplexphänomen theoretisch und empirisch erhellender, als das den Vorgängern gelungen war, erfasst wird. Unverändert gilt: The proof of the pie is in the eating.

Kein erläuterndes, geschweige denn ein vergleichendes Wort fällt mithin über Bourdieus empirische Leistungen, seine Sozialgeschichte Frankreichs im späten 20. Jahrhundert etwa, seine Kultursoziologie, seine Elitenanalysen; kein Wort auch über seine Distanzierung vom «Traumtänzer» Foucault, vielmehr werden beide wie verwandte Geister in einem Atemzug genannt. Kein kritisches Wort aber auch über Foucault selber: seine irrlichternden Vorstellungen, die ihn in kontinuierlicher politischer Borniertheit keinen Unterschied zwischen Trumans Amerika und Stalins Sowjetunion sehen, dann aber Partei für die KPF, den Maoismus, die «Geistesrevolution» Khomeinis ergreifen ließen, kein Wort über seinen radikalen «Antinormativismus» (Michael Walzer), dem freilich die postmoderne Beliebigkeit mit offenen Armen entgegenkommt; kein Wort aber auch über seine sympathische Selbstkritik an der Absurdität seiner anfänglichen Methode «archäologischer» Diskursanalyse. Überhaupt scheint es zu den Eigenarten mancher Protagonisten der neuen Kulturgeschichte zu gehören, dass sie zwar echte Kontrahenten oder flugs aufgebaute Strohmänner wortreich attackieren, doch nicht einmal einen Hauch von Kritik an ihren weißen Rittern vertragen können.

An auffälligen Lücken fehlt es auch sonst nicht. Bei der Erörterung des einflussreichsten Kulturanthropologen nach Claude Lévi-Strauss, Clifford Geertz', fehlt jeder Hinweis auf die ganz von Talcott Parsons und der damals geläufigen Modernisierungstheorie bestimmte Frühphase der Studien über Indonesien, daher auch auf Geertz' imponierenden und international folgenreichen Lernprozess bis in die 70er Jahre. Bei Elias mangelt es an jedem Urteil darüber, was die historische Forschung zur neuzeitlichen Staatsbildung von den anonymen Entwicklungsschüben des kultursoziologischen Entwurfs übrig gelassen hat, dazu an jedem Vergleich mit anderen

Studien zur höfischen Gesellschaft, obwohl mit Jürgen v. Kruedeners Buch über die Herrschaftsmechanismen der Sozialdisziplinierung und Machtbalancierung an einem deutschen Hof ein überlegenes, freilich auf Max Webers Ideen beruhendes Modell längst vorliegt. Bei Ginzburg taucht seine inzwischen vollzogene Distanzierung vom Experiment mit der Mikro-Historie genau so wenig auf.

Wenn das Jubilate auch den Grundakkord bildet, mit dem die großen Ideenspender ins Walhalla der Kulturgeschichte emporgefeiert werden, gibt es doch eine zähneknirschend vorgestellte Koryphäe, die in einem grottenschlechten Essay als Ausnahme behandelt wird. Man kann ja gegen jene Instrumentalisierung Max Webers, die ihn, je nach Interesse, wie die Goldadern eines Steinbruchs ausbeutet (eine Position, die mir sehr zusagt), mit Argumenten angehen. Ziemlich abstrus aber mutet es an, sein Anregungspotential ausgerechnet nur mit Hilfe der Beiträge in der von Marianne Weber erfundenen «Wissenschaftslehre» zu bestreiten und mit dem Blick darauf die Entdeckung von lauter erkenntnistheoretischen Schwachpunkten zu proklamieren. Wie soll man aber bloß dort auf die Modellanalysen der «Religionssoziologie», auf den analytischen Zugriff auf tausend Probleme in «Wirtschaft und Gesellschaft» und in einigen Aufsatzbänden stoßen? Findet sich dort die von Weber angeregte historische Professionalisierungstheorie, welche die Monopolisierung von Machtressourcen in Gestalt von begehrten Expertenkenntnissen im Auge hat, dort die eminent folgenreiche Bürokratisierungstheorie, dort die Theorie der «marktbedingten» sozialen Klassen, dort die Theorie der (Hitlers Regime erschließenden) charismatischen Herrschaft?

Der Schrumpfkenntnis, mit der Weber vorgeführt wird, entspricht es auch, dass bei ihm als einzige normative forschungsleitende «Kulturwertidee» das Ideal des nationaldeutschen Machtstaats anerkannt wird. Dagegen taucht die dem aristokratischen Liberalismus Webers entstammende, von Wilhelm Hennis pointiert zugespitzte Frage nach der Herkunft und Verteidigung der autonomen Persönlichkeit ebenso wenig auf, wie das die Fragen nach der universalgeschichtlichen Sonderstellung des Okzidents oder nach dem Verhältnis von religiösen «Weltbildern» und materieller Lebensgestaltung tun. Als ob bedeutende Köpfe jahrzehntelang nur einer einzigen Leitidee verpflichtet wären! Folgerichtig fehlt jeder Hinweis darauf, wie Habermas mit seiner Kategorie der «erkenntnisleitenden Interessen» das Problem von Webers forschungssteuernden «Kulturwertideen» aufgegriffen hat. Überhaupt regiert hier eine verblüffende Unkenntnis, was die Leistungsfähigkeit der neukantianischen Erkenntnistheorie und ihrer Nachfolger bis hin zu Karl Popper dem praktizierenden Historiker zu bieten hat; die theoretisierende Historikerin sollte das zumindest wissen. Ute Daniel feiert die Standortgebundenheit des Historikers wie eine brandneue Innovation. Doch wer hat sie präziser betont als Weber, dazu die Unvermeidbarkeit des kontextabhängigen Partialwissens und die Unmöglichkeit der Totalitätserfassung eingeschärft? Wie lautet Hermann Heimpels ironische Maxime? «Belesenheit schützt vor Neuentdeckungen».

Der Preis für die Entscheidung, allein dem Glasperlenspiel reichlich abstrakter epistomologischer Überlegungen ohne spürbare Bodenhaftung zu folgen, um dort Anknüpfungspunkte für die Kulturgeschichte von heute zu markieren, erweist sich als extrem hoch. Ob bei Nietzsche oder Simmel, bei Foucault oder Bourdieu, bei Weber allemal – stets hätte ein kräftiger Schuss erdnaher Anwendungsorientierung auf jene Vorzüge oder aber Grenzen hinlenken können, die für die empirische Forschung und Darstellung letztlich entscheidend sind.

Nach alledem kann es nicht überraschen, dass zentrale Problemfelder der Geschichtswissenschaft, auf denen auch die Kulturgeschichte ihre Erschließungs- und Erklärungskraft beweisen müsste, nicht einmal flüchtig umrissen werden. Das hängt vermutlich zum einen mit jener Scheu zusammen, sich überhaupt über Gegenstandsbereiche zu äußern, statt dessen aber die Theoriekugel usque ad infinitum zu schieben. Zum andern kommt das gesinnungsstarke Vorurteil zum Zuge, die Rangordnung von wichtigen und unwichtigen Problemen zu leugnen. Statt dessen könnte die Kulturgeschichte die Bastionen der Sozialgeschichte (die Rolle handlungsleitender «Weltbilder»), der Wirtschaftsgeschichte (Diskursgeschichte der Sozialen Marktwirtschaft von 1929 bis 1999), der Politikgeschichte («Biopolitik» im Nationalsozialismus), anstatt sie durch starrsinnige Abwendung von den Problemen der sozialen Ungleichheit, der kapitalistischen Globalisierung, der politischen Herrschaft zu befestigen, von innen her in Unruhe versetzen und bereichern. Lässt sich die Verfasserin aber doch einmal auf methodische Probleme dieser Disziplin ein, etwa auf den Erkenntnisgewinn

der kontrafaktischen Methode (was wäre geschehen, wenn nicht...),
herrscht sogleich eine irritierende Unklarheit, die durch abseitige
Titelverweise unterstrichen wird. Dagegen taucht die umfang- und
außerordentlich aufschlussreiche jahrzehntelange Diskussion der
amerikanischen «Cliometriker», jener Fusion von neoklassischer
Theorie, Statistik und Wirtschaftsgeschichte, nicht einmal von ferne
auf, von Webers Pionierrolle, pace U.D., in dem fast alle wesentlichen Probleme vorwegnehmenden Aufsatz über «Objektive Möglichkeit und adäquate Verursachung» (1906) ganz zu schweigen.

Schließlich und nicht zuletzt fehlt es diesem «Kompendium»,
herbe Folge der postmodernen Beliebigkeit, auch an Verantwor-
tungsbewusstsein. Das mag manchem allzu gravitätisch, anderen
gar moralinsauer klingen. Gemeint ist aber nur, dass die Geschichtswissenschaft, einschließlich der Kulturgeschichte, zuerst einmal die
unabdingbare Aufgabe besitzt, aufzuklären über die Ursachen und
Folgen von Machtkonstellationen und Weltbildern, von Wirtschafts-
systemen und kulturellen Prägungen, um der Gegenwart ein Orien-
tierungswissen zu verschaffen; ganz umsonst sollte die Relevanzdis-
kussion doch nicht geführt worden sein. Und zweitens hat sie als
Hüterin des kulturellen Erbes, als Memoria zu fungieren. Mitnich-
ten aber ist sie eine Spielwiese, auf der beliebige, möglichst bizarre
und exotische, eben allzu oft unwichtige Themen nach dem Motto
«Lasst viele bunte Blumen blühen» verfolgt werden. Wer auf diese
Spielwiese eilt, folgt dem Ruf eines neuen Rattenfängers von Ha-
meln.

20. Langeweile als neuer Dreh- und Angelpunkt?

Zeitgenossen am Anfang des 21. Jahrhunderts, auch und gerade
Historiker, sehen auf eine ungeheuer bewegte Epoche zurück. Da
gab es zwei totale Weltkriege, totalitäre Revolutionen in Russland,
Deutschland und China, dramatische Herrschaftswechsel von der
Demokratie zur Diktatur und wieder zur Demokratie, beispiellose
Wohlstandssteigerung und eine mehr denn je durch soziale Un-
gleichheit bestimmte internationale Stratifikationsordnung, rapiden
sozialen Wandel und erstaunliche Beharrungskraft von Traditionen,
Umbruch im Geschlechterverhältnis, Triumphzug des Nationalismus mit ungeahnten Hassausbrüchen, Zusammenbruch eines Welt-

reiches ohne Krieg, Rückkehr der «Bürgerlichen Gesellschaft» als Zielutopie einer «Zivilgesellschaft» – kurzum: ein atemberaubendes Jahrhundert, aus dem sich Hunderte von erklärungsbedürftigen Problemen aufdrängen. Insofern ist es trotz aller deprimierenden Erscheinungen für jeden Historiker eine Lust zu leben.

Gehört aber zu diesen zahlreichen Problemen, die uns unter den Nägeln brennen, die Langeweile? Bedarf es mithin zur Aufklärung über unsere Herkunft auch jener 400 fleißig gefüllten Seiten über Langeweile, die Martina Kessel jetzt in ihrem gleichnamigen Buch präsentiert[1]? Welche erkenntnisleitenden Interessen, die ja auch immer über die Standortabhängigkeit des Schreibenden und die Projektbedeutung informieren, lenken jemand viele Jahre lang auf solch ein Thema hin? Die damit verknüpften Erwartungen werden freilich vollmundig formuliert: Mitten hinein in die zentralen Probleme der «Identitätsfindung», der Affektkontrolle, des «Zukunftsparadigmas» für kein kleineres Feld als «die westliche Moderne» soll uns diese «Kulturgeschichte der Langeweile» führen. Voilà, das ist ein nicht gerade bescheiden formulierter Anspruch. Wie ist er erfüllt worden?

Langeweile soll hier offenbar als «Tracer» dienen, als zielbewusst eingesetztes Suchlicht, das von unerwarteter Stelle aus auf eine Gesellschaft, wenn auch wahrscheinlich nicht gleich auf die ganze westliche Moderne fällt, sodass sich ein Teil ihres inneren Ordnungsgefüges dem forschenden Blick öffnet. Etwa so, wie vor gut zwei Jahrzehnten die Analyse des «sozialen Protestes» vor 1848 über das Spannungspotential und die Spannungsmeisterung in Rankes «halkyonischen Jahren» Auskunft geben sollte – und tatsächlich auch gegeben hat.

Da lässt sich zuerst einmal mit guten Gründen bestreiten, dass es eine glückliche Entscheidung war, einen Schlüsselbegriff zu wählen, der leere, blockierte, zwischen Arbeit und Anspannung, Leidenschaft und Interesse eingelagerte Zeit meint. Warum sollte man ausgerechnet von einem Lückenfüllerphänomen, von einen Abfallprodukt dynamischer Prozesse, besonders aussichtsreich zum nervus rerum vordringen können?

Hätte da nicht die Option für das Leistungsprinzip, das Arbeitsethos, die Bildungsidee oder die bürgerliche Lebensführung (alle werden trotz ihres Folgenreichtums auch für die Langeweile hier nirgendwo genau thematisiert) von vornherein ungleich mehr Einsicht versprochen? Wer so gern von Gefühlsnormen spricht, braucht eigentlich ein Konzept von Lebensführung mit ihrer normativen Steuerung von Emotionen. Ist überdies Langeweile ohne Einschränkung als Gefühl zu bezeichnen, wie das schon der Untertitel nahe legt? In den Gefühlskatalogen bedeutender Psychologen und Psychoanalytiker taucht sie weder unter den Grundemotionen noch im «Affektspeicher» auf. Eher wohl ist sie eine Mischung von mentaler und emotionaler Verfassung.

Eben dieser Verfassung nun soll auf dem Weg der Diskursanalyse Sinn und Bedeutung abgewonnen werden. Da wird vieles im Elfenbeinturm gelehrt referiert, bleibt aber blutleere Ideengeschichte, weil diese Diskursanalyse erstaunlich oberflächlich angelegt ist. Foucault hat angeblich Pate gestanden, wird aber methodisch nicht ernst genommen. Was immer man von den Schwächen seines «archäologischen» Ansatzes (ohne jede Hermeneutik Vergangenheit wie die toten Ruinen einer fremden Kultur zu studieren) oder von seinem «genealogischen» (viel zu vorbehaltlos auf Nietzsche fixierten) Ansatz halten mag, sollte doch eine unorthodoxe historische Diskursanalyse seine methodischen Ansprüche nicht ignorieren.

Sie bedarf z. B. eines klar abgegrenzten, wichtige Aufschlüsse versprechenden Themenfeldes, wie das bei Foucault die Diskurse über Gesundheit, Geisteskrankheit, Sexualität sind. Hinzu kommt die sozialstrukturelle Verortung der Angehörigen der Diskursgemeinschaft, ihre Verankerung in Berufsklassen, Professionen, Expertengruppen. Und nicht zuletzt muss eine gewisse Homogenität der Diskurssprache gegeben sein, die sie für jeden Teilnehmer verständlich macht und es auch gestattet, Abweichungen, insbesondere Veränderungen im Zeitverlauf zu identifizieren. Alsdann verlangt eine solche Diskursanalyse eine methodisch streng kontrollierte Vorgehensweise, um Glaubwürdigkeit zu gewinnen.

In dieser «Kulturgeschichte der Langeweile» aber trifft man auf ein schmalbrüstiges Thema, das als «Tracer» denkbar ungeeignet ist. Der Wandel der Begriffssprache, aber auch der kulturell codierten Emotionen über einen langen Zeitraum hinweg wird großzügig vernachlässigt. Vor allem aber gibt es keinen Hauch von Rückbindung der Diskurse an politische, sozial- und mentalitätsgeschichtliche Bedingungen, daher auch keinen Einblick in den wechselnden historischen Kontext, der allen Diskursen ihre je spezifische Valenz gibt. Vielmehr werden im Malereistil des Pointillismus mit kulturalistischer Unbekümmertheit Lesefrüchte und Exzerpte locker aneinandergereiht (der Edelmann, der Unternehmer, der Offizier, die Freifrau v. O. und die Bildungsbürgerin H. – sie alle verspüren Langeweile). Nie erfährt man, ob eine bestimmte Sozialformation sich für Langeweile mehr oder weniger anfällig erwies, unter welchen Bedingungen sie das war und welche strukturellen Gründe das erklären helfen.

Dieser methodisch denkbar schwach fundamentierten Zitatenbasis wird aber die Last wilder Verallgemeinerungen aufgebürdet, die in sieben Kapiteln unter Sachgesichtspunkten gebündelt werden (Langeweile und Aufklärung / Weiblichkeit / Männlichkeit / Politik / Individuum / Geschlechterverhältnis / Identität). Das alles wird in einer mit den gängigen postmodernen Modevokabeln überladenen Sprache vorgetragen, in der alles und jedes Konstrukt ist, konstruiert, verhandelt, hinterfragt wird, identitätsstiftend oder diskursstrategisch angelegt ist. Die kulturalistische Aversion gegen präzis definierte Idealtypen als Such- und Messinstrumente rächt sich allenthalben, da keine scharfen begrifflichen Sonden gebildet werden, um die Bedeutung z. B. von Konstrukt, Diskurs, Identität zu erfassen. Identität etwa, erst recht «multiple Identität» ist das Ergebnis außerordentlich komplexer Sozialisationsprozesse, nie allein von Diskursen, zumal wenn sie als eine sprachkosmetisch aufgepeppte, leicht zu handhabende Variante der altertümlichen Ideengeschichte präsentiert werden.

Nicht zuletzt leidet dieser Traktat darunter, dass er den enormen sozialen Wandel in den gut anderthalb Jahrhunderten «vom späten 18. bis zum frühen 20. Jahrhundert» souverän ignoriert. Der historische Prozess wird sozusagen eingefroren, anstatt dass die Auswirkungen der oft von Grund auf veränderten Konstellationen angemessen berücksichtigt werden. Auch in dieser Hinsicht setzt sich der Text über die im Untertitel erwähnte Macht der Zeit umstandslos hinweg. Wenn die «neue Kulturgeschichte», als deren engagierte Vorkämpferin sich die Verfasserin offenbar empfindet, weiter solche Beweise ihrer innovativen Überlegenheit abliefert, zimmert sie sich frohen Mutes selber den Sarg, in dem sie enttäuschte Leser bestatten werden.

21. Auf der Suche nach gegenwärtiger Vergangenheit

Vor wenigen Jahren erschien in Paris ein siebenbändiges Sammel-
werk über die «lieux de mémoire», die «Erinnerungsorte» Frank-
reichs. Dort hatte der Herausgeber Pierre Nora 130 Essays über
Fragmente des französischen Kollektivgedächtnisses versammelt.
In der Öffentlichkeit des Landes, aber auch in der internationalen
Geschichts- und Kulturwissenschaft fand das Projekt als innovative
Erkundung eine erstaunliche Resonanz. An seiner geschichtspoliti-
schen Intention konnten indes kaum Zweifel aufkommen: In einer
Epoche beschleunigten sozialen Wandels, dem Frankreich erst seit
den 1970er Jahren, nicht sogleich nach dem Zweiten Weltkrieg ausgesetzt war, sollte durch die «Erinnerungsgemeinschaft» der Leser,
nach Möglichkeit natürlich überhaupt aller Franzosen, das Identi-
tätsbewusstsein des «douce France» mit einem dezidiert konservativen, Sinn und Selbstbewusstsein stiftenden Rückgriff auf die eigene
Geschichte stabilisiert werden. Diese Absicht teilte Noras Opus mit
der gleichzeitig erscheinenden Nationalgeschichte Fernand Brau-
dels, denn das letzte Werk des Doyens der Pariser Historiker lebte
ebenfalls von der leidenschaftlichen Beschwörung französischer
Identitätstraditionen.

Insofern darf man darauf gespannt sein, wie Etienne François
(der langjährige Leiter des französischen Kultur- und Forschungs-
zentrums «Marc Bloch» in Berlin, derzeit des Frankreich-Zentrums
der Technischen Universität) und Hagen Schulze (Neuzeithistoriker an der FU, neuerdings Direktor des Deutschen Historischen
Instituts in London) daran gegangen sind, ein vergleichbares Vor-
haben über «deutsche Erinnerungsorte» zu organisieren und zu
strukturieren[1]. Unmissverständlich war ja von vornherein zu erkennen, dass eine direkte vergangenheitspolitische Imitation der Nora-
schen Traditionspflege wegen der erratischen Blöcke in der jüngeren deutschen Geschichte ausgeschlossen war, da diese Blöcke sich
gegen jede umstandslose Kontinuitätsvereinnahmung sperren. Unvermeidbar müssen zahlreiche Traditionsbestände und Identitäts-
vorstellungen im Licht des «Zivilisationsbruchs» seit 1933 über-
prüft werden.

Der Zeitpunkt der Veröffentlichung ist günstig. Zum einen hält
die Suche nach glaubwürdigen, wünschbaren, belastbaren Traditio-

nen der neuen Bundesrepublik an. Zum anderen hat sich während der gegenwärtigen Debatte über eine erneuerte Kulturwissenschaft die Geschichte des Gedächtnisses und der Erinnerung geradezu als Modeströmung ausgebreitet. Diese Konjunktur wird der Aufnahme der drei Bände in Gestalt eines lebhaften Interesses zugute kommen. Das gilt auch ungeachtet der Tatsache, dass unter dem älteren Stichwort des «historischen Bewusstseins», das manchem von der absoluten Neuartigkeit seines Ansatzes überzeugten Adepten des Gedächtniskults im Hinblick auf die eigene Wissenschaftsgeschichte offenbar abgeht, nicht wenige Phänomene der Kollektiverinnerung, etwa im Anschluss an die bahnbrechenden Studien des französischen Soziologen Maurice Halbwachs, bereits produktiv erörtert worden sind.

Äußerlich haben sich die beiden Herausgeber mit 120 Essays in etwa an die Anzahl der Beiträge zu Noras Werk gehalten. Aber den Ordnungskriterien des einflussreichen Modells mit seinem stillschweigend zugrunde gelegten einheitlichen kulturellen Kanon konnten sie nicht folgen, sie wollten es auch gar nicht. Zu widersprüchlich und disparat ist die verwirrende Vielfalt der deutschen Geschichte, zumal die des 19. und 20. Jahrhunderts, wo aus guten Gründen der Schwerpunkt der drei Bände liegt.

Dieser Vielfalt nuanciert gerecht zu werden – darauf sind die aus vielen Wissenschaften, Ländern und Altersgruppen stammenden Autoren verpflichtet worden. Alles andere als eindeutig sind z. B. Schlüsselbegriffe wie «deutsch» oder «Deutscher». Sie wurden daher je nach der zeitgenössischen Bedeutung in einer Epoche bestimmt. Genau so wenig ist «Deutschland» ein konstant gleichbleibender geographischer oder politischer Block, so dass es folgerichtig in seine europäischen «Verknüpfungen und Überschneidungen» (Straßburger Münster, Stalingrad) eingebettet wird. Ob ein «Erinnerungsort» bedeutend oder trivial ist, soll, da allein die Wirkungsgeschichte zählt, als Selektionskriterium nicht gelten. Und wenn auch historisches Gedächtnis jene Segmente vergegenwärtigter Vergangenheit meint, die jeweils unter aktuellen lebensweltlichen Gesichtspunkten ausgewählt werden, variiert doch das emotionale Engagement ganz beträchtlich. «Tannenberg» lässt heutzutage die Herzen nicht mehr höher schlagen.

Nun denn: Worum geht es bei diesem Projekt, welche Ziele und Interessen verfolgt es? «Erinnerungsort» wird hier nur selten wortwörtlich als Lokalität verstanden, wenn etwa von Denkmälern und Domen die Rede ist. Vielmehr steht der Begriff im allgemeinen als abkürzende Metapher, als Topos im strengen Wortsinn, für eine Vielzahl von heterogenen Erscheinungen: für Gestalten und Ereignisse, Gebäude und Monumente, Institutionen und Begriffe, Siege und Niederlagen, Kunstwerke und Bücher. Sie alle sollen in ihrem historischen Zusammenhang, modisch gesprochen: in ihrem sozialen und politischen Raum, erfasst und auf ihre Bedeutung, die sie im historischen Prozess für die Kollektiverinnerung gewonnen haben, befragt werden. Dabei geht es nicht um eine möglichst realistische Beschreibung des Phänomens an sich, etwa des Bamberger Reiters, sondern, wie die Herausgeber in einer glücklichen Definition ihrer Absichten festhalten, um die «symbolische Funktion» von «langlebigen, Generationen überdauernden Kristallisationspunkten kollektiver Erinnerung und Identität», die sich aber mit dem Wandel der historischen Konstellationen selber wiederum zu verändern vermögen.

Keinesfalls hätten sie, versichern die Herausgeber mit Nachdruck, ein sinnstiftendes, geschweige denn ein staatstragendes Projekt vorantreiben wollen, und eine Vollständigkeit erstrebende Enzyklopädie gelehrten Wissens liege ihnen genauso fern. Vielmehr wollten sie «Schneisen durch … Erinnerungslandschaften» schlagen, ein vorläufiges «Inventar» der deutschen «Gedächtniskultur» erstellen, auch der Zerstörung jedweder Vergangenheit durch eine schnelllebige Zeit entgegenwirken, zumindest aber zum Nachdenken über die deutsche Geschichte am Leitfaden ihrer «Erinnerungsorte» anregen. Dieses Unternehmen haben sie mit der sympathischen aufklärerischen Absicht verbunden, durch gesicherte Kenntnisse zur Befreiung von der überall und allzeit insgeheim wirkenden, aber unverstandenen Macht der Geschichte beizutragen, mithin, Clio volente, einen «Akt der Selbstbestimmung» zu fördern.

Wem eine solche geschichtspädagogische Aufgabe vorschwebt, der legt die Messlatte zur Beurteilung dieses voluminösen Lern- und Lesebuchs hoch. 500 Themen haben die Herausgeber erwogen, ehe sie sich für ein Viertel von ihnen entschieden. Aber auch die ausgewählten «Erinnerungsorte» müssen selbstverständlich noch unter Sachgesichtspunkten gebündelt werden. Im ersten Band etwa gibt es sechs solcher Perspektiven: Reich – Dichter und Denker – Volk – Erbfeind – Zerrissenheit – Schuld. Inhaltlich konnte die Zusam-

menstellung von jeweils fünf bis acht Essays ohne einen Schuss De-
zisionismus nicht zustande kommen, schon deshalb bietet sie Stoff
für endlose Diskussionen.

Offensichtlich ist die Auswahl nach langwierigem Abwägen erfolgt, währenddessen mancher Überraschungseffekt mit eingeplant
und mancher fulminante Essay angeworben werden konnte. So
werden etwa Karl der Große und Canossa ebenso wie der Führerbunker und der Reichstag unter «Reich» behandelt; das Nibelun-
genlied und Weimar ebenso wie Fontane und die Manns unter
«Dichter und Denker»; Grimms Märchen und Uta von Naumburg
ebenso wie Vertreibung und Volkswagen unter «Volk»; die Türken
vor Wien und Versailles ebenso wie Jud Süß und der Bolschewik unter «Erbfeind»; Heine und Nietzsche ebenso wie die Junker und die
Mauer unter «Zerrissenheit»; der Pietismus und Auschwitz ebenso
wie Brandts Kniefall und der Mitläufer unter «Schuld» – um nur an
einigen Stichworten einen Eindruck von der bunten Palette der «Erinnerungsorte» zu vermitteln.

Zugleich werfen sie unvermeidlich die Frage nach fehlenden
Stichworten auf. Kann der brillante Beitrag Joachim Fests über den
Führerbunker einen eigenen Essay über Hitler, über seine düstere
Prominenz und Präsenz im historischen Gedächtnis der Deutschen
ersetzen? Wäre nicht ein Stück über den «Reichsgründer» von 1871
und den verhängnisvollen Bismarck-Mythos, auch über das «Dritte
Reich» wünschenswert gewesen, wenn man überhaupt die Reichs-
erinnerung so aufwerten wollte? Sollte man, obwohl das heute als
chic gilt, über Marx stillschweigend hinweggehen? Durfte man die
völkischen Ideen als Perversion des «Volkes» beiseite lassen? Kann
man im klassischen Land der Konfessionsspaltung diesen folgenreichen Dauerkonflikt übergehen? Hätten nicht Hybris und Schuld
am Ausbruch der beiden Weltkriege ihren Platz in diesem Gedächt-
niskatalog verdient? Fragen über Fragen, sie lassen sich nicht leicht
mit dem Zwang zur Auswahl beantworten, vielmehr werfen sie erneut das Problem der Legitimierung der Selektionskriterien auf.
Eine grundsätzliche Frage drängt sich freilich auf.

Die Bundesrepublik sei seit 1989/90 zu einem «normalen Nationalstaat» geworden, glauben die Herausgeber, eine Europa peini-
gende «deutsche Frage» gebe es nicht mehr. Was aber halte die
Deutschen jetzt zusammen? Offensichtlich ganz wesentlich die
Macht ihrer historischen Traditionen und Erinnerungen, welche die

Herausgeber eben deshalb klären und filtern wollen, zumal im Zuge der politischen Formierung Europas auch eine unvermeidliche «Umstrukturierung» der deutschen «Gedächtniskultur» anstehe.

Beide Herausgeber sind ausgewiesene Nationalismuskenner. Wie man aus ihren Veröffentlichungen weiß, ist ihnen das hochideologisierte ältere Verständnis der Nation als eines seit archaischer Urzeit bestehenden, gewissermaßen sozialontologischen Herrschafts- und Kulturverbandes, der ein Gespinst von rechtfertigenden und missionarischen Ideen in Gestalt des Nationalismus hervorbringe, völlig fremd. Sie teilen vielmehr die Grundüberzeugung der neueren Nationalismusforschung seit den frühen 80er Jahren, dass der Nationalismus als eine «gedachte Ordnung» den Primat besitzt und sich nach diesem Bild seine Nation schafft, die dann wegen ihres plastischen Zustands für neue Zuschreibungen und Aufgabenstellungen stets offen bleibt.

So gesehen bedeutet 1989/90 an erster Stelle nicht die Rückkehr zur vermeintlichen «Normalität» eines deutschen Nationalstaats, sondern vor allem die große Chance, für das aus den beiden Neustaaten von 1949 hervorgegangene Gemeinwesen wünschenswerte Traditionen für sein Selbstverständnis aufgreifen, belastete Traditionen dagegen abstoßen zu können. Trotz allen Respekts vor der Macht der geschichtlichen Erinnerung kann man doch sagen, dass diese Plastizität der Nationsvorstellung gemeinhin auch in der Gegenwart weiter fortbesteht, mithin eine radikale Umdefinition als Frucht historischer Erfahrungen zulässt, ja erzwingt. So ist es etwa bisher gelungen, die in der westdeutschen politischen Kultur verankerte Leitvorstellung von einer postnationalen Gesellschaft auch in der erweiterten Republik zur Geltung zu bringen – ein «Weltbild», das ganz auf der entschiedenen Abwendung vom reichsdeutschen Radikalnationalismus bis 1945 und auf der Verarbeitung bitterer älterer, aber auch aussichtsreicher neuer Erfahrungen beruht.

Wer zu Beginn des neuen Jahrhunderts ein Inventar der deutschen «Gedächtniskultur» aufstellt, wird sich daher fragen, welchen Erinnerungsfragmenten er im Licht eines erwünschten historischen Bewusstseins in seiner Bestandsaufnahme einen privilegierten Platz einräumen, welche anderen er aber nicht aktivieren möchte. Zur Standortgebundenheit des Historikers bekennen sich beide Herausgeber explizit, so dass man ihnen auch durchaus erinnerungspolitische Ziele unterstellen darf. Musste dann aber der glücklicherweise verblassende Komplex «Reich» überhaupt und dann noch an erster Stelle im Kanon der Erinnerungen hervorgehoben werden? Hätten es nicht statt dessen die liberalen, demokratischen, republikanischen Traditionen weit eher verdient, im Hinblick auf die Neuformierung des Gedächtnishaushalts der gegenwärtigen deutschen National-gesellschaft vorrangig gewürdigt zu werden? Wie auch immer, an der Auswahl der Themen dieses Pionierwerks, das so schnell keine Konkurrenz von rechts oder links erleben wird, lassen sich auch die politischen Ziele der Herausgeber ablesen. Vor hundert Jahren schon hat Wilhelm Dilthey diesen Zusammenhang mit unübertreff-licher Klarheit formuliert: «Was wir unserer Zukunft als Zweck set-zen, bedingt die Bestimmung der Bedeutung der Vergangenheit».

IV.

22. Hat Max Webers Zukunft erst begonnen?

Die Max-Weber-Industrie hat in den letzten drei Jahrzehnten einen hochkonjunkturellen Aufschwung erlebt. Gelegentlich taucht schon die typische Abwehrmetapher auf, dass die Flut der Literatur nicht mehr zu übersehen sei. Das kann man mit einiger Mühe durchaus noch, unleugbar aber lässt der Output nicht nach, sondern steigt weiter an. Bekanntlich stammt von Joseph Schumpeter und Karl Jaspers das ungefähr gleichlautende Urteil, dass jeder, der sich auf Webers Denken einmal intensiv eingelassen habe, daraus nicht nur einen Reichtum an Gesichtspunkten, sondern auch kühle Nüchternheit im Umgang mit Problemen dauerhaft gewonnen habe. In der Tat zeichnet es die Studien über Weber durchweg aus, dass sie – ganz im Gegenteil etwa zu der qualitativ denkbar unterschiedlichen Literatur über Marx oder Kulturgeschichte, über Nationalismus oder Außenpolitik – ein hohes Reflexions- und Leistungsniveau nur selten unterschreiten. Offenbar wirken sich die Ansprüche und Anforderungen aus Webers Gedankenwelt derart nachhaltig aus.

Diese Anerkennung löst auch der von Edith Hanke und Wolfgang Mommsen herausgegebene neue Sammelband über Webers Herrschaftssoziologie aus[1]. Dem äußeren Anlass nach handelt es sich um ein Bündel von Studien zur Vorbereitung der ersten kritischen Ausgabe des Riesentorsos von «Wirtschaft und Gesellschaft» im Rahmen der «Max-Weber-Gesamtausgabe». Nach der nicht selten willkürlichen Zusammenfügung hinterlassener Texte durch Marianne Weber, später noch einmal durch Johannes Winckelmann, besteht jetzt endlich die Aussicht auf eine authentische Edition der öfters nur fragmentarisch überlieferten Manuskripte, die von Weber selber nicht mehr zu einer Synthese, wie sie ihm vorschwebte, zusammengefügt werden konnten.

Zur Werk- und Überlieferungsgeschichte der Herrschaftssoziologie bietet Edith Hanke eine ebenso kompetente wie umfassende

Einführung in die Problematik. Während Werner Gephart jene «juridischen Grundlagen» erneut erörtert, die der gelernte Jurist Weber in seine Herrschaftslehre übernommen hat, klärt Thomas Krolls hervorragende Essay die Herkunft von Webers innovativem Idealtypus der charismatischen Herrschaft aus der breitgefächerten zeitgenössischen Debatte namentlich der Kirchenrechtler und Theologen, wobei er über die bekannte Abhängigkeit von Rudolph Sohm weit hinausgelangt.

Ebenfalls den zeitgenössischen Kontext der Herrschaftssoziologie beleuchten Gangolf Hübinger (Politikwissenschaft um 1900), Hans Boldt (Selbstverwaltungstradition), Friedrich Lenger (Weber und Sombart zur Kapitalismusproblematik) und in einem Musterbeispiel weiterführender Analyse Andreas Anter (Genese des staatlichen Gewaltmonopols). Universalgeschichtliche Perspektiven verfolgen dagegen so ausgewiesene Weber-Kenner wie Wilfried Nippel (Die antike Stadt), Otto-Gerhard Oexle (Die Ständetrias in Webers «Mittelalter») und Helwig Schmidt-Glänrzer (Patrimonialbürokratie in China?). Die Fruchtbarkeit Weberscher Anregungen für die Verwaltungs- und die Erziehungswissenschaft erörtern Eugenie Samier und Elisabeth Flitner. Die politische Dimension beschäftigt Pier Portinaro (Der Einfluss Amerikas) sowie, getragen von einer vierzig Jahre lang bewiesenen Sachkunde, Wolfgang Mommsen, der erneut Webers antinomisches Denken unter die Lupe nimmt.

Dem Zweck der Editionsförderung wird damit reichhaltig Genüge getan. Doch lenken einige besonders anregende Studien, vor allem die von Anter, Oexle und Mommsen, auf ein grundsätzliches Problem der gegenwärtigen Weber-Rezeption hin: Können in einem Zeitalter der fortschreitenden Privatisierung von Gewalt, der Auflösung des staatlichen Gewaltmonopols und der Erosion des klassischen Anstaltsstaates Webersche Kategorien, Interessen und Überlegungen überhaupt noch mit heuristischem und theoretischem Gewinn auf die Epoche seit dem Zweiten Weltkrieg angewandt werden?

Weber hat bekanntlich Gewalt für eine naturwüchsige anthropologische Konstante gehalten. Ihre mühselige Zähmung, Einhegung, Disziplinierung verschaffte schließlich dem neuzeitlichen Herrschaftsverband, erst dem absolutistischen Fürstenstaat, dann dem liberalen Verfassungsstaat, das Monopol der legitimen physischen Gewaltsamkeit. Dafür bedurfte es freilich eines langwierigen Prozesses der Enteignung überkommener Machtträger und Rechtsbesitzer, bis herrschaftsunterworfene Gewalt sich allein im Staats- und Militärapparat konzentrierte. Andererseits blieb aber Gewalt im inneren Verkehr des Staatensystems gewissermaßen freigesetzt, so dass auch weiterhin die anhaltenden kriegerischen Konflikte die äußere Staatsbildung, die Ansammlung institutioneller Ressourcen für diesen Konkurrenzkampf die innere Staatsbildung (durch Militär, Finanz- und Verwaltungsbehörden) vorantrieben. Das alles kann man nicht nur bei Weber, sondern auch bei Jellinek, Hintze, Brunner und neuerdings Reinhard über das durch Gewalt und neues Recht mühsam erkämpfte Kunstprodukt des modernen Staates nachlesen.

Dieses Gewaltmonopol und die entscheidungsfähige Souveränität des Staates werden indes seit einigen Jahrzehnten vor allem aus drei Richtungen infrage gestellt. Der Globalisierungsprozess unterläuft die staatliche Souveränität ungleich effektiver als die älteren grenzüberschreitenden Kapital- und Warenströme. Unkontrollierte Finanztransaktionen, effektive Steuerflucht und Machtansammlung in einem quasi rechtsfreien Raum stellen die einzelstaatliche Verfügungsgewalt radikal infrage. Als Speerspitze der Globalisierung fungieren seit längerem, nicht erst seit dem Siegeszug des Computers, die multinationalen Unternehmen, die sich im Prinzip wie die großen Feudalherren des Mittelalters der Steuerung und Besteuerung durch staatliche Zentralgewalten entziehen können. Und schließlich fördert der Zerfall von Staaten das Vordringen der vertrauten, aber für historisch überholt erklärten Sozialfigur des «Warlords». Ob in einigen Nachfolgestaaten Jugoslawiens, in Tschetschenien oder in afrikanischen Bürgerkriegsländern – in einem engen Umfeld gilt nur noch die effektive Macht der Gewalt, nicht mehr die sozial legitimierte Staatsherrschaft.

Dieser Aufstieg neuer Partikulargewalten, die der Staatsgewalt Hohn sprechen, liegt der Rede vom «Neuen Mittelalter» zugrunde. Und voreilige Kritiker folgern daraus, dass zur analytischen Erfassung dieser Situation bei Weber nichts mehr zu lernen sei, da er sich auf ganz und gar vergangene Epochen konzentriert habe. Eher scheint freilich das Gegenteil zuzutreffen, wie auch dieser Band zur Herrschaftssoziologie lehrt. Hält man an der Prämisse fest, dass der Staat auch weiterhin seine Legitimation aus der Sicherung der Freiheitsrechte, der Gewähr von Ordnung und Rechtsgleichheit ziehen soll, kommt auf ihn in einer typischen «Repeat performance» eine Vielzahl eben jener Aufgaben noch einmal zu, die Weber mit einem nahezu achthundertjährigen Staatsbildungsprozess verbunden hat. Durch rechtliche Zähmung und Enteignung willkürlich appropierter Rechte müssten, so gesehen, die Machtträger der Globalisierung einem international gültigen Regelwerk unterworfen werden. Das gilt auch und gerade für die multinationalen Großkonzerne. Und privatisierte Gewalt muss – vermutlich mit demselben Gewalteinsatz, den der frühabsolutistische Fürstenstaat gegen Adel und Städte riskiert hat – enteignet, aufgelöst, der Staatsgewalt unterworfen werden, gleich ob es sich um «Warlords» auf dem Balkan oder um fundamentalistische Religionsvereine im eigenen Land handelt.

Unstreitig ist aber der herkömmliche Nationalstaat diesen Aufgaben allein nicht gewachsen. Sie kommen daher, wenn man vor der normativen Kraft des Faktischen nicht schlichtweg kapitulieren, damit aber auf bewährte Staatsgewalt letztlich mit heillosen Folgen verzichten will, insbesondere auf große föderative Staatensysteme wie die Europäische Union, auf die Vereinten Nationen und auf das Kartell der Großmächte unabwendbar zu. Im Grunde geht es um eine neue Welle der Zähmung und Enteignung von Macht, diesmal im globalen Maßstab, dazu mit komplizierteren Aufgaben verbunden, als sie im klassischen europäischen Staatsbildungsprozess zu lösen waren.

Wer aber könnte, wenn «Challenge» und «Response» in etwa zutreffend skizziert worden sind, ernsthaft leugnen, dass es dann gerade Webers Werk ist, das namentlich in dem riesigen Steinbruch seiner Herrschaftssoziologie eine Fülle von Begriffen, Überlegungen und auch Zielperspektiven enthält, wenn es um die analytische Durchdringung gegenwärtiger Erosionsprozesse oder, anders gesagt, um die Wiedergewinnung glaubwürdiger Staatsherrschaft geht?

23. Deutscher Konservativismus im Fadenkreuz

Der Hamburger Soziologe Stefan Breuer gehört zu jener kleinen Schar dezidiert weberianischer Sozialwissenschaftler, die auf den Spuren ihres großen Anregers historische Probleme der unterschiedlichsten Art, bis hin zu solchen von universalgeschichtlicher Weite, verfolgen. Man denke nur an die vielfältigen Interessen von Rainer Lepsius, Reinhard Bendix und Shmuel Eisenstadt. Durchweg sind es Probleme, welche die strenge Empirische Sozialforschung vernachlässigt. So ist etwa auch Breuer in den letzten Jahren mit konzisen Monographien über die «Anatomie der konservativen Revolution» (1993) in der Zeit der Weimarer Republik, den «Ästhetischen Fundamentalismus Stefan Georges» (1995) und die «Grundpositionen der deutschen Rechten» (1999) hervorgetreten – über Gebiete mithin, auf denen sich auch die neue Historische Soziologie bisher noch nicht getummelt hat. Jetzt legt er, wie er es selber nennt, das «Mittelstück des Triptychons» vor, an dem er im letzten Jahrzehnt gearbeitet hat: einen souveränen Überblick über den Ideenhaushalt des deutschen Konservatismus von der Reichsgründung bis zum Untergang des «Dritten Reiches»[1].

Als breit ausgewiesener Adept Max Webers geht Breuer mit guten Gründen von den «Weltbildern» der deutschen Rechten aus, teilt er doch die grundlegende Prämisse in dessen berühmter Formulierung, dass «die ‹Weltbilder›, welche durch ‹Ideen› geschaffen werden, sehr oft als Weichensteller die Bahnen bestimmt» haben, «in denen die Dynamik der Interessen das Handeln fortbewegte». Um die diffuse Gedankenwelt der deutschen Rechten innerhalb einer derart langen Zeitspanne voller dramatischer Veränderungen überzeugend untersuchen zu können, hat Breuer ein strenges Ordnungsschema zugrunde gelegt. Mit Hilfe des bewährten Instrumentariums zahlreicher Idealtypen gelingt ihm ein disziplinierter Durchgang, den man als Exempel einer streng systematisierenden politischen Ideengeschichte bezeichnen könnte, wie sie der neueren amerikanischen «Intellectual History» nicht fremd ist, hierzulande aber auch von Historikern noch erstaunlich selten praktiziert wird. Die Charakterisierung impliziert jedoch zugleich die Einschränkung, dass den Verfasser das sozialhistorische Bedingungsgeflecht des deutschen Konservatismus an dieser Stelle nicht sonderlich interessiert hat. Das trifft auch auf die Analyse jener «materiellen Interessen» zu, die Weber zufolge außer den «ideellen Interessen» «unmittelbar das Handeln der Menschen» zu beherrschen pflegen.

Innerhalb solcher selbstgezogener Grenzen einer Weltbildanalyse erörtert Breuer sein Thema unter zehn Sachgesichtspunkten: Boden, Blut, Volk/Nation, politische Herrschaft im Inneren, Imperialismus, Wirtschaft/Soziales, Bevölkerung/Familie, Kultur/Zivilisation, Religion, Antisemitismus. Das ist nun wahrlich ein außerordentlich anspruchsvolles Tableau, für dessen Beherrschung selbst vierhundert Seiten karg bemessen sind. Auf die kompakten Untersuchungen, die sich unter jeder dieser Perspektiven finden, kann hier nicht im einzelnen, meist zustimmend, selten widersprechend, eingegangen werden. Was aber ist bei der unvermeidlichen Kosten-Nutzen-Abwägung der ins Auge stechende Gewinn?

Breuer gelingt auf der Grundlage der sorgfältigen Auswertung eines imponierend umfangreichen Literaturkorpus von Quellen und einschlägigen Studien eine ebenso eindringlich wie kühl durchgehaltene Differenzierung, die sich nirgendwo mit den eingefressenen Klischeevorstellungen, den starren Denkschulen, den angeblich monolithischen Blöcken des Konservativismus zufrieden gibt. Das ist, soweit ich zu sehen vermag, eine konkurrenzlose Interpretationsleistung.

Breuer hat nicht den bequemen Weg gewählt, sich auf den «alten» Konservativismus bis 1918 zu beschränken. Vielmehr hat er, wie schon in seinen «Grundpositionen», die langen Entwicklungs-, aber auch Bruchlinien bis 1945 konsequent durchgezogen. Ein Ausblick auf die Bundesrepublik hätte die Tiefe dieser Zäsur von 1945 bestätigt.

Breuer gelingt die schwierige Verbindung von historischer Verständnisbereitschaft gegenüber einem höchst umstrittenen Gegenstand und systematischem Zugriff, bei dem sich erneut die realitätsaufschließende Kraft von Webers Begrifflichkeit bewährt.

Breuer macht die konservativen «Ordnungen der Ungleichheit» zu einem nüchtern sezierten Sachproblem, dem er mit der Bereitschaft zum «Verstehen» ganz so begegnet wie mit einer Distanz verschaffenden kategorial geleiteten Deutung. Das verschafft seinem neuen Buch gegenüber den emphatisch prokonservativen, begriffsarmen und interpretationsschwachen Studien, wie sie von C.v. Schrenck-Notzing, H.-C. Kraus, K.H. Weißmann u. a. beharrlich gesammelt werden (z. B. Stand und Probleme der Erforschung des Konservatismus, 2000) eine einsame Überlegenheit. Davon profitiert jeder interessierte Leser, der ein ungemein nuanciertes Gesamtbild von all jenen Anstrengungen der deutschen Rechten vermittelt bekommt, die «Steigerung der Ungleichheit», teils gegen den Modernisierungsprozess, teils unter Ausbeutung seiner Chancen, zu verwirklichen.

Im Vergleich mit diesem Gewinn treten die Grenzen zurück. Der Autor mutet dem Leser eine intensive gedankliche Mitarbeit zu, erwartet auch erhebliche Vorkenntnisse und hat auf eine geduldige, erläuternde Einführung in die Probleme zu oft verzichtet. Im Sinne der Weberschen «Weichensteller» – Metapher handelt es sich zudem um eine gewissermaßen halbierte Analyse, da die Dynamik der Interessen in ihrem sozial- und politikgeschichtlichen Kontext ganz hinter dem Herauspräparieren der «Weltbilder» zurücktritt. Zugegeben: diese Aufgabe verlangt einen mindestens doppelt so umfangreichen Band, und die differenzierte Erkundung der ideellen «terra incognita» kann ihre eigene Priorität beanspruchen.

In der Sache strittig bleibt freilich die ziemlich umstandslos erfolgende Einbeziehung des Nationalsozialismus. Unstreitig ist das unvermeidbar, denn zahlreiche seiner Elemente stammen aus den trüben Quellen des Rechtskonservativismus und des benachbarten Antisemitismus. Aber als im Kern ultranationalistische Massen- und Protestbewegung unter einem populistisch versierten charismatischen Volkstribun reichte er weit über das traditionelle konservative Herkunftsmilieu und seine Gedankenwelt hinaus. Seine totalitäre Diktatur, sein Lebensraumimperialismus, seine Vernichtungspolitik gegen Juden und Slawen verkörperten neuartige Phänomene, die nicht mehr überzeugend der deutschen Rechten zugerechnet werden können. Täte man es dennoch, endete man mit einer gewaltigen Unterschätzung der Mobilisierungs-, Integrations- und Zerstörungskräfte, welche die charismatische Herrschaft Hitlers im «Dritten Reich» zu entfesseln vermocht hat.

24. Jungkonservative «Strukturgeschichte» im Zwielicht

Seit dem Frankfurter Historikertag von 1998 hat die Diskussion, in der es um das Engagement bekannter bundesdeutscher Historiker im Nationalsozialismus geht, eine breitere Öffentlichkeit erreicht. Zunftintern hat damit eine kritische Analyse eingesetzt, die andere Humanwissenschaften, wie etwa die Soziologie und Psychologie, die Germanistik und Volkskunde, die Jurisprudenz und Medizin, schon vor vielen Jahren eingeleitet hatten; soeben haben sich auch

die ehrwürdige Max-Planck-Gesellschaft und die Deutsche For-
schungsgemeinschaft endlich zu einem selbstkritischen Rückblick
entschlossen.

Die Aufmerksamkeit der Historiker richtet sich jetzt auf Fachdisziplinen wie die ominöse «Ostforschung» oder die Landesge-
schichte; vor allem aber sind außer solchen Galionsfiguren der Me-
diävistik wie Otto Brunner und Hermann Heimpel führende Neuzeithistoriker wie Theodor Schieder und Werner Conze in den
Mittelpunkt gerückt: bis in die Mitte der 1980er Jahre hinein als
praktizierende Historiker und Schulhäupter, als Vorsitzende des
Deutschen Historikerverbandes und Meister der organisatorischen
Netzwerke unstreitig von großem Einfluss.

Diese beiden profilierten Neuzeithistoriker, umgeben von einigen Generationsgenossen, stehen auch im Zentrum der Untersuchung des jungen koreanischen Gelehrten Jin-Sung Chun, der ihre
methodische Leistung in den ersten anderthalb Jahrzehnten nach
1945: die «Strukturgeschichte», im Spannungsfeld von anhaltender
Modernitätskritik und trotzdem modernitätsoffener wissenschaftliche Innovation verortet[1].

Die Quintessenz seines Gedankengangs lässt sich knapp zusammenfassen. Schieder und Conze seien, das ist der Ausgangspunkt,
durch den dezidiert nationalistischen, elitären, mit einem autoritären politischen System liebäugelnden Jungkonservativismus in der
Endphase der Weimarer Republik geprägt worden. Diese Denkströmung habe auch ihre frühen wissenschaftlichen Projekte inspiriert, zumal die Anregungen ihrer erklärten Vorbilder, des für
Volkstumspolitik und –geschichte eintretenden Königsberger Historikers Hans Rothfels und einer solchen Leitfigur der «Konservativen Revolution» wie des Leipziger Soziologen Hans Freyer, sie in
dieselbe Richtung gewiesen hätten. Aus dieser Fusion von politischen und wissenschaftlichen Einflüssen erkläre sich die tiefe Mo-
dernitätsskepsis dieser jungkonservativen Historiker, die bei Conze
zu einer von dem Freyer-Schüler Gunther Ipsen genährten indus-
triefeindlichen Verklärung bäuerlichen Lebens, aber auch zu einer
von Schieder geteilten zeitgeistkonformen Aufwertung des «deutschen Volkstums» in einer Epoche verstörenden Staatszerfalls geführt habe.

Flugs springt dann der Verfasser in die Zeit nach 1945. Der angeblich fortlebende Jungkonservativismus wird von ihm in die un-

mittelbare Nachbarschaft zum westdeutschen Nachkriegskonser-
vativismus gerückt, manchmal geradezu mit ihm identifiziert. Während ihres Aufstiegs zu führenden Historikern der Bundesrepublik
hätten sich die Schieder, Conze et al. erneut von Freyer inspirieren
lassen, denn auf der Linie seiner «Theorie des gegenwärtigen Zeit-
alters» (1955) seien sie imstande gewesen, ihre im Kern anhaltende
Modernitätskritik in ein ambivalentes Verhältnis zu maßgeblichen
Modernisierungsprozessen zu verwandeln, das insbesondere die
Bejahung des Trends zur demokratisch und liberal verfassten «In-
dustriegesellschaft» impliziert habe. Methodisch hätten sie daher
dem noch weithin vorherrschenden Individualitätsprimat ihre Einsicht in die Macht gesellschaftlicher Prozesse, politischer Organisationen, bürokratischer Institutionen, kurz: der «Strukturen», entgegengesetzt – und mit dieser realistischen Wende, der Verfasser
nennt sie sogar eine «wissenschaftliche Innovation», erstaunlich
schnell reüssiert.

Wer anfangs gehofft hatte, die derzeitige Diskussion könne durch
eine solche Monographie zu einem unstreitig lohnenden Thema nur
gefördert werden, wird freilich mit einer Vielfalt methodischer
Schwächen und schiefer Urteile konfrontiert, so dass der Wert der
Studie erheblich gemindert wird.

Der Jungkonservativismus wird ganz ungenügend, auch viel zu
unkritisch charakterisiert. Die erdrückende Mehrheit seiner Anhänger stammte aus dem protestantischen Bildungsbürgertum mit
seinem aristokratischen Sonderbewusstsein und war dann in den
«bündischen» Jugendverbänden auf eine elitäre Zukunftsgestaltung,
auch auf charismatische Führerfiguren eingestimmt worden. Sie
verweigerte in den 20/30er Jahren die Anerkennung des Friedens
und setzte mit scharf antiwestlicher Gesinnung auf den nationalen
Wiederaufstieg durch Volkstumspolitik. Während der wissenschaftlichen Ausbildung hat sie das bereits um 1900 erreichte Reflexionsniveau einer skeptischen Bejahung der Moderne, wie sie von Max
Weber und Ernst Troeltsch, Werner Sombart und Georg Jellinek
verfochten worden war, radikal negiert. Ihre völkischen Ideen öff-
neten ein Einfallstor für den Nationalsozialismus.

Die kleine politische Generationskohorte der jungkonservativen
Historiker wird nirgendwo präzise bestimmt, der Schlüsselbegriff
im Text ständig aufgeweicht. Denn wenn der Verfasser bei ihren
Repräsentanten nach 1945 nicht die vermuteten Argumente findet,

sucht er anderswo passende Stimmen. So werden etwa die Göttinger «Platzhirsche» Hermann Heimpel, Alfred Heuß, Reinhard Wittram ausgiebig bemüht; denkbar zweitrangige Figuren wie Wilhelm Treue und Ludwig Beutin tauchen sogar häufiger auf; ausgerechnet der altliberale Katholik Franz Schnabel wird auch noch hinzugeschlagen. Mit dem Jungkonservativismus und den methodischen Mutationen von Schieder und Conze hatten sie allesamt ganz und gar nichts zu tun.

Das ist ärgerlich genug, doch die eigentlich fatale methodische Schwachstelle des Buches liegt an erster Stelle in zwei Fehlentscheidungen des Verfassers: zum einen in seiner «wissenschaftsimmanenten Sicht der Historiographiegeschichte», zum anderen in seiner von allen realhistorischen Zusammenhängen abgekoppelten Schwundform der Diskursanalyse. Man kann nicht die Standortgebundenheit oder Kontextabhängigkeit des historischen Denkens anerkennen, dann aber vollständig darauf verzichten, die Auswirkungen des «Dritten Reiches» einschließlich seines Vernichtungskriegs und Genozids auf das Nachkriegsdenken auch der Ex-Jungkonservativen einzubeziehen. Sonst bewegen sich die Gedanken auf einer Geisterbahn, die gegen jeden Einfluss der Außenwelt immunisiert ist.

Dieser Eindruck wird auch noch dadurch verstärkt, dass mit Freyer und Rothfels die vertrauten Inspiratoren unentwegt weiter wirken. Auf diese Weise kommt eine blutleere Geistesgeschichte alten Stils zustande, die den behandelten Historikern nicht einmal die Chance eröffnet, auf die tiefsten Erschütterungen der deutschen Geschichte zu reagieren. In majestätischer Höhe ziehen die Gedanken ihren einsamen Weg und bleiben über vier Jahrzehnte hinweg wesentlich dieselben. Das alles wird als Diskursanalyse ausgegeben, obwohl doch z.B. einer ihrer großen Initiatoren, Michel Foucault, energisch darauf bestanden hat, den Diskurs in die historische Konstellation sorgfältig einzubetten, die sozialstrukturelle Verankerung der Teilnehmer zu berücksichtigen, die Homogenität ihrer Sprachwelt, aber auch den Wechsel der Topoi zu berücksichtigen usw.

Voller Kontinuitätsgläubigkeit vermag der Verfasser beispielsweise nicht zu erklären, warum Conze, der mit den Jungkonservativen «liberalistisch» als «brutalstmögliches» Schimpfwort gebrauchte und 1943 in den Folgen der liberalen Agrarreform nach 1800 eine Zersetzung der gewachsenen «Volksordnung» erblickte, seit den 50er Jahren die vorausschauende Klugheit, mit der die staatliche Initiative damals eine lebensfähige ländliche Eigentümergesellschaft geschaffen hatte, anerkennen konnte. Oder warum Schieder seine jungkonservative Aversion gegenüber dem Liberalismus und Parteienbetrieb zugunsten einer eindringlichen Würdigung beider Phänomene aufgegeben hat. Alles nur beflissener Opportunismus? Oder nicht doch bei beiden Männern ein reflexiver Lernprozess, der die zwölf braunen Jahre, in denen auch die Zielvorstellungen ihrer jungen Jahre so schmählich gescheitert waren, zu verarbeiten suchte?

Obwohl inzwischen die bravouröse Sprachanalyse des Werkes von Otto Brunner durch den israelischen Historiker Gadi Algazi zur Nachahmung geradezu auffordert, hat Chun merkwürdigerweise auf diesen Ansatz, wie überhaupt auf die Würdigung der Forschungsergebnisse aus den letzten drei Jahren, verzichtet. Auf diese Weise aber hätte er präzise herausfinden können, wo ungeachtet aller Sprachkosmetik einige Kontinuitätslinien nach 1945 weiterlaufen (und die These von der Lernfähigkeit in Frage stellen, sie zumindest relativieren) oder wo Diskontinuität glaubwürdig vorherrscht.

Verzichtet hat er auch auf eine zweite Kontrollmöglichkeit: auf die Überprüfung der konkreten geschichtswissenschaftlichen Arbeiten seiner Hauptfiguren unter dem Gesichtspunkt, ob das eigene Postulat der «Strukturgeschichte» ernst genommen und praktiziert oder eher appellativ verwendet worden ist. Nach meinem Eindruck sind die theoretisch-methodischen Forderungen durchaus in der historiographischen Praxis berücksichtigt worden. Das nachzuweisen – oder zu bestreiten – hätte eigentlich reizvoll sein müssen, sich aber wieder von der puren Rekonstruktion ideeller Verbindungen weit entfernt.

Der Strukturbegriff war damals alles andere als neu. Gustav Schmoller, Max Weber, Werner Sombart haben mit ihm gearbeitet, Otto Hintzes brillante verfassungsgeschichtliche Arbeiten sind ohne ihn undenkbar. Insofern knüpften die Diskutanten nach 1945 an eine lohnende Tradition an. Was aber erklärt die Erfolgskarriere ihrer «Strukturgeschichte»? Sie beruhte zum großen Teil darauf, dass in der zeitgenössischen Geschichtswissenschaft die Einsicht unterschwellig bereits weit verbreitet war, man habe selber in den Jahrzehnten zwischen 1930 und 1950 die gewaltige Macht anonymer Prozesse und Organisationen, den verselbständigten Einfluss übermächtiger «Strukturen» erfahren. Insofern erwies sich der Ruf nach Strukturgeschichte für Politik- und Verfassungshistoriker, für Mittelalter- und Frühneuzeithistoriker, erst recht aber für die Sozial- und Wirtschaftshistoriker als eine konsensfähige, da auf den eigenen lebensgeschichtlichen Erfahrungen beruhende Parole.

Das erklärt die eigentümlich einspruchslose Akzeptanz, die das neue Schlagwort zeitweilig fast überall fand. Leider geht der Verfasser der Frage nicht nach, ob in der Strukturgeschichte der 5oer Jahre nicht doch ältere Strukturannahmen der erst jungkonservativen, dann nationalsozialistischen «Volksgeschichte» fortlebten. Und er stellt sich auch nicht der naheliegenden Frage, warum nach soviel Zustimmung das konjunkturelle Interesse an der Strukturgeschichte – letztlich eine leere Begriffshülse, die dringend der inhaltlichen Auffüllung bedurfte – so schnell erlosch, als die emphatisch aufgewertete und fraglos mit zahlreichen strukturgeschichtlichen Annahmen operierende «Sozialgeschichte» (auch bei Brunner, Conze, Schieder) an ihre Stelle trat. Dass diese neue Sozialgeschichte im wesentlichen nicht aus dem Umfeld der «Volksgeschichte» stammte, sondern von Weber, Marx, Hintze und Hans Rosenberg inspiriert wurde, liegt für jeden Sachkundigen auf der Hand, bleibt aber vorerst noch ein Gegenstand der eingangs erwähnten Debatte.

Chun hat noch einmal das Argument fortlaufender Kontinuität, von den 2oer Jahren bis in die frühen 6oer Jahre hinein, stark gemacht, der Verfechtung von «Strukturgeschichte» jedoch einen innovativen Charakter zugebilligt. War es aber nicht vielmehr die Rückkehr zu jener bereits um 1900 gewonnen Einsicht in die strukturbestimmenden Dimensionen des historischen Prozesses, welche die Jungkonservativen einst vehement geleugnet hatten? Und kann man das Unternehmen wirklich wagen, noch einmal, diesen Lernvorgang ohne jede Berücksichtigung der NS-Epoche, ihrer schrecklichen Impulse und desillusionierenden Einwirkungen als «wissenschaftsimmanente» Bewegung zu charakterisieren?

Vielerorts argumentiert Chun mit einer eindrucksvollen Sachkenntnis. Man lernt dadurch eine Menge über bisher oft nur vermutete Verbindungslinien zwischen Weimar und Bonn (z. B. via Freyer). Auch ist es aller Anerkennung wert, dass ein koreanischer Wissenschaftler sich so intensiv in die deutsche Theoriediskussion und ihre bisweilen bizarre Sprache vertieft hat. (Warum hat aber bloß kein Betreuer, kein Herausgeber der Reihe, in der das Buch erschienen ist, kein Lektor die zahlreichen grammatikalischen und syntaktischen Fehler korrigiert?) In der Grundkonstruktion der Argumente wirft es jedoch weit mehr Fragen auf als es überzeugende Antworten zu bieten vermöchte.

25. Sozialgeschichte versprochen – vorzügliche NS-Politikanalyse geliefert

Die deutsche Gesellschaft im «Dritten Reich» – diese Problematik lenkt auf eine auffällig Lücke in den historischen Kenntnissen hin. Denn während die Literatur zur Politik- und Kriegsgeschichte des NS-Regimes inzwischen ganze Bibliotheken füllt, sind wir über seine Sozialgeschichte noch ganz unzureichend informiert. Am weitesten ist der Forschungsstand zur Industriearbeiterschaft, zu den Angestellten und Bauern, zu den Widerstandsgruppen, zum Offizierkorps und Personal einzelner Wissenschaftsdisziplinen vorangetrieben worden, so dass sich dort allmählich klare Konturen abzeichnen. Allenfalls punktuell aufgehellt ist dagegen die Soziallage und Entwicklungsgeschichte der Adelsformationen, des Bildungsbürgertums oder der wissenschaftlichen Intelligenz, des höheren und mittleren Wirtschaftsbürgertums, des ominösen, lange Zeit als besonders faschismusanfällig verdächtigten Kleinbürgertums, der «Jugend des Führers», nicht zuletzt auch der Frauen und der von sozialstaatlichen Transferleistungen lebenden Alten. Mehr als ein halbes Jahrhundert nach dem Ende der deutschen Diktatur ist dieser Befund irritierend genug. Er dementiert nicht nur die geläufige Vorstellung von einer langjährigen Vorherrschaft der Sozialgeschichte, sondern lenkt vor allem auf wichtige, von ihr offensichtlich vernachlässigte Felder der Sozialstrukturanalyse hin. Hier verdienen noch zahlreiche Probleme, die alles andere als leicht zu lösen sind, eine genauere Erklärung.

Wer von dem neuen, von Bernd Sösemann herausgegebenen Sammelband über den «Nationalismus und die deutsche Gesellschaft» einen umfassenden Überblick über das Generalthema des Titels erwartet, wird freilich enttäuscht[1]. Aus der Vielfalt der offenen sozialhistorischen Fragen werden nur einige wenige herausgegriffen, ohne dass diese Auswahl eigens begründet würde. Behandelt werden etwa Aspekte der Frauengeschichte und der «Community of Scholars», andere sozialgeschichtliche Phänomene im engeren Sinn aber nicht.

Dennoch handelt es sich um einen ungewöhnlich lohnenden Band, der freilich eher «Die Innenseite des NS-Regimes» oder «Deutschland im Dritten Reich» hätte heißen können, da sein Schwerpunkt unzweideutig auf politischen, dazu auf einigen soziokulturellen Problemen liegt. Manche Beiträge bieten für ein breiteres, nicht nur auf Fachwissenschaftler eingegrenztes Publikum eine sachkundige Bilanz der Diskussion über vertraute Phänomene: über den Antisemitismus z. B., die völkischen Ideen, das Scheitern von Weimar, die «Machtergreifung» (die doch tatsächlich eine Machtübergabe war), die Gleichschaltung, die Außenpolitik, die Opposition, den publizistischen Kampf aus dem Exil. Hier wird man mit dem Stand langwieriger Debatten kompetent vertraut gemacht. Auch für Seminare, gymnasiale Leistungskurse, Volkshochschulveranstaltungen sind die komprimierten Einführungen vorzüglich verwendbar. Die geschickt ausgewählten Schaubilder und Statistiken im Anhang, der detaillierte chronologische Überblick und eine Auswahlbibliographie auf dem letzten Stand erleichtern die Aufgabe der politischen Pädagogik.

Andere Beiträge sind dagegen Themen gewidmet, die noch immer – oder wieder – mit lebhaft anhaltenden Kontroversen verbunden und insofern anregender sind, da sie klare Orientierungshilfe mit dezidierter Interpretation verbinden. So greift etwa Wolfgang Mommsen die Frage auf, wie der Nationalsozialismus in die Kontinuität des deutschen Nationalismus seit dem frühen 19. Jahrhundert einzubetten, dann aber als eine extrem radikalisierte Variante zu verstehen ist. Dabei schließt er sich an die seit den frühen 1980er Jahren durch Benedict Anderson, Ernest Gellner und Eric Hobsbawm initiierte Debatte an. Sie deutet auf der Linie des neuen Konstruktivismus den Nationalsozialismus als außerordentlich plastisches, aufgrund wechselnder Zuschreibungen ergänzungsfähiges, durchaus modernes Weltbild, welches die Handlungen der von ihm faszinierten Akteure anleitet. Allerdings vollzieht er dann nicht den nächsten Schritt der Debatte, die aus dem Ideenhaushalt längst bestehender ethnischer Herrschaftsverbände wesentliche Elemente dieses Weltbildes hergeleitet hat. Mit dem Konzept eines solchen Ethnonationalismus lässt sich aber auch im deutschen Fall der Anschluss an die ältere ideengeschichtliche und modernisierungstheoretische Nationalismusforschung gewinnen.

Ludolf Herbst führt in die polarisierte Debatte über die NS-Wirtschaftspolitik ein, die zwischen der Anerkennung eines braunen «Wirtschaftswunders» zum einen und der Kritik an einem unkoordinierten Kompetenzchaos zum andern schwankt. Dagegen bringt Herbst die Ergebnisse der neueren mikrohistorischen Unternehmens- und Regionalforschung zur Geltung, wodurch ein diffuseres Bild entsteht, das freilich auch – und das ist kein Gewinn – der postmodernen Skepsis gegenüber allgemeinen Ordnungsbegriffen entspricht. Sein Leitbegriff der «asymmetrischen Wirtschaft» ermöglicht es aber, der Dominanz der Rassen- und Kriegspolitik gerecht zu werden.

Den Anschluss an die neuere Wissenschaftsgeschichte vermittelt Margit Szöllösi-Janze mit ihrem Essay über Universitäten und Wissenschaftler, indem sie insbesondere die tiefe Ambivalenz zwischen regimekonformer Auftragsforschung und gewissermaßen «normaler» professioneller Weiterentwicklung in ein und demselben Fach, zwischen «völkischer» Afterwissenschaft und seriöser empirischer Forschung herausarbeitet. Die bestürzende Degeneration, das moralische Debakel und der Verrat wissenschaftlicher Standards in ganzen Fachdisziplinen, etwa im Staats- und Völkerrecht, in der Geschichtswissenschaft, Germanistik und Völkerkunde tritt dahinter zurück.

Peter Longerich gelingt es, aus seinem Buch über die antijüdische «Politik der Vernichtung» (1998), in einer Flut von Studien der bislang umfassendsten und überzeugendsten Gesamtdarstellung, die Grundthesen auf knappem Raum herauszupräparieren. Gisela Bock schafft dasselbe in ihrem Abriss der nationalsozialistischen Frauenpolitik. Allerdings ist dieser Aufsatz noch durchweg der älteren, ausschließlich kritischen feministischen Forschung verpflichtet, weshalb auch die düsteren Farbtöne vorherrschen. Nun gibt es an der Zwangssterilisation von mehr als einer Viertelmillion Frauen, an der mörderischen Stigmatisierung jüdischer Frauen, an der inhumanen Behandlung von Millionen Zwangsarbeiterinnen nichts zu deuten.

Dennoch gab es selbst in dieser Zeit einen sichtbaren Selbständigkeitsgewinn, ein neues Selbstbewusstsein und eine Emanzipation wider Willen. Denn Hunderttausende von Frauen in der «NS-Frauenschaft», im «Deutschen Frauenwerk», in der NSV, in der «Deutschen Arbeitsfront» übernahmen auf kleinen Führungsposten Verantwortung und wurden den Anforderungen gerecht, fühlten sich als Frauen bereitwilliger anerkannt, als Mütter besser versorgt als zuvor, ehe sie im Krieg Hunderttausende von Bauernhöfen und städtischen Betrieben in Abwesenheit der Männer erfolgreich leiteten. Trotz der offiziellen Frauenfeindlichkeit der nationalsozialistischen Lehre gewannen Hunderttausende von BDM-Mädchen, Arbeitsdienstmaiden, Landdienst- und Pflichtjahrmädchen einen neuen Erfahrungs- und Denkhorizont, Selbständigkeit bei der Bewältigung übertragener Aufgaben, auch das Bewusstsein, dass sie dem neuen BDM-Ideal des sportlichen, selbstbewussten «Mädels», das später berufstätiger Partner des Mannes und nicht mehr nur auf Küche und Kinder verpflichtet sein sollte, näher kamen.

Trotz der deprimierenden Kriegserfahrungen blickten daher zahlreiche Frauen nach 1945 auf Erfolgserlebnisse zurück und gaben Selbständigkeitshoffnungen und Berufswünsche an ihre seit den 1960er Jahren auf die Universität hingelenkten Töchter weiter. Kurzum: Auch in diesem Bereich sind die Auswirkungen der nationalsozialistischen Politik ungleich ambivalenter gewesen, als man lange unterstellt hat, so dass die Schilderung allein der unstrittigen Schreckensbilanz die Folgen nichtintendierter Modernisierung ausblendet.

In einem konzisen Beitrag nimmt Jürgen Kocka den Ruf nach einer vergleichenden Diktaturanalyse ernst, indem er das NS-Regime mit dem italienischen Faschismus und den zahlreichen anderen europäischen Diktaturen der Zwischenkriegszeit, auch mit der Sowjetunion und der DDR vergleicht. Auf diese Weise treten, wie das jeder gelungene Vergleich leisten soll, die Gemeinsamkeiten, aber auch die auffälligen Unterschiede hervor, so dass sich das Unikat des «Dritten Reiches» klar abhebt, so unübersehbar es auch zentrale totalitäre Züge mit der Sowjetunion geteilt hat. Muss man aber nicht doch zu den hier verwendeten idealtypischen Charakteristika der totalitären Systeme die utopische Zukunftsvision des «neuen Menschen», ob in der vollendeten kommunistischen Gesellschaft oder im arischen Rassereich verwirklicht, als wahrhaft totalitäre Anmaßung, die auf eine gewalttätige Umstülpung des gesamten historischen Prozesses, letztlich auf eine fatale Sackgasse der Evolutionsgeschichte hinauslief, mit hinzunehmen? Dann fällt freilich auch das Urteil über die Regime der nichtrussischen Bolschewiki härter aus.

Ein Glanzstück ist schließlich die längere Abhandlung Bernd Sösemanns über «Propaganda und Öffentlichkeit in der ‹Volksgemeinschaft›». Denn ihr gelingt die integrierende Darstellung aller Propagandaaktivitäten von der weichen Manipulation bis zur harten Indoktrination, von der strengen Steuerung der Presse bis zur Ablenkung durch opulent ausgestattete Revuefilme. Obwohl sich schon mancher Historiker an der Erkundung von Doktor Goebbels' Reich der «Volksaufklärung» beteiligt hat, ist doch bisher noch keinem auf so gedrängtem Raum eine vergleichbar kompakte Synthese gelungen.

Obwohl der Titel des Buches manche Hoffnung weckt, die dann nicht erfüllt wird, enthält der Band doch einen eindrucksvollen Überblick über wichtige Aspekte des «Führerstaats». Er ist ein gelungener, vor allem aber auch anregender Beitrag zur Information und historischen Urteilsbildung über das «Dritte Reich».

26. Krupp im 20. Jahrhundert

Unstreitig gibt es in den letzten Jahren einen auffälligen Aufschwung der deutschen Unternehmensgeschichte. Nachdem diese Disziplin der allgemeinen Geschichtswissenschaft, speziell der Wirtschaftsgeschichte, jahrzehntelang im Fahrwasser einer hagiographischen Verklärung unternehmerischer Leistungen selbstgenügsam dahingedümpelt war, mithin den Charakter der beflissenen Festschrift nur selten verloren hatte, ist sie nunmehr endlich auf gleiche Höhe mit der hochentwickelten Unternehmensgeschichte in den Vereinigten Staaten, England und Frankreich gezogen. Zum einen verlockte, je länger, desto deutlicher, der Sog dieser Vorbilder zur Nachahmung. Zum andern ging von der akuten Herausforderung , die Geschichte großer Unternehmen unter dem NS-Regime nach der Öffnung der Werksarchive endlich analysieren zu können, ein kraftvoller Impuls aus. So können inzwischen die neuen, kühl reflektierten, empirisch solide fundierten deutschen Unternehmensgeschichten jeden Vergleich mit den westeuropäischen und amerikanischen Modelluntersuchungen aufnehmen. Um nur einige Spitzenleistungen herauszugreifen: Hans Mommsen etwa über das

VW-Werk, Gerhard Mollin über die «Vereinigten Stahlwerke» und die «Reichswerke Hermann Göring», Hartmut Berghoff über den Musikinstrumentenbauer Hohner, Werner Abelshauser über die BASF, Gottfried Plumpe über die IG-Farbenindustrie und allemal die im Teamwork erstellte Geschichte der «Deutschen Bank».

Womit lässt sich dieser Aufschwung erklären? Methodisch ist es leichter, eine Unternehmensgeschichte zu schreiben, als etwa Wachstums- oder Depressionsphasen einer Volkswirtschaft, erst recht des internationalen Wirtschaftssystems, zu analysieren. Man hat es innerhalb einer bestimmbaren Zeitspanne mit einer klar abgegrenzten Institution zu tun, die den Quellenbestand einer eigenen Aktenüberlieferung hinterlassen hat. Fraglos hat hier die Entscheidung von Großunternehmen, endlich ihre Archive der Forschung zu öffnen, belebend gewirkt.

Das Unternehmen rückt als «historisches Individuum» in den Mittelpunkt, gleichzeitig kann es aber paradigmatisch für die Entwicklung einer Branche oder sogar eines Wachstumssektors stehen, und um historische Tiefenschärfe zu gewinnen, muss der allgemeine zeitgeschichtliche Kontext einbezogen werden, so dass mehrere Dimensionen des historischen Prozesses wie mit einem Brennglas eingefangen werden können.

Eine Unternehmensgeschichte auf der Höhe des gegenwärtigen Reflexionsniveaus erfordert auch die Fusion von Wirtschaftsgeschichte und Wirtschaftswissenschaft, von Sozialgeschichte und Betriebssoziologie. Sie kann daher die Anregungen und Erklärungsansätze der eher systematisch orientierten Sozialwissenschaften ungezwungen aufgreifen und auswerten – oder auch sie falsifizieren.

Geglückte Unternehmensgeschichte gestattet es, allgemeine Behauptungen über Dynamik und Niedergang, über Entwicklungsregeln des kapitalistischen Wirtschaftslebens und dessen Zukunftsaussichten konkret zu überprüfen. Je mehr solche anspruchsvollen Kriterien genügenden Unternehmensgeschichten vorliegen, umso stärker wirkt sich der Zugzwang aus, in neuen Anläufen ihr Niveau zu erreichen, so dass eine Art von «selbstgeregeltem Wachstum» dieser Disziplin einsetzt.

Als einen Bestandteil dieser neuen Strömung hatte unlängst der Frankfurter Historiker Lothar Gall, der bereits an dem Werk über die «Deutsche Bank» zwischen 1870 und 1995 mitgearbeitet hatte, den ersten Band einer Geschichte der Firma Krupp unter dem Titel

«Der Aufstieg eines Industrieimperiums» im langen 19. Jahrhundert bis 1914 beigesteuert (Berlin 2000). Daran schließt sich jetzt ein zweiter Band an, der «Krupp im 20. Jahrhundert», genauer gesagt: vom Ausbruch des Ersten Weltkriegs bis hin zur Gründung der Krupp-Stiftung im Jahre 1967 behandelt.[1]

Gall fungiert zwar als Autor der Darstellung der wichtigen Zeitspanne von 1951 bis 1967, hat sich aber als Herausgeber der Mitwirkung dreier profilierter Wirtschafts- und Sozialhistoriker versichert: Klaus Tenfeldes (Universität Bochum; 1914–1924), Toni Pierenkempers (Universität Köln; 1924–1933) und Werner Abelshausers (Universität Bielefeld; 1933–1951). Die Aufteilung der Aufgaben besitzt den großen Vorzug, dass die spezifische Sachkunde, die diese Historiker für sozialökonomische Probleme mitbringen, dem Projekt zugute kommt. Ihnen allen stand das reichhaltige Krupp-Archiv uneingeschränkt zur Verfügung. Worum geht es?

Vor 1914 hatte der Anteil der militärischen Krupp-Produktion entgegen allen Legenden nicht mehr als ein Drittel des Gesamtausstoßes ausgemacht. In den Kriegsjahren stieg er dann schnell auf 80 Prozent hoch, und statt 83 000 Beschäftigter zählte 1918 die Belegschaft des Großkonzerns 170 000 Männer und Frauen. Tenfelde präsentiert geschickt eine überzeugende Mischung von Wirtschafts- und Sozialgeschichte, wenn er diesen Hochrüstungsprozess in der Essener «Waffenschmiede» im einzelnen verfolgt. Deshalb kommen außer den betriebswirtschaftlichen Abläufen auch die Erfahrungen der legendären «Kruppianer»: ihr Kriegsalltag, ihre Konflikte, ihre Stellung zu den Streiks seit 1916, angemessen zur Geltung. Die strittige Frage der exorbitanten, viel zu spät und dann völlig unzureichend, da minimal besteuerten Kriegsgewinne kann der Autor freilich am Beispiel Krupp auch nicht abschließend klären. Und wenn er bei der Beschreibung von Stimmungslagen in der Belegschaft und Unternehmensleitung mehrfach von «vaterländischer» oder «patriotischer» Gesinnung spricht, folgt er der zeitgenössischen Quellensprache, die man heutzutage doch durch die Terminologie der modernen Nationalismusforschung ersetzen sollte.

Relativ milde scheint während der Novemberrevolution von 1918 die Aufregung in den Krupp-Werken ausgeprägt gewesen zu sein, und erstaunlich gelassen wurde auch die rapide Reduzierung der Belegschaft – bis zum Januar 1920 um immerhin 64 000 Arbeitskräfte – gewöhnlich hingenommen. Selbst der März-Aufstand von

1920 hat die an ein hohes Maß von paternalistischer Betriebsfür-
sorge gewöhnte und insofern wohl partiell immunisierte Stammbe-
legschaft offenbar nicht in den blutigen «Ruhrkrieg» geführt – nicht
nur die größte Erhebung seit dem Bauernkrieg von 1524, sondern
die umfassendste proletarische Protestbewegung in der deutschen
Geschichte überhaupt. Trotz der Hyperinflation und der fatalen
Folgen der französischen Ruhrbesetzung ist dem Mammutunter-
nehmen, mit Abstand Essens größtem Arbeitgeber, die Umstellung
auf die Friedensproduktion erstaunlich flexibel gelungen.

Mit dem Stabilisierungsjahr 1924 setzt Pierenkemper ein, der die
Finanzkrise bis 1925, die Reorganisationsaufgaben und die Kartell-
bildung exakt herausarbeitet. Denn in der «Deutschen Rohstahlge-
meinschaft», die 1924 an die Stelle des 1920 aufgelösten ominösen
«Stahlwerksverbandes» trat, wirkte Krupp aktiv mit, hielt sich aber
wohlweislich von der Elefantenhochzeit fern, die zum Zusammenschluss großer Montankonzerne in den «Vereinigten Stahlwerken»,
im Nu das zweitgrößte deutsche Unternehmen, führte. Nach schwierigen Konsolidierungsjahren konnte Krupp allerdings erst 1934
wieder schwarze Zahlen schreiben, so dass 1935/36, erstmals seit
vierzehn Jahren, eine Dividende ausgeschüttet wurde.

Den furiosen Aufschwung aufgrund der nationalsozialistischen
Rüstungspolitik schildert dann Abelshauser zu Beginn seines Ab-
schnitts: Krupp im «Dritten Reich» und in der zweiten Nachkriegszeit. Um nur ein einziges Beispiel zu nennen: Bereits 1937 erreichte
Krupp eine Jahresproduktion von 750 schweren Panzern. Die
schleichende Umwandlung der Friedens- in eine Kriegswirtschaft
trug den Konzern auf einer steilen Prosperitätswelle empor. Ihrer
Kraft konnte und wollte sich, schon wegen der vielbeschworenen
«Tradition des Hauses», niemand in der Leitung entgegenstellen.
Eindeutig galt aber auch hier der Primat der Politik, der alle vulgärmarxistischen Behauptungen vom Primat des Finanzkapitals und
der Großwirtschaft, die Hitler als ihren Büttel eingespannt hätten,
scharf dementiert. Als Folge der von Hitler gebilligten Lex Krupp
wurde Alfried Krupp 1943 alleiniger Inhaber des Familienunter-
nehmens und rückte als Vorstandsvorsitzender in die Spitzenposition. In diesen neuen Kriegsjahren beschäftigte sein Betrieb 220 000
Arbeitskräfte, darunter schließlich 75 000 Zwangsarbeiter; allein im
Gussstahlwerk waren 25 000 von ihnen beschäftigt.

Durch den Bombenkrieg und die Demontage sind rund 70 Prozent der Kruppschen Werksanlagen zerstört oder abgebaut worden. 1948 wurde Alfried Krupp überdies von einem Nürnberger Tribunal als symbolischer Repräsentant der deutschen Kriegsindustrie zu zwölf Jahren Haft verurteilt, sein gesamtes Vermögen konfisziert. Mit dieser düsteren Nachkriegsbilanz setzt Gall ein. Freilich wurde Krupp im Februar 1951 schon wieder entlassen und sein Vermögen unter bestimmten Auflagen, welche die «Entflechtung» des Konzerns betrafen, zurückerstattet. Doch seit den Haftjahren stand sein Entschluss fest, nie wieder Kriegsmaterial zu produzieren. Unter diesen Bedingungen ernannte er im November 1953, ein überraschender Coup, Berthold Beitz, damals ein gerade vierzigjähriger Versicherungsexperte, mithin ohne den Stallgeruch der montanindustriellen Ruhrclique, zum Generalbevollmächtigten. Bis Alfrieds Tod 1967 operierte Beitz als sein Alter Ego. Seither hat er in einer seltenen, an einen feudalrechtlich verpflichteten Majordomus erinnernden Identifikation mit Krupp-Interessen seine Aufgaben wahrgenommen.

Dem Kampf um die Entflechtung folgte 1954 eine Reorganisation des Konzerns mit dem ehrgeizigen Fernziel der Wiederherstellung alter Größe. Dank der riskanten, aber erfolgreichen Einführung völlig neuer Produktionslinien, vor allem aber aufgrund eines glänzenden Exportgeschäfts (für das Krupp selber weltweit auf Reisen warb) und eines rasch expandierenden «Osthandels» (den Beitz aufgrund seines im Krieg in Polen erworbenen Vertrauensvorschusses selber ankurbelte) gelang ein fabulöses Comeback.

Die Überwindung der Stahl- und Finanzkrise führte dann dazu, dass sich der Iran Reza Schah Pahlewis mit 25 Prozent des Firmenkapitals beteiligte – eine Entscheidung, die das Regime der Mullahs stillschweigend übernahm. Und bis 1967 gelang Beitz der verblüffende Clou, das Krupp-Vermögen in den Besitz einer Stiftung zu überführen, die als alleiniger Inhaber des Konzerns fungiert und, selbstredend, Beitz als ihren Vorsitzenden an der Spitze sah und sieht.

Der zweite Band der Krupp-Geschichte führt, ausführlicher noch angelegt als der erste, bis in die zweite Hälfte des 20. Jahrhunderts. Welch ein Weg voller Expansionssprünge und Turbulenzen: Vom Geheimnis der Tiegelstahlerzeugung und der weltweit bewunderten Geschützproduktion, die Krupp in eine Reihe mit den größten Rüstungskonzernen: Vickers und Armstrong in England, Schneider-Creuzot in Frankreich, Skoda in Österreich-Ungarn, aufrücken ließ, über die megalomane Hochrüstung in zwei Weltkriegen, den Absturz, wie es schien, in die Bedeutungslosigkeit und dann innerhalb eines halben Friedensjahrhunderts mit neuen Produktionszweigen, fern von allem Kriegsmaterial, ein verblüffender Aufstieg wie Phönix aus der Asche. Fraglos lernt man eine Unmenge über die Stahl- und Rüstungswirtschaft, über Unternehmenspolitik und korporatistische Allianzen, auch über die Bedeutung der unternehmerischen Persönlichkeit bis hin zu Beitz. Aber wegen seiner prominenten Stellung in der Rüstungswirtschaft und des abrupten Kurswechsels nach 1945 steht der Krupp-Konzern doch als ein faszinierendes Unikat der deutschen Industriegeschichte da.

27. Geschichtsscholastik im Staatsauftrag:
Historiker in der DDR

Zu der inzwischen rasch anwachsenden Literatur über die innere Verfassung der DDR tritt jetzt Martin Sabrows glänzend recherchierte, von 1949 bis 1969 führende Untersuchung des «Instituts für Geschichte» an der «Akademie der Wissenschaften»[1]. Aus den gesamten einschlägigen Veröffentlichungen, aus Aktenbeständen, Privatsammlungen, mündlichen Befragungen, nicht zuletzt auch aus den ominösen Stasi-Unterlagen hat der Verfasser das dichte Quellenmaterial für seine vorzüglich informierende Studie, eine Habilitationsschrift an der FU Berlin, gewonnen. Dabei ist ihm offenbar zustatten gekommen, dass er in der Vorbereitungszeit als Historiker westdeutscher Herkunft am Potsdamer «Zentrum für Zeithistorische Forschung» tätig war.

Die Bilanz dieser souveränen, zugleich desillusionierenden Analyse? Die Gängelung, Schurigelei, Abstrafung, Indoktrination dieser großen (250 Mitarbeiter zählenden) für Forschung freigestellten Historikergruppe, die vermutlich auch paradigmatisch für die Erfahrungen der ostdeutschen Historikerschaft insgesamt stehen kann, war noch deprimierender, noch dogmatischer, noch wissenschaftsfeindlicher, als wir das bisher ohnehin angenommen hatten. Bis zum Mauerbau die tief enttäuschte Flucht in den Westen; die Berichte, dass wieder zahlreiche Mitarbeiter an Nerven- und Kreislaufproblemen laborierten; die brutalen Sanktionen gegen Historiker, die sich wenigstens millimeterweise weg von der Parteidoktrin etwas näher an den realhistorischen Prozess heranbewegen wollten – das alles kann nach dieser präzisen Aufklärung noch weniger verwundern als zuvor. Die Selbstmordserie unter Historikern (Griewank, Lintzel, Flach, Nichtweiß) bleibt ein Menetekel. Warum ist diese Parteibonzokratie eigentlich nicht gleich dem verehrten sowjetischen Vorbild gefolgt, solche Dissidenten nach ihrer politischen und psychischen Zermürbung dauerhaft einer Psychiatrischen Anstalt zu überstellen?

Mit bewundernswerter Askese bemüht Sabrow sich trotzdem um eine gerechte Analyse. Er beginnt seine sechs Sachkapitel mit der Gründungsgeschichte des «Instituts für Geschichte», die mit der völligen Vereinnahmung der Berliner Akademie eng zusammenhing. Dazu gehören auch die erbitterten Grabenkämpfe der verschiedenen parteiamtlichen und wissenschaftlichen Fraktionen, schließlich die mühselige, dann aber stromlinienförmig verlaufende Konsolidierung des Projekts in den 50er Jahren.

Welche trübseligen Figuren spielten dabei aber auch, von den Parteifunktionären ganz abgesehen, eine einflussreiche Rolle! Der Altmarxist Alfred Meusel, früher einmal drittklassiger Soziologe an der TH Aachen und nach 1945 zu wissenschaftlicher Produktion offenbar außerstande, wie alle anderen aber unablässig in heftige Denkschriftenkriege verwickelt; die schillernde Figur des Österreichers Leo Stern mit seiner dubiosen Vergangenheit in der Sowjetunion, ebenfalls kein Mann der wissenschaftlichen Arbeit; der Funktionär Albert Schreiner, ohne jede wissenschaftliche Ausbildung, aber voll unerschütterlicher Gesinnungstreue; der Paradiesvogel Jürgen Kuczynski, charmanter Großbürgersohn, aber tieforthodoxer Anhänger seiner politischen Religion, dazu ein reiner Kompilator, der jeder gediegenen historischen Monographie oder Synthese abgeneigt blieb. Und schließlich taucht da Ernst Engelberg auf, der als einziger auf eine konventionelle Universitätsausbildung und seine historische Promotion bei Hermann Oncken verweisen konnte. Im Institut aber gerierte er sich vornehmlich als linientreuer Politruk und Einpeitscher, der «Abweichler» und «Versöhnler» unnachgiebig an die Kandare nahm, sich auch als Großmeister der Intrige erwies.

Überhaupt gab für diese gemischte Equipe außer ihrer beredten Rechtgläubigkeit das Intrigantentum und der perfide Machtpoker (wer kann seine Beziehungen zum ZK am besten ausnutzen?) meist den Ausschlag. Manche bittere Anspielung in den Erinnerungen von Fritz Klein (Drinnen und Draußen, 2000), der jahrzehntelang im Akademieinstitut tätig war, wird jetzt konkretisiert und dadurch folgerichtig verschärft. Im Lichte der unablässig anhaltenden Querelen, bei denen für den Verlierer auch immer sogleich seine berufliche Stellung und sein politischer Status auf dem Spiel standen, muten die lebhaften Spannungen unter westdeutschen Historikern im Gefolge der Fischer-Kontroverse oder des Historikerstreits wie geradezu hausbackene, für jedermann ungefährliche Meinungsdifferenzen an.

Zur wissenschaftlichen «Normalisierung» rechnet Sabrow den inneren Umbau des Instituts sowie die fragwürdige Konsolidierung durch «Steuerung» und «Überwachung». Das Ganze ist ein trübseliges Kapitel der Indienstnahme dieser Historiker durch die unerbittlichen Repräsentanten der Parteidiktatur, welche die Macht der Geschichtsbilder immerhin so ernst nahmen, dass sie ihre Regelungswut noch auf das letzte Detail ausdehnten. Wie konnte man nur der Illusion anhängen, dass unter dieser Fuchtel «qualitätvolle» Arbeit geleistet werden könne? Vom Anfang bis zum Ende des Instituts blieb vielmehr, trotz des vergleichsweise großen Aufwands, ein deplorabler Output sein typisches Kennzeichen.

Am Beispiel des «Lehrbuchs der deutschen Geschichte» schildert Sabrow überaus aufschlussreich die niederschmetternde Dogmatisierung der Diskussion bis hin zur Erstickung jeder freieren öffentlichen Äußerung. Das von 1959 bis 1969 erscheinende zwölfbändige «Lehrbuch» war von Anfang an als rundum verbindliche, parteioffiziell abgesegnete Richtschnur gedacht, und als solch ein Leitfaden, politische Religionen brauchen ihre tabuisierten Texte, hat es drei Jahrzehnte lang für Tausende von Studenten, Lehrern, Universitätsdozenten das letzte Wort bedeutet.

Tatsächlich stellt das «Lehrbuch» ein Unikat an Fehlern und Fehldeutungen dar. Mit unglaublicher Naivität wurde etwa ein objektivistischer Nationsbegriff zugrunde gelegt (z. B. Bd. I: Deutschland in der Epoche der Urgesellschaft von 500 000 v. Chr. bis ca. 600 n. Chr.!), der ein ganz junges, modernes Phänomen durch die erfundene Kontinuität von Jahrtausenden ersetzte. Am Feudalismus, Inbegriff «faulender Stagnation», konnten die Verfasser weder seine eminente Wirkung auf die Herausbildung der europäischen Rechtskultur durch die Verrechtlichung von Sozialökonomie und Politik erkennen noch entdecken, wie offen sich diese verketzerte «Gesellschaftsformation» für produktive Fortentwicklung erwies.

Der eigentliche Tiefpunkt aber wurde mit der Behandlung des 19. und 20. Jahrhunderts erreicht. Engelberg traktierte eigenhändig die beiden Abschnitte von 1848 bis 1871 und von 1871 bis 1897 (die abstruse Periodisierung folgte Lenins willkürlicher Fixierung des Beginns seiner Epoche des Imperialismus) in dem Bewusstsein, die historischen Gesetzmäßigkeiten, samt Erfüllung und Abweichung, vom hohen Kothurn der marxistisch-leninistischen Geschichtsphilosophie aus erkennen zu können. Die Literaturhinweise gaben den Blick in einen Abgrund tiefster Provinzialität und argwöhnischer Abschottung frei. Während aus der den Forschungsstand markierenden und dominierenden westlichen Literatur bestenfalls einmal punktuell ein Titel auftauchte, wurden die ödesten Qualifikationsschriften ostdeutscher Parteischulen, in denen nach dem Prinzip der tibetanischen Gebetsmühle gearbeitet wurde, lückenlos verzeichnet.

Und je weiter das «Lehrbuch» in das 20. Jahrhundert vordrang, desto drückender erwies sich die Last dogmatischer Definitionen durch die Erzväter, bis schließlich die Holzhammerformel Dimitroffs, wonach der Nationalsozialismus nur der Büttel der rabiatesten Variante des Finanzkapitalismus sei, jede glaubwürdige Annäherung an die Realität effektiv blockierte. Parallel zur inneren Homogenisierung verlief die forcierte Immunisierung gegen westliche Einflüsse, die Abschottung vom wissenschaftlichen Klassenfeind, dem in evidenter Paranoia statt wissenschaftlicher Eigeninteressen immer nur eine sinistre Zerstörungsstrategie unterstellt wurde. Hier übernahm auch die Stasi, mitten im Institut ansässig, ihre Aufgabe, im Verfolgungswahn starre Gesinnungskontrolle auszuüben. Und wenn einmal die Teilnahme an Tagungen, erst recht an internationalen Kongressen im Westen zur Debatte stand, legten Parteifunktionäre den Charakter der Wortmeldung bis ins Einzelne fest. Solch ein gehorsames Marionettenspiel hatte man bisher selbst den «zuverlässigen Reisekadern» nicht zugetraut. Auf diese Weise sollte sichergestellt werden, dass von der Sklavensprache, um einen 68er Ausdruck aufzugreifen, nicht doch spontan abgewichen wurde.

Nicht weniger bedrückend fällt das Kapitel über den Umgang mit jenen Konflikten aus, bei denen es um eine Abweichung von der wahren Lehre ging. Wer neues Anschauungsmaterial zu Orwells

«1984» sucht oder Ergänzungen zu den Berichten exkommunistischer Intellektueller in «Der Gott, der keiner war» – hier wird er fündig, da sich verfolgen lässt, wie die inneren Herrschaftsmechanismen die «Selbstkritik» bis zur Kapitulation erzwangen.

Sabrow betont nachdrücklich, dass außer hartem oder subtilerem Zwang auch Überzeugung und Engagement der Historiker eine wesentliche Rolle gespielt hätten. Daran ist zweierlei richtig. Für die erste politische Generation verbanden sich Kriegserfahrung, Aufbauwille, Bereitschaft zur Mitwirkung an einem «ehrlichen Sozialismus» und rudimentäre Marxismuskenntnisse zu einer Einstellung, die bereitwillige Kooperation ermöglichte, durch die rote Inquisition aber immer wieder extremen Belastungsproben unterworfen wurde. Wer dagegen nach dem Mauerbau groß wurde und studierte, war in aller Regel schon einer so massiven politischen Sozialisation ausgesetzt, dass die Bereitschaft zur Gefügigkeit meist verinnerlicht war, zumal die Historiker, handverlesen wie sie waren, mehr als ein einziges Nadelöhr passieren mussten.

Waren sie auf einer Akademiestelle endlich angelangt, konnten sie erst recht von der «Parteihochschule», dem «Institut für Marxismus-Leninismus», dem «Institut für Gesellschaftswissenschaften beim ZK» und natürlich vom Parteikollektiv des eigenen Instituts geknebelt werden. Angesichts einer derart harsch etablierten Herrschaftsordnung ist es leicht irreführend, à la Foucault von der Macht eines «hegemonialen Herrschaftsdiskurses» zu sprechen. Nicht die Gewalt der Denk- und Sprachfiguren, sondern der Machtträger gab im Grenzfall den Ausschlag.

Selten findet man ein Buch, dessen bestechend realistische Analyse der Innenseite eines Diktatorialregimes eine solche Niedergeschlagenheit auslöst. Denn es erkundet eine Sackgasse, zugemauert mit parteiamtlichen Denkvorschriften, aus der es nur im Ausnahmefall ein Entrinnen gab. Zum Denkverbot gehörte auch die Lüge, denn bis 1989 – als russische Historiker, dank Gorbatschow, sich schon freischwammen – mussten die DDR-Historiker die Aufteilung Osteuropas in den Geheimabsprachen zum Hitler-Stalin-Pakt für eine Erfindung des Klassenfeindes halten, mussten sie sowjetische Massenmorde wie Katyn, die horrende Zahl der KPD-Opfer in der Sowjetunion der Stalinschen «Säuberungen» leugnen, wohl aber der Verdummungsformel, dass Kapitalismus = Faschismus sei, in ihrem vorgeschriebenen Obödienzstil folgen.

Kurzum, all den Beschönigungsversuchen, mit denen noch immer ehemalige Großkopfeten der Bonzokratie, wie etwa Walter Schmidt, die «Leistungen» der DDR-Historiker verteidigen, wird mit hervorragender Sachkunde der Schleier abgerissen. Dennoch wirft diese ausgezeichnete Monographie, welche die vertraute Institutionengeschichte in ihrer Wechselwirkung mit der linkstotalitären Ideologie verfolgt, einige grundsätzliche Probleme auf.

Gab es in der weiland DDR tatsächlich eine «zweite deutsche», zudem eine «sozialistische Geschichtswissenschaft», die diesen Namen verdient? Oder wurde dort nur eine Pseudo- oder Afterwissenschaft betrieben? Den noblen Begriff Wissenschaft verdient nur eine geistige Tätigkeit, die auf unabhängiger Theoriebildung, unbestechlicher Methode, uneingeschränkter Kritik, freier Meinungsäußerung, unbegrenzter Revisionsbereitschaft, Anerkennung der «Vetomacht der Quellen» (R. Koselleck) und der intersubjektiven Überprüfbarkeit aller empirischen Ergebnisse und Interpretationen beruht. Genau das Gegenteil von alledem herrschte im SED-Staat: die Bindung an eine parteiamtlich ausgelegte holistische Heilslehre, ergo Meinungsdiktatur mit Immunisierung der eigenen Denkprämissen, Verhinderung des ungestörten Meinungsaustausches, Revisionsverbot und Missachtung der Quellen, sobald es politisch heikel wurde.

Das Adjektiv «sozialistisch» werden überdies jene Sozialdemokraten, die in Nord- und West-, Mittel- und Südeuropa dem gemeineuropäischen Normaltypus einer linken Reformpartei verpflichtet waren und sind, für propagandistische Usurpation und plumpe Kamouflage halten, handelte es sich doch zweifelsfrei um ein staatskommunistisches Regime, das die deutschen Bolschewisten mit Hilfe ihrer sowjetischen Imperialmacht errichten und fatale vier Jahrzehnte lang verteidigen konnten.

Nein, bei der vermeintlichen «zweiten deutschen Geschichtswissenschaft» trifft man in der Regel auf eine kommunistische Geschichtsscholastik, die auf vulgärmarxistischen, leninfetischistischen, letztlich geschichtstheologischen Grundlagen beruhte, die relative Autonomie der Wissenschaft negierte und zerstörte, die Direktiven der Parteidiktatur befolgte. Friedrich Engels' nüchterner Appell aus den 1890er Jahren, den Marxismus nur als eine «kritische Methode» unter anderen zu nutzen – eine in der DDR durchweg verratene Maxime –, kann aller Erfahrung nach nur in liberalen Gesellschaften befolgt werden, die auch Neomarxisten, wie in England, Frankreich, Italien, ein funktionstüchtiges wissenschaftliches Ambiente bieten, aber auch ständig die Bewährungsprobe unter anhaltender Kritik abverlangen.

Das zweite Problem liegt darin, dass keineswegs Institutionen und Heilswächter über das intellektuelle Niveau der Geschichtswissenschaft entscheiden. Vielmehr tut das allein die Qualität ihrer Leistungen, über die in der westlichen Welt nach unstrittigen Entscheidungskriterien das Urteil gefällt wird. Gemessen an diesen Kriterien: theoretische Interpretations- und Innovationsfähigkeit, Überzeugungskraft der erkenntnisleitenden Interessen, Synthesefähigkeit des Urteils, methodische Absicherung, empirische Quellennähe, Integration in den historischen Kontext usw. ist nun in der Tat der allergrößte Teil der historischen DDR-Publikationen im Mülleimer der Geschichte gelandet, wie das, Clio volente, solch eine Scholastik verdient.

Das wäre sofort überdeutlich geworden, wenn Sabrow sich auch noch auf einen inhaltlichen Vergleich der ostdeutschen mit westlichen Veröffentlichungen eingelassen hätte. Ob es um den «Feudalismus», die Erfindung einer «frühbürgerlichen Revolution», das Prokrustesbett der Leninschen Imperialismus- und Stamokap-Theorie, die Dimitroff-Formel, erst recht die Geschichte der Linksparteien und die Zeitgeschichte nach 1945 geht – nichts hält der Kritik stand, nichts hat Bestand gehabt. Wenn man den DDR-Output mit der gleichzeitigen Leistung der englischen Neomarxisten, etwa von Hobsbawm, Thompson, Hill, Hilton vergleicht, tritt das Debakel einer durch SED-Diktatur und Parteidoktrin verstümmelten Geschichtsschreibung umso greller zutage.

Dass einige wenige Leistungen dauerhaft bestehen bleiben, verdient – erst recht im Licht von Sabrows bedrückenden Befunden – umso größere Anerkennung, ist aber auch weiterhin erklärungsbedürftig. Von all den zahllosen Untersuchungen zur deutschen Arbeiterbewegung überlebt allein Hartmut Zwahrs methodisch glänzende Analyse der Entstehung der Leipziger Arbeiterschaft – anfangs heftig umstritten, da sie angeblich zu unpolitisch nur der Sozialgeschichte, nicht aber der privilegierten Bewegungsgeschichte des Proletariats nachspürte. Wie konnte ihm das gegen manchen Widerstand gelingen? Allein dank der Kraft selbstständigen und furchtlosen Denkens? Oder auch dank der Stimulierung durch unorthodox verstandene Marxsche Kategorien? Zwahrs brillantes Buch über «Herr und Knecht» jedoch, das dieses klassische asymmetrische Verhältnis über viele Jahrhunderte hinweg verfolgte, konnte vor der «Wende» selbstredend nicht veröffentlicht werden, da der Vergleich mit Herrschaft und Knechtschaft in der DDR sich allzu aufschlussreich aufgedrängt hätte.

Oder die vorzüglichen Experten der ostelbischen Agrargeschichte: Hartmut Harnisch, Fritz Müller, Rudolf Berthold, dazu das Team, das zusammen mit Volkskundlern die Magdeburger Börde erforscht hat. Lag es daran, dass dieses Feld durch sakrosankte Festlegungen der drei Überväter, eine knappe Verbeugung vor Lenins «preußischem Weg» wurde im Vorwort absolviert, ungleich weniger als die Industrialisierungsgeschichte eingeschnürt war, sodass ohne solche hemmenden Hürden mehr Spielraum bestand? Oder lag es am Behauptungswillen, an der geringeren politischen Aufladung von Problemen der ländlichen Gesellschaft, der empirischen Arbeitsintensität, dass Ergebnisse zustande kamen, die auf diesem Gebiet in der Bundesrepublik damals nicht zu finden waren? Dieses kleine «Fähnlein der Aufrechten» verdiente mehr Aufmerksamkeit. Vor allem aber bedarf es einer Klärung, was mit klarem Kopf, starkem Willen und allerhand Risikobereitschaft gegenüber den terroristischen Tugendwächtern trotz aller Erkenntnisbarrieren selbst in der DDR möglich war.

28. Hitler vor 70 Jahren: Verblendete Machtübergabe und totalitäre Revolution

Anfang November 1918 rollten alle deutschen Kronen in den Staub. Der Schock der Niederlage nach einem vierjährigen Weltkrieg, von der erdrückenden Mehrheit der Deutschen überhaupt nicht erwartet, wurde durch die traumatisierende Erfahrung vertieft, dass innerhalb weniger Tage die Revolution siegte und alle Monarchien sang- und klanglos verschwanden: vom Reichsmonarchen bis hin zu den kleinen landesfürstlichen Herrschaftsträgern. Damit löste sich eine politische Ordnung, die jahrhundertelang eine Sicherheit gewährende Selbstverständlichkeit bedeutet hatte, unter dem Anprall der Revolutionsbewegung im Nu auf. Doch die neue Staatsform der Republik blieb ungeliebt. Das Ressentiment gegen die

Nachkriegsordnung wurde durch den Versailler Frieden von 1919 weiter vertieft; er besaß für eine junge Großmacht demütigende Züge, im Vergleich mit dem karthagischen Frieden, den das Kaiserreich im März 1918 Russland aufgezwungen hatte, fiel er aber geradezu milde aus, vor allem ließ er das Potential für einen neuen Aufstieg intakt. Vier Jahr später wurde das Land durch die Hyperinflation gebeutelt. Mit ihr musste der bittere Preis für die inflationsauslösende Kriegsfinanzierung bezahlt werden. Die endlose Debatte über die «Reparationsknechtschaft» vertieft den Groll. Und als nach einer kurzen Konjunkturphase, in der 1928 die Leistungswerte von 1913 endlich wieder erreicht wurden, die bisher schmerzhafteste Depression des westlichen Kapitalismus, die dritte Weltwirtschaftskrise seit dem Herbst 1929, Deutschland besonders hart traf, begann nicht nur eine beispiellose wirtschaftliche Talfahrt. Vielmehr brachen wegen der mehr als acht Millionen Arbeitslosen – jeder dritte Erwerbstätige war arbeitslos, statistisch gesehen in jeder Familie mindestens ein Mitglied – unerhörte soziale Spannungen auf. In einem unaufhaltsamen Erosionsprozess zerfiel das politische System, auf dessen Trümmern sich seither die totalitären Flügelparteien der NSDAP und der KPD erhoben.

Nach dem Scheitern dreier Notstandsregierungen meldete Hitler, der charismatische Volkstribun an der Spitze einer rechtsradikalen Massenbewegung und der seit 1932 größten Fraktion des Reichstags, erneut seinen Machtanspruch an. Aus eigener Kraft war ihm der Vorstoß auf die Spitzenposition mit Hilfe einer absoluten Stimmenmehrheit nicht gelungen. Doch ähnlich wie bei der Etablierung des Mussolini-Regimes in Italien zehn Jahre zuvor fand sich jetzt eine konservative Elitenkoalition zusammen, die Hitler im Winter 1932/1933 den Weg zur Reichskanzlerschaft ebnete – voll arroganter Selbstüberschätzung, dass erfahrene Politiker der Rechtsparteien den «großen Trommler» effektiv «einrahmen» und deshalb zähmen könnten. Damit glaubte sich diese Koalition an ihrem Ziel, durch eine autoritäre Krisenlösung die verhasste Republik in einen «neuen», in Wirklichkeit ganz vergangenheitsfixierten Staat verwandeln zu können. Goebbels deutete diesen Steigbügelhalterdienst in eine aktivistische «Machtergreifung» der Hitler-Bewegung um.

Tatsächlich hatte die informelle konservative Allianz mit ihrer fatalen Aktion, wie sich zwischen dem Februar 1933 und dem August

1934 herausstellte, einer modernen Despotie, der Führerdiktatur des «Dritten Reiches», zum Besitz aller staatlichen Machtmittel verholfen. Von Hitler, der innerhalb weniger Wochen im Kabinett völlig dominierte, wurden sie zielstrebig genutzt. Anderthalb Jahre nach dem Beginn seiner Kanzlerschaft vereinigte er, reichsrechtlich abgesichert, die Position des «Führers» des Reiches mit dem Amt des Reichspräsidenten und des Oberkommandierenden der Wehrmacht. Was ist ihm, fraglos dem Motor im Arkanbereich, und der NSDAP seit dem 30. Januar 1933 in so verblüffend kurzer Zeit alles gelungen?

Die zentralistische Regierungsdiktatur Hitlers trat an die Stelle der parlamentarischen Republik. Ein nahezu omnipotenter charismatischer «Führer», eben noch als «böhmischer Gefreiter» verspottet, bündelte alle Herrschaftsbefugnisse in seiner Hand, sodass der Führerabsolutismus bereits zum eigentlichen Gravitationszentrum der Macht geworden war.

Der Reichstag war völlig entmachtet, zur Akklamationsmaschine, zum – wie der Berliner Witz damals spottete – «teuersten Gesangverein» Deutschlands degradiert worden. Alle Parteien waren verboten worden oder hatten sich in der tiefen Ohnmacht des vorauseilenden Gehorsams selber aufgelöst. Die meisten Verbände waren, wie etwa die Gewerkschaften, zerschlagen oder unterworfen worden.

Reichsrechtlich war der Einparteienstaat zugunsten der NSDAP legalisiert, der totale Lenkungsanspruch ihrer Leitungsspitze befestigt worden. Auch der traditionsreiche deutsche Föderalismus hatte einem rigorosen Zentralismus weichen müssen, der alle Länder und ihre Landtage aufgelöst und den Berliner Direktiven freie Bahn geschaffen hatte. Kurzum, die politische Landschaft war in einem unglaublichen Tempo von Grund auf verändert worden.

Der Rechtsstaat, kostbare Errungenschaft der letzten anderthalb Jahrhunderte, lag zertrümmert da. Die Bürger waren im Prinzip der Willkür der Polizei, der SS, der Sondergerichtsbarkeit hilflos preisgegeben. Die Verfolgung, Vertreibung und Ermordung politischer Gegner und jüdischer Deutscher hatte auf breiter Front eingesetzt. In der «Erbgesundheits»-Politik tauchten die Umrisse einer völkischen, eugenischen Rassenpolitik auf, welche die Gesundung des arischen «Volkskörpers» als höchste Priorität fixierte und dieses Ziel durch die «Ausmerze» aller «Fremdkörper» erreichen wollte.

Die alten Machteliten, eben noch in der Illusion des geschickten

Dompteurs eines plebejischen Tribuns gefangen, waren in abhängige Funktionseliten umgewandelt, oft in NS-Sonderorganisationen überführt oder direkt zu Parteiorganen gemacht worden. Überhaupt hatte sofort ein zügiger Elitenwechsel begonnen. Dieser «stürmische Personalumbau verwandelte die Elitenstruktur der deutschen Gesellschaft» (K.D. Bracher), denn die kollektive Blitzkarriere der «alten Kämpfer», die zahlreichen neuen Verwaltungsstäbe mit Parteibuchpositionen und frühzeitig auch der Lenkungswille des SS-Ordens ließen die Konturen einer neuen sozialen Machthierarchie erkennen.

Im öffentlichen Leben war der Nationalsozialismus dabei, sich zu einer «politischen Religion» aufzuschwingen. Schon im August 1933 hat Hitler ungeschminkt gefordert, dass der Nationalsozialismus «selbst eine Kirche werden» müsse. Diese Stilisierung förderte der Goebbelsche Propagandaapparat, während gleichzeitig die Vielfalt des kulturellen Lebens uniformiert, die beiden Kirchen gegängelt, ihre Heilsfunktionäre diskriminiert wurden.

Vor allem aber hatte sich die charismatische Position Hitlers in Staat und Gesellschaft enorm gefestigt. Ein breit gefächerter Konsens unterstützte den «Führer», der jede kollegiale Entscheidungsbildung im Kabinett bereits beseitigt, die Gehorsamspflicht der Minister durchgesetzt und seine völlige Selbständigkeit gegenüber der Koalition des 30. Januar 1933 errungen hatte. Wie alle Charismatiker beanspruchte Hitler die Orientierung ausschließlich an seinen obersten Wertvorstellungen, ohne eine formale normative Handlungsbindung hinzunehmen. Dass viele dieser Werte – nationale Ehre etwa, nationale Geltung, nationale Stärke, völkische Auserwähltheit, Führerprinzip – von Abermillionen geteilt wurden, verschaffte ihm eine erstaunlich Resonanz. Die Sehnsucht so vieler Deutscher, durch einen politischen Messias, einen – wie es immer wieder hieß – «zweiten Bismarck» aus dem Tal der Tränen: der Kriegsniederlage, der Demütigung durch «Versailles», der Depression herausgeführt zu werden, schien endlich in Erfüllung zu gehen. Mit ihrer plebiszitären Zustimmung bejubelten sie zwar ihre eigene Entmündigung. Doch der Aufbruch zu neuen Ufern, wo die Wiedergewinnung des prosperierenden nationalen Machtstaats winkte, versöhnte sie mit ihrem Freiheitsverlust.

Verkörperte diese Umwälzung die unverhüllte Konterrevolution, wie die Linke seither argumentiert? War sie nur die deutsche Variante jener allgemeinen Krise des Parlamentarismus in der Zwischenkriegszeit? Oder war sie nicht vielmehr eine neuartige, eine totalitäre Revolution? Eben diese Deutung ist vielfach, nicht selten empört bestritten worden. Denn in der politischen Semantik einer einflussreichen Geschichtsphilosophie sind die klassischen Revolutionen des Westens: die Englische, die Amerikanische, die Französische, auch die Industrielle Revolution als welthistorische Lokomotiven des Fortschritts auf ein höheres Entwicklungsniveau rundum positiv bewertet worden. Mit der Russischen Revolution seit 1917, der nationalsozialistischen Revolution seit 1933, der Chinesischen Revolution seit dem Zweiten Weltkrieg erscheint jedoch ein neuer Typus von Revolution im historischen Prozess: die totalitäre Revolution, die mit unsäglichen Opfern eine totalitäre Diktatur schafft, die den Weg in eine historische Sackgasse antritt.

Geht man von einigen verallgemeinerungsfähigen Revolutionskriterien aus, wird unter Revolution ein Umwälzungsprozess mit destruktiven und konstruktiven Elementen verstanden. An Zerstörung, etwa der Weimarer Republik, des Rechtsstaats, des Föderalismus, fehlte es seit 1933 in Deutschland ebenso wenig wie an konstruktiven Elementen (im Sinne der neuen Machthaber): dem Aufbau einer diktatorischen Herrschaftsordnung, der Einrichtung von Sonderstäben zur effizienten Erreichung der Systemziele, der Etablierung neuer Rechtsnormen.

Während der Revolution, heißt es weiter, vollziehen sich die Auflösung und der Umbau der überkommenen Herrschafts- und Gesellschaftsverfassung. Die Hitler-Bewegung beutete die Desintegration der Republik aus, beschleunigte den Niedergang der Demokratie und baute seit 1933 ihre institutionelle und mentale Gegenwelt auf. Eine neue NS-Elite wurde auf den Kommandohöhen der politischen Macht installiert.

Eine extreme Polarisierung und Politisierung kennzeichnet, so die nächste These, die revolutionäre Landschaft. Das tat sie bereits während der Agonie der Republik, erst recht in der ersten Phase der nationalsozialistischen Machtkonsolidierung. Jede Revolution, erst recht eine totalitäre Revolution, so wird weiter argumentiert, heißt: Kampf um hegemoniale Herrschaftspositionen. Innerparteilich wurde im Juni 1934 mit dem SA-Chef Ernst Röhm der letzte potentielle Rivale Hitlers während einer «Nacht der langen Messer» liquidiert. In der Regierung waren profilierte Figuren wie Hugenberg und Papen auf demütigende Weise längst entmachtet worden. Alle Verfassungsorgane hatten ihren Einfluss verloren, als die Einparteienherrschaft erreicht wurde. In verblüffendem Tempo gelang Hitler eine vorbildlose Machtakkumulation allein in seiner Hand. Selbst die Militärführung beugte sich im Sommer 1934 seinem Anspruch auf Alleinherrschaft.

Ein revolutionärer Umbruch setzt, lautet ein weiteres Kriterium, die überlieferten Ordnungsprinzipien außer Kraft. In der Tat wurde das gesamte politische System 1933/34 umgestülpt, der Führerabsolutismus, das Einparteienmonopol, die Instrumentalisierung oder Zerstörung aller autonomen Machtfaktoren durchgesetzt. Und weiter: Dem überkommenen Ordnungsgefüge setzt die Revolution ein Alternativsystem unter Berufung auf überlegene eigene Legitimationsideen und Institutionen entgegen. Der von Hitler und seiner Bewegung vorangetriebene Strukturumbau führte bis zum Sommer 1934 zu einer neuartigen Kräftekonfiguration. Der «Korridor der Macht» sah seither völlig anders aus als zwei Jahre zuvor.

Zum Revolutionsprozess gehört auch ein forcierter Elitenaustausch, an den die Nationalsozialisten zügig herangingen. An der Präsenz von Abertausenden von Parteifunktionären im Staatsapparat, an den Sonderstäben, an den Gauleitungen mit ihrer Kompetenzanhäufung, am Wachstum der SS, an den elitären Parteischulen lässt sich dieser Vorgang ablesen. Im Vergleich mit der Revolution von 1918 reichte der Einschnitt seit 1933 sogar ungleich tiefer. Erst jetzt wurden die monarchischen Eliten überall abgelöst. Im Hinblick auf soziale Herkunft, Ausbildung, Beruf, Sozialstatus und Lebensalter unterschied sich die NS-Elite eindeutig von ihren Vorgängern. Man kann sogar von einem nachgeholten sozialen Demokratisierungsschub sprechen, der sich als eine Kraftquelle des Regimes erweisen sollte.

Und schließlich gehört zur Revolution durchweg auch die Veränderung der Mentalität. Da beschwor die Führerdiktatur die Utopie einer sozialharmonischen «Volksgemeinschaft» aller Deutschen – eine seit Jahrzehnten von rechts bis links geteilte Zielvision, die viele für eine verheißungsvolle Perspektive auf dem Weg in eine meritokratische, egalitäre Leistungsgesellschaft hielten. Nicht zuletzt gehört zur charismatischen Herrschaft auch stets eine «Gesinnungsrevolution», die im «Dritten Reich» insbesondere die jüngeren Generationen erfasste und zu einer erstaunlichen Leistungsmobilisierung geführt hat, ohne die später auch ein zweiter totaler Krieg nicht fast sechs Jahre lang durchgehalten worden wäre.

Daher lässt sich schwerlich bestreiten, dass die Umwälzung seit dem 30. Januar 1933 als totalitäre Revolution bezeichnet werden sollte. Verstärkt durch die innen- und außenpolitischen Erfolge Hitlers bis 1939 hat sie die Mehrheit der Deutschen in ihren Bann geschlagen. Und die Faszination durch den charismatischen «Führer» an der Staatsspitze hat dazu geführt, dass bis zum Frühjahr 1945 die Führerloyalität von dieser Mehrheit nirgendwo aufgekündigt wurde. Das entscheidende Charakteristikum der Umwälzung seit dem 30. Janaur 1933 ist daher, dass sie einer ganz außergewöhnlichen Konstellation entsprang und eine außergewöhnliche Zäsur geschaffen hat. Wegen der existentiellen Krise der Republik konnte Hitler an die Macht gelangen, seine charismatische Herrschaft über ganz Deutschland ausdehnen, die totalitäre Revolution bis zur Konsolidierung der Führerdiktatur vorantreiben. Als Konsequenz der mörderischen Utopie, ein rasereines Großreich bis zum Ural zu errichten, standen am Ende der Vernichtungskrieg im Osten und der Genozid an den europäischen Juden. Diese außergewöhnliche Konstellation kann sich nach aller historischen Erfahrung nicht wiederholen. Man sollte daher, so sehr auch Wachsamkeit gegenüber dem Rechtsradikalismus geboten ist, hinter jedem Haufen von Glatzköpfen nicht gleich eine zweite NSDAP, hinter jedem populistischen Schreihals nicht gleich einen potentiellen «Führer» vermuten. Die forcierte Kopie einer einflussreichen Persönlichkeit führt gewöhnlich, so lautete das sarkastische Urteil von Karl Marx, nur zur Farce, wie das etwa der «zweite Adolf» (v. Thadden) der NPD in den 1960er Jahren bewies. Unleugbar kann man aus der fatalen Geschichte der NS-Diktatur lernen, doch sollte man ohne nervöse Sorge vor der Wiederholung einer historisch einmaligen Situation den andersartigen Gefahren der Gegenwart mit nüchterner Wachsamkeit begegeben.

Anhang

Anmerkungen

Vorwort

1 Dieselbe Verbindung dieser beiden Elemente findet sich in neun vorhergehenden Bänden: Krisenherde des Kaiserreichs 1871–1918, Göttingen 1970/1979²; Geschichte als Historische Sozialwissenschaft, Frankfurt 1973/1980³; Historische Sozialwissenschaft und Geschichtsschreibung, Göttingen 1980; Preußen ist wieder chic..., Frankfurt 1983; Aus der Geschichte lernen?, München 1988; Die Gegenwart als Geschichte, ebd. 1995; Politik in der Geschichte, ebd. 1998; Die Herausforderung der Kulturgeschichte, ebd. 1998; Umbruch und Kontinuität. Essays zum 20.Jahrhundert, ebd. 2000.

2 Deutsche Gesellschaftsgeschichte I: 1700–1815, München 1987; II: 1815–1849, ebd. 1987; III: 1848–1914, ebd. 1995; IV: 1914–1949, ebd. 2003, 262–93.

3 H. Spenkuch, Preußen im Vergleich. Politisches System und Strukturen Preußens als Kern des «deutschen Sonderwegs», in: Geschichte u. Gesellschaft 29. 2003, 262–93

4 Vgl. H.-U. Wehler, Nationalismus, München 2001.

5 Vgl. H.-U. Wehler, Die Herausforderung der Kulturgeschichte, München 1998; s. dazu aber eine Diskussion, die ursprünglich im «Rechtshistorischen Journal» geführt worden ist, in: R. M. Kiesow u. D. Simon Hg., Auf der Suche nach der Wahrheit. Grundlagenstreit in der Geschichtswissenschaft, Frankfurt 2000.

3. Auf dem Weg zum neuen Opferkult?
Bombenkrieg gegen Deutschland 1940–1945

1 J. Friedrich, Der Brand. Deutschland im Bombenkrieg 1940–1945, Berlin 2002.

5. Amerikanischer Nationalismus, Europa und der Islam
nach dem 11.September 2001

1 Vgl. S. P. Huntington, Kampf der Kulturen. Die Neugestaltung der Weltpolitik im 21.Jahrhundert, München 2002.

9. Deutsches Bürgertum nach 1945:
Exitus oder Phönix aus der Asche?

1 Auflösung des Bürgertums (1987) in: ders., Der Nationalsozialismus u. die deutsche Gesellschaft, Reinbek 1991, 11–38.

2 Vgl. hierzu H. Siegrist, Ende der Bürgerlichkeit? in: Geschichte u. Gesellschaft 20. 1994, 549–93; ders.; Die gebildeten Klassen in Westdeutschland 1945–65, in: W. Fi-

scher-Rosenthal u. a. Hg., Biographien in Deutschland, Opladen 1995, 1181–36; ders., Der Wandel als Krise u. Chance. Die westdeutschen Akademiker 1945–65, in: K. Tenfelde u. H.-U. Wehler Hg., Neue Wege der Bürgertumsforschung, Göttingen 1994, 289–314. Anregend zum Formwandel: K. Tenfelde, Stadt u. Bürgertum im 20. Jh., in: ders. u. Wehler Hg., 317–53. Abwägend zum Wandel von Bürgerlichkeit: M. Hettling, Bürgerliche Kultur – Bürgerlichkeit als kulturelles System, in: P. Lundgreen Hg., Sozial- u. Kulturgeschichte des Bürgertums, Göttingen 2000, 319–39. Allg. P. Nolte, Die Ordnung der deutschen Gesellschaft. Selbstentwurf u. Selbstbeschreibung im 20. Jh., München 2000; H.-U. Wehler, Soziale Stratifikation u. Stratifikationstheorien, in: ders., Umbruch u. Kontinuität, Essays zum 20. Jh., München 2000, 185–213.

3 J. A. Schumpeter, Die sozialen Klassen im ethnisch homogenen Milieu, in: ders., Aufsätze zur Soziologie, Tübingen 1953, 155 f.

4 Zur historischen Entwicklung der bürgerlichen Sozialformationen vgl. H.-U. Wehler, Deutsche Gesellschaftsgeschichte I: 1700–1815, München 1987/1996[3], 124–39, 177–217; dass. II: 1815–1849, ebd. 1987/1996[3], 174–241; dass. III: 1849–1914, ebd. 1995/1996[2], 106–140, 700–772; dort auch die folgenden Zahlenangaben; zeigt die Fortsetzung des Längsschnitts in: dass. IV: 1914–1990, ebd. 2003.

5 Vgl. vor allem D. Ziegler Hg., Großbürgertum u. Unternehmer. Die deutsche Wirtschaftselite im 20. Jh., Göttingen 2000; ders., Die wirtschaftsbürgerliche Elite im 20. Jh., in: ebd., 7–29; ders., Kontinuität u. Diskontinuität der deutschen Wirtschaftselite 1900–1938, in: ebd., 31–53; ders., Das wirtschaftliche Großbürgertum, in: Lundgreen Hg., 113–37.

6 Vgl. H. Joly, Kontinuität u. Diskontinuität der industriellen Eliten nach 1945, in: Ziegler Hg., 54–72; ausführlicher ders., Großunternehmer in Deutschland 1933–89, Leipzig 1998. S. auch die Hinweise in: P. Erker, Industrieeliten in der NS-Zeit, Passau 1991; ders. u. T. Pierenkemper Hg., Deutsche Unternehmer zwischen Kriegswirtschaft u. Wiederaufbau, München 1999; W. Loth u. B. A. Rusinek Hg., Verwandlungspolitik. NS-Eliten in der westdeutschen Nachkriegsgesellschaft, Frankfurt 1998. Noch immer lesenswert: R. Dahrendorf, Wandlungen der deutschen Gesellschaft der Nachkriegszeit, in: ders., Gesellschaft u. Freiheit, München 1961, 300–330; W. Zapf, Wandlungen der deutschen Elite 1919–1961, ebd. 1966[2]; ders., Beiträge zur Analyse der deutschen Oberschicht, ebd. 1965. Begrifflich ganz verschwommen und ohne jede sozialhistorische Analyse: L. Niethammer, War die bürgerliche Gesellschaft in Deutschland 1945 am Ende oder am Anfang? in: ders. u. a. Hg., Bürgerliche Gesellschaft in Deutschland, Frankfurt 1990, 515–32; ders., Bürgerliche Wechseljahre, in: ebd., 533–47.

7 Vgl. M. Hartmann, Kontinuität oder Wandel? Die deutsche Wirtschaftselite 1970–95, in: Ziegler Hg., 73–92; ders., Topmanager: Die Rekrutierung einer Elite, Frankfurt 1996; ders., Deutsche Topmanager: Klassenspezifischer Habitus als Karrierebasis, in: Soziale Welt 46. 1995, 440–468; ders., Die Rekrutierung von Topmanagern in Europa, in: Europäisches Archiv für Soziologie 38. 1995, 3–37; ders., Der Mythos von den Leistungseliten, Frankfurt 2002 (in diesen aufschlussreichen Studien findet sich auch weitere Speziallliteratur). Vgl. W. Bürklin u. a. Hg., Eliten in Deutschland, Opladen 1997; P. Windolf, Eigentum u. Herrschaft. Elite-Netzwerke in Deutschland u. Großbritannien, in: Leviathan 25. 1997, 77–106. S. auch die frühen Hinweise bei V. Berghahn, Unternehmer u. Politik in der Bundesrepublik, Frankfurt 1985; ders., Die Wirtschaftseliten in der Politik der Bundesrepublik, in: H. G. Wehling Hg., Eliten in der Bundesrepublik Deutschland, Stutt-

gart 1990, 124–41; ders., Zur Bedeutung des wirtschafts- u. sozialgeschichtlichen Zugriffs auf die deutsche Nachkriegsgeschichte, in: A. Döring-Manteuffel Hg., Adenauerzeit, Bonn 1993, 97–109; ders. u. P. J. Friedrich, O. A. Friedrich, ein politischer Unternehmer 1902–75, Frankfurt 1993.

8 Vgl. H.-U. Wehler, P. Bourdieu – das Zentrum seines Werks, in: ders., Die Herausforderung der Kulturgeschichte, München 1998, 15–44; die wichtigste Literatur: ebd. 154.

9 R. Geißler, Kein Abschied von Klasse u. Schicht. Ideologische Gefahren der deutschen Sozialstrukturanalyse, in: Kölner Zeitschrift für Soziologie 48. 1996, 319–38; wichtig die konkreten Analyseergebnisse in: ders., Die Sozialstruktur Deutschlands, Opladen 1996²; ders., Soziale Schichtung u. Lebenschancen in der Bundesrepublik Deutschland, Stuttgart 1994²; K. U. Mayer, Empirische Sozialstrukturanalyse u. Theorien der gesellschaftlichen Entwicklung, in: Soziale Welt 40. 1989, 297–308; ders. u. H.-P. Bossfeld, Berufsstruktureller Wandel u. soziale Ungleichheit, in: Kölner Zeitschrift für Soziologie 43. 1991, 671–96; die einschlägigen Beiträge in B. Schäfers u. W. Zapf Hg., Handwörterbuch der Gesellschaft Deutschlands, Opladen 1998/2001²; B. Schäfers Hg., Gesellschaftlicher Wandel in Deutschland. Sozialstruktur u. Sozialgeschichte der Bundesrepublik, München 1995⁶; S. Hradil, Soziale Ungleichheit in Deutschland, Opladen 1997⁷, sowie der Überblick von K. M. Bolte, Soziale Ungleichheit in der Bundesrepublik im historischen Vergleich, in: P. A. Berger u. S. Hradil Hg., Lebenslagen – Lebensläufe – Lebensstile, Göttingen 1990, 27–50.

10 Vgl. H. Braun, H. Schelskys Konzept der «nivellierten Mittelstandsgesellschaft» u. die Bundesrepublik der 50er Jahre, in: Archiv für Sozialgeschichte 29. 1989, 199–223.

11 Vgl. hier nur U. Beck, Jenseits von Klasse u. Stand? in: R. Kreckel Hg., Soziale Ungleichheiten, Göttingen 1983, 35–74; ders., Risikogesellschaft, Frankfurt 1986; P. A. Berger u. S. Hradil Hg., Alte Ungleichheiten, neue Spaltungen, Opladen 1998; dies. Hg., Lebenslagen; S. Hradil, Individualisierung, Pluralisierung, Polarisierung. Was ist von den Schichten u. Klassen geblieben? in: R. Hettlage Hg., Die Bundesrepublik Deutschland, München 1990, 111–138; ders., Sozialstrukturanalyse in einer fortgeschrittenen Gesellschaft. Von Klassen u. Schichten zu Lagen und Milieus, Opladen 1987; P. A. Berger, Entstrukturierte Klassengesellschaft? Klassenbildung u. Strukturen sozialer Ungleichheit im historischen Wandel, ebd. 1986. Eine präsentistische, sozialtheoretisch nicht fundamentierte Sackgasse betritt G. Schulze, Erlebnisgesellschaft, Frankfurt 1993, vgl. T. Müller-Schneider, Schichten u. Erlebnismilieus. Der Wandel der Milieustruktur in der Bundesrepublik Deutschland, Wiesbaden 1994.

12 Geißler, Kein Abschied, dort alle Zitate.

13 Die Belege finden sich in: Geißler, Kein Abschied; ders., Sozialstruktur; ders. Hg.; Mayer; Schäfers u. Zapf Hg.; Schäfers Hg. – Als Ausschnitt aus der Kontroverse innerhalb der deutschen Soziologie des letzten Jahrzehnts vgl. nur: J. Ritsert, Soziale Klassen, Münster 1998; W. Müller Hg., Soziale Ungleichheit, Opladen 1997; C. Gellert, Das Ende der Klassengesellschaft? in: Leviathan 24. 1996, 573–86; H. Geißler, Klasse, Schicht oder Lebenslage? in: ebd. 22 1994, 541–59; H. O. Müller, Abschied von der Klassengesellschaft? in: C. Görg Hg., Gesellschaft im Übergang, Darmstadt 1994, 120–40; S. Hradil, Sozialstruktur u. gesellschaftlicher Wandel, in: O. Gabriel u. F. Brettschneider Hg., Die EU-Staaten im Vergleich, Opladen 1994², 52–95; M. Vester u. a., Soziale Milieus im gesellschaftlichen Strukturwandel, Köln 1993/Frankfurt 2000²; vorzüglich ist R. Kreckel, Politische Soziologie der sozialen

Ungleichheit, Frankfurt 1992; M. Thomas Hg., Sozialstrukturtheorien u. Sozial-
strukturforschung, Berlin 1992; W. Glatzer Hg., Entwicklungstendenzen der Sozialstruktur, Frankfurt 1992; V. Bornschier Hg., Das Ende der sozialen Schichtung? Zürich 1991; B. Erbslöh u.a., Ende der Klassengesellschaft? Regensburg
1990; D. Holtmann, Die Erklärungskraft verschiedener Berufsstruktur- und Klas-
senmodelle für die Bundesrepublik Deutschland, in: Zeitschrift für Soziologie 19.
1990, 26–45; ders. u. H. Swaller, Klassen in der Bundesrepublik heute, in: Schwei-
zer Zeitschrift für Soziologie 16. 1990, 79–106; K.-U. Mayer, Sozialstrukturanalyse, in: Soziale Welt 40.1989, 297–308; W. Zapf, Sozialstruktur u. gesellschaftlicher Wandel in der Bundesrepublik, in: W. Weidenfeld u. a. Hg., Deutschland-
Handbuch 1949–89, Bonn 1989, 99–124; P.A. Berger u. S. Hradil Hg., Das Ende
der sozialen Schichtung, Göttingen 1989 (darin v.a. R. Kreckel, Klassenbegriff u.
soziologische Ungleichheitsforschung, 51–79). Vgl. den Literaturüberblick in:
H.-U. Wehler, Bibliographie zur neueren deutschen Sozialgeschichte, München
1993, 100–22, sowie in: ders., Gesellschaftsgeschichte, III, 1324f. –
Die internationale, v. a. englischsprachige Diskussion ist weniger von der Gefahr
fundamentalistischer Positionen bedroht; sie erörtert Stratifikations- und Klassen-
probleme zwar nicht weniger kontrovers, doch unbefangener und ohne die er-
kenntnishemmende Polarisierung von Befürwortern der Lebensstil- oder der
Klassentheorien. Vgl. aus dem letzten Jahrzehnt: A. Giddens, Class and Stratification, in: ders., Sociology, Cambridge 2000⁴, 239–82; C. Tilly, Social Class, in: P. Ste-
arns Hg., Encyclopedia of European Social History 1350–2000, III, N.Y. 2001,
3–17; ders., Durable Inequality, N.Y. 1998; J. Scott, Stratification and Power, Cambridge 1996; D.J. Lee u. B.S. Turner Hg., Conflicts About Class, London 1996;
P.J. Joyce Hg., Class, Oxford 1995; R. Breen u. D.B. Rottman, Class Straification,
London 1995; J. Westergard, Who Gets What?, Cambridge 1995; D.B. Grusky
Hg., Social Stratification, Boulder/Col. 1994; W.C. Dimock u. M. Gilmore, Re-
thinking Class, N.Y. 1994; M.P. Hanagan, New Perspectives on Class Formation,
in: Social Science History 18.1994, 77–94; R. Crompton, Class and Stratification,
Cambridge 1993; G. Esping-Anderson Hg., Changing Classes, Newbury Park
1993; R. Erikson u. J. Goldthorpe, Constant Flux: Class Mobility in Industrial So-
cieties, Oxford 1993; M. Hout u. a., The Persistence of Classes in Post-Industrial
Societies, in: International Sociology 8. 1993, 259–77; A. Sen, Inequality Reexami-
ned, N.Y. 1992; die einschlägigen Beiträge in: B. Borgotta Hg., Encyclopedia of Sociology, IV, NY. 1992; H.R. Kerbo, Social Stratification and Inequality, N.Y. 1991;
P.J. Corfield Hg., Language, Class and History, Oxford 1991; T.H. Clark u. S.M.
Lipset, Are Social Classes Dying? in: International Sociology 6. 1991, 397–410; P.
Saunders, Social Class and Stratification, London 1990; A. Marwick Hg., Class in
the 20th Century, N.Y. 1986; M. Alestalo u. H. Uusitalo, Prestige and Stratification,
Helsinki 1980.

11. Der deutsche «Sonderweg»

1 H.-U. Wehler, Deutsche Gesellschaftsgeschichte, III, München 1995, 461–86; J.
Kocka, Nach dem Ende des Sonderwegs, in: Festschrift C. Kleßmann, Bonn 1998,
3–10; H.A. Winkler, Die deutsche Abweichung vom Westen. Der Untergang der
Weimarer Republik im Lichte der Sonderwegs-These, in: Festschrift E. Kolb, Berlin 1998, 127–38; G. Steinmetz, German Exceptionalism and the Origins of Nazism, in: I. Kershaw u. M. Lewin, Hg., Stalinism and Nazism, Cambridge 1997,
251–84; S. Baranowski, East Elbian Landed Elites and Germany's Turn to Fascism:

The Sonderweg Controversy Revisited, in European History Quarterly 26, 1996, 209–49; P. Brandt, War das Deutsche Kaiserreich reformierbar? in: Festschrift H. Grebing, Essen 1995, 192–210; C. Lorenz, Beyond Good and Evil? The German Empire of 1871 and Modern German Historiography in: Journal of Contemporary History 30, 1995, 729–65; R. Collins, German-Bashing and the Theory of Democratic Modernization, in: Zeitschrift für Soziologie 24, 1995, 3–21; J. D. Stephens, The German Path to Modern Authoritarianism, in: H. E. Chehabi and A. Stephan, Politics, Society, and Democracy, Boulder/Col. 1995, 161–81.

12. Nationalismus und Nationalstaat heute

1 Vgl. ausführlicher hierzu: H.-U. Wehler, Nationalismus, München 2001.

14. Das 20. Jahrhundert wird Geschichte

1 Das war die strukturelle Schwäche z. B. von T. Schieder Hg., Handbuch der Europäischen Geschichte, 7 Bde, Stuttgart 1968–1987. Vgl. jetzt ähnlich angelegt: J. Fisch, Europa im Zeitalter des Wachstums u. der Gleichheit 1850–1914, Stuttgart 2002.

2 M. Mazower, The Dark Continent, London 1998, dt. Der dunkle Kontinent, Berlin 2000.

15. Identität: Unheimliche Hochkonjunktur eines «Plastikworts»

1 L. Niethammer u. A. Doßmann, Kollektive Identität. Heimliche Quellen einer unheimlichen Konjunktur, Reinbek 2000.

16. Der neue Ressentiment-Revisionismus

1 H. Köhler, Deutschland auf dem Weg zu sich selbst. Eine Jahrhundertgeschichte, Stuttgart 2002.

18. Das Duell zwischen Sozialgeschichte und Kulturgeschichte

1 Anstelle einzelner Belege folgt hier ein knapper Überblick über wichtige Neuerscheinungen zur deutschen Debatte über die «neue Kulturgeschichte». Vgl. zuerst T. Mergel u. T. Welskopp, Geschichte zwischen Kultur u. Gesellschaft. Beiträge zur Theoriedebatte, München 1997; W. Hardtwig u. H.-U. Wehler Hg., Kulturgeschichte Heute (= Sonderheft 16, Geschichte u. Gesellschaft), Göttingen 1996. Anlauf zu einer kritischen Auseinandersetzung und Abwägung: H.-U. Wehler, Die Herausforderung der Kulturgeschichte, München 1998; ders., Historisches Denken am Ende des 20. Jahrhunderts, Göttingen 2002[2]; ders.; Umbruch u. Kontinuität. Essays zum 20. Jahrhundert, München 2000. Eigentümlicherweise hat sich die neue Zeitschrift «Historische Anthropologie» (1. 1994 ff.) bisher nicht um die anstehenden Theorieprobleme gekümmert. Aufschlussreiche Beiträge finden sich dagegen in «Geschichte und Gesellschaft» (= GG), beginnend mit: R. Jütte, Moderne Linguistik u. «Nouvelle Histoire», in: GG 16. 1990, 104–20; F. Jaeger, Der Kulturbegriff Max Webers u. seine Bedeutung für eine moderne Kulturgeschichte

in: GG 18. 1992, 371–93; U. Daniel, «Kultur» u. «Gesellschaft», in: GG 19. 1993, 69–99; R. Sieder, Sozialgeschichte auf dem Weg zu einer Historischen Kulturwissenschaft, in: GG 20. 1994, 445–68; W. Kaschuba, Kulturalismus: Kultur statt Gesellschaft? In: GG 21. 1995, 80–95; P. Jelavich, Poststrukturalismus u. Sozialgeschichte aus amerikanischer Perspektive, in: GG 21. 1995, 259–89; R. van Dülmen, Kulturforschung zur Frühen Neuzeit, in: GG 21. 1995, 403–29; G. Iggers, Zur «linguistischen Wende» im Geschichtsdenken u. in der Geschichtsschreibung, in: GG 21. 1995, 557–70; P. Bourdieu im Gespräch mit L. Raphael, Über die Beziehungen zwischen Geschichte u. Soziologie in Frankreich u. Deutschland, in: GG 22. 1996, 62–89; H.W. Smith, Geschichte zwischen den Fronten. Meisterwerke der neuesten Geschichtsschreibung u. postmoderne Kritik, in: GG 232. 1996, 592–608; GG 23. 1997, H. 1: Hg. W. Hardtwig: Wege zur Kulturgeschichte (mit Beiträgen von Kittsteiner, Raulff, Strupp, Schleier, Schöttler); C. Eisenberg, Sportgeschichte – eine Dimension der Kulturgeschichte? In: GG 23. 1997, 295–310; T. Welskopp, Die Sozialgeschichte der Väter. Grenzen u. Perspektiven der Historischen Sozialwissenschaft, in: GG 24. 1998, 169–94; ders., Grenzüberschreitungen. Die deutsche Sozialgeschichte 1930–80; 24. in: C. Conrad u. S. Conrad Hg., Die Nation schreiben, Göttingen 2002, 296–332; R. Sieder, «Gesellschaft» oder die Schwierigkeit, vernetzend zu denken, in: GG 24. 1998, 195–220; P. Nolte, G. Simmels Historische Anthropologie der Moderne, in: GG 24. 1998, 221–43; U. Brieler, Foucaults Geschichte, in: GG 24. 1998, 244–79; I. Gilcher-Holtey, Plädoyer für eine dynamische Mentalitätsgeschichte, in: GG 24. 1998, 276–97; C. Lorenz, Postmoderne Herausforderungen an die Gesellschaftsgeschichte, in: GG 24. 1998, 617–32; M. Reitmayer, «Bürgerlichkeit» als Habitus, in: GG 25. 1999, 66–93; H. Siegenthaler, Geschichte u. Ökonomie nach der kulturalistischen Wende, in: GG 25. 1999, 276–301; A. Suter, Nationalstaat u. die «Tradition von Erfindung», in: GG 25. 1999, 480–503; U. Planert, Der dreifache Körper des Volkes: Sexualität, Biopolitik u. die Wissenschaften, in: GG 26. 2000, 559–76; T. Hommen, Körperdefinition u. Körpererfahrung, in: GG 26. 2000, 577–601; M. Föllmer, Der «Kranke Volkskörper» in: GG 27. 2001, 41–67; I. Gilcher-Holtey, Die Nacht des 4.8.1789. Zur Sozialrelevanz von Ideen, in: GG 27. 2001, 68–86; C. Marx, Fundamentalismus u. Nationalstaat, in: GG 26. 2001, 87–117; E. Hellmuth u. C. v. Ehrenstein, Intellectual History: Die Cambridge School u. ihre Kritiker, in: GG 27. 2001, 149–72; G. Iggers u. H. White, Historiographie zwischen Forschung u. Dichtung, in: GG 27. 2001, 327–49; A. Pečar, Innovation des Strukturbegriffs, in: GG 27. 2001, 350–62; T. Mergel, Überlegungen zu einer Kulturgeschichte der Politik, in: GG 28.2002, 574–602; ders., Geschichte u. Soziologie, in: H.-J. Goertz Hg., Geschichte, Reinbek 1998, 621–51; ders., Kulturgeschichte – die neue «große Erzählung»? in: Hardtwig u. Wehler Hg., 42–79; W. Reinhard, Was ist europäische politische Kultur? Versuch zur Begründung einer politischen Historischen Anthropologie, in: GG 27.2001, 593–616; B. Roeck, Visual Turn? Kulturgeschichte u. die Bilder, in: GG 29.2002, 294–318; V. Depkat, Autobiographie u. die soziale Konstruktion von Wirklichkeit, in: ebd. 437–72.

19. Kursbuch der Beliebigkeit:
Das «Kompendium» der «Neuen Kulturgeschichte»

1 U. Daniel, Kompendium Kulturgeschichte. Theorien, Praxis, Schlüsselwörter, Frankfurt 2001.

20. Langeweile als neuer Dreh- und Angelpunkt?

1 M. Kessel, Langeweile. Zum Umgang mit Zeit und Gefühlen in Deutschland vom späten 18. bis zum frühen 20. Jahrhundert, Göttingen 2001.

21. Auf der Suche nach gegenwärtiger Vergangenheit

1 Deutsche Erinnerungsorte, Hg. E. François u. H. Schulze, 3 Bde., München 2001.

22. Hat Max Webers Zukunft erst begonnen?

1 E. Hanke u. W. J. Mommsen Hg., M. Webers Herrschaftssoziologie. Studien zur Entstehung und Wirkung, Tübingen 2001.

23. Deutscher Konservativismus im Fadenkreuz

1 S. Breuer, Ordnungen der Ungleichheit. Die deutsche Rechte im Widerstreit ihrer Ideen 1871–1945, Darmstadt 2001.

24. Jungkonservative «Strukturgeschichte» im Zwielicht

1 Jin-Sung Chun, Das Bild der Moderne in der Nachkriegszeit. Die westdeutsche «Strukturgeschichte» im Spannungsfeld von Modernitätskritik u. wissenschaftlicher Innovation 1948–1964, München 2000.

25. Sozialgeschichte versprochen – vorzügliche NS-Politikanalyse geliefert

1 B. Sösemann Hg., Der Nationalsozialismus und die deutsche Gesellschaft, Stuttgart 2002.

26. Krupp im 20. Jahrhundert

1 L. Gall Hg., Krupp im 20. Jahrhundert, Berlin 2002

27. Geschichtsscholastik im Staatsauftrag: Historiker in der DDR

1 M. Sabrow, Das Diktat des Konsenses. Geschichtswissenschaft in der DDR 1949–1969, München 2001.

Bibliographische Notiz

1. Bielefeld 2002.
2. S. Aust u. S. Burgdorf Hg., Die Flucht, Stuttgart 2002, 9–14.
3. Süddeutsche Zeitung 14./15.12.2002.
4. Die Zeit 13.9.2002 u. Kölner Stadtanzeiger 21./22.12.2002.
5. Ungedruckter Vortrag am Universitätstag der Universität Bielefeld 2002.
6. FAZ 31.8.2002.
7. Die Zeit 31.1.2002.
8. P. Lundgreen Hg., Sozial- u. Kulturgeschichte des Bürgertums, Göttingen 2000, 85–92.
9. Geschichte u. Gesellschaft 27.2001, 617–34; selbst. Bochum 2001.
10. FAZ 23.2.2002.
11. Lexikon der Politik u. Geschichte, Hg. M. Behnen, Stuttgart 2002, 531–34.
12. Ungedruckter Vortrag, Frankfurter Römerberg-Gespräche 1999.
13. G.P. Gross u. M. Epkenhans Hg., Aufbruch des Militärs in die Moderne 1860–1890, Paderborn 2003.
14. Proceedings of the World Congress of Historians, Oslo 2000.
15. FAZ 14.11.2000.
16. Die Zeit 10.5.2002.
17. FAZ 23.11.1995.
18. Francia 28.2001, 103–10.
19. Die Zeit 26.7.2001.
20. FAZ 4.12.2001.
21. Die Zeit 22.3.2001.
22. FAZ 31.12.2001.
23. FAZ 9.10.2001.
24. FAZ 9.10.2000.
25. Bisher ungedruckt.
26. Süddeutsche Zeitung 9.10.2002.
27. Süddeutsche Zeitung 5.12.2001.
28. Tagesspiegel 29.1.2003

Personenregister